> "
> '펼쳐라! 파워 실용 스피치 특강!'
> 여러분의 스피치 고민을 확실하게 해결해 드립니다.
> "

이 세상 그 누구보다 소중한 _____님께
이 책을 마음의 선물로 드립니다.

20 . . .

_____드림

파워 실용 스피치 특강

파워 실용 스피치 특강

| 김현기 지음 |

한국문화사

파워 실용 스피치 특강

1판1쇄 발행 2015년 6월 30일

지 은 이 김현기
펴 낸 이 김진수
펴 낸 곳 **한국문화사**
등   록 1991년 11월 9일 제2-1276호
주   소 서울특별시 성동구 광나루로 130 서울숲 IT캐슬 1310호
전   화 (02)464-7708 / 3409-4488
전   송 (02)499-0846
이 메 일 hkm7708@hanmail.net
홈페이지 www.hankookmunhwasa.co.kr

책값은 뒤표지에 있습니다.

잘못된 책은 바꾸어 드립니다.
이 책의 내용은 저작권법에 따라 보호받고 있습니다.
인지가 없는 것은 무효임.

ISBN 978-89-6817-239-7   03700

이 도서의 국립중앙도서관 출판예정도서목록(CIP)은 서지정보유통지원시스템
홈페이지(http://seoji.nl.go.kr)와 국가자료공동목록시스템(http://www.nl.go.kr/kolisnet)에서
이용하실 수 있습니다. (CIP제어번호 : CIP2015016744)

프롤로그

저는 스피치 교육자로서 스피치 책은 실질적인 쓸모가 있어야 한다고 줄곧 생각해 왔습니다. '실질적인 쓸모'를 한자어로 실용(實用)이라 하지요.

아무리 멋져 보이고 좋아 보여도 실제 취할 수 없고 쓸모가 없는 경우를 일컬어 우리는 흔히들 그림의 떡(화중지병, 畵中之餠)이라고 합니다. 화중지병이 아니라 독자 여러분께 실질적인 도움이 돼드리고자 하는 열망으로 저는 노력해 왔습니다.

이번에는 책의 이름도 실용(實用)이란 문구가 들어간 『파워 실용 스피치 특강』이라 저에겐 한결 더 좋은 느낌으로 와 닿습니다.

독자 여러분과의 첫 만남을 돌이켜보니 어느덧 강산이 변할 정도의 세월이 흘렀습니다. 필자의 저서 『김현기 교수의 파워 스피치 특강』(2006)이 여러분께 첫선을 보인 지도 어느덧 10년이 다 돼 갑니다. 스피치 교육 현장의 생생한 노하우를 수록한 『파워 스피치 특강』은 독자 여러분의 성원에 힘입어 2007년과 2010년 두 번의 개정 증보판을 낼 수 있었습니다.

2008년에는 필자의 저서 중 2탄 『핑거 스피치』를 출간했습니다. 2010년에는 프레젠테이션 능력을 향상할 수 있는 실전적 안내서인 3탄 『파워 프레젠테이션 특강』을 출간했고, 이어 2012년에는 커뮤니케이션 능력 향상 지침서인 4탄 『파워 휴먼 커뮤니케이션 특강』을 출간하며 스피치를 사랑하시는 독자 여러분과의 소통을 위해 나름대로 꾸준히 노력해 왔습니다.

이번에 다시 독자 여러분의 스피치 실력 향상과 실용의 시대에 걸맞은 저서를 만들어 가겠다는 열정을 담아 드디어 5탄 『파워 실용 스피치 특강』을 출간하게 됐습니다.

이 책의 특징을 간략하게 소개해 드리겠습니다.

① 이 책은 필자의 저서 중 2탄 『핑거 스피치』(2008)와 박사 논문 『성인 실용 스피치의 내용 조직과 교수 학습 프로그램 개발 연구』(2010)를 기반으로 실전에서 유용한 내용만을 선별해서 『파워 실용 스피치 특강』의 형식에 맞춰 계속 보완하고 다듬어 만든 겁니다.

② 『핑거 스피치』의 49가지의 5단계 스피치 구성 기법 중에서 위 논문 방식에 따라 오직 6종 38가지의 실용 스피치만을 선별해서 혼자서도 활용이 가능할 수 있도록 내용을 추가하고 보완했습니다.

③ 6종 38가지의 실용 스피치 중에서 위 논문에서 다루었던 각종의 대표적인 실용 스피치 6가지 외에도 논문에서 미처 다루지 못한 32가지 실용 스피치까지 논문의 형식으로 내용을 추가하고 보완 발전시켜 수록했습니다.

④ 위 논문에서 38가지의 실용 스피치들을 대상으로 목적에 따라 6종으로 분류한 결과에 따라 대인 관계 스피치(7종), 대인 설득 스피치(9종), 마음 전달 스피치(7종), 행사 스피치(9종), 정보 전달 스피치(3종), 대중 설득 스피치(3종)의 순으로 구성했습니다.

⑤ 필자의 저서 중 『핑거 스피치』(2008)에서 선보였던 핑거 스피치의 나침반(pp.7~20)과 재치 만점 '단발 스피치'(pp.266~275)와 핑거 스피치 업그레이드(pp.277~306) 부분을 파워 실용 스피치 특강의 제목과 특성에 맞춰 선별해서 실었습니다.

⑥ 필자의 저서 중 『파워 스피치 특강』(2010)에서 선보였던 자신만의 템플릿 만들기(pp.272~281) 그리고 상대의 마음을 여는 부드러운 커뮤니케이션 스킬(pp.373~385) 부분을 파워 실용 스피치 특강의 제목과 특성에 맞춰 선별해서 실었습니다.

⑦ 필자의 저서 중 『파워 휴먼 커뮤니케이션 특강』(2012)에서 선보였던 지혜 노트 중 부탁 요령(p.279)과 갈등 상황에서의 유의 사항 15가지(pp.167~168) 등의 부분을 파워 실용 스피치 특강의 형식에 맞춰 실었습니다.

⑧ 본문 중간마다 독자 여러분의 이해를 돕기 위해 삽화를 넣었습니다. 또한, 38가지의

실용 스피치의 유형과 특성 및 목록 표와 5단계 내용 조직 방법의 개별 표를 넣어 5단계 실용 스피치 구성 기법을 한눈에 쉽게 알아볼 수 있도록 했습니다.

⑨ 38가지 실용 스피치의 다양한 실습 예문은 자신만의 모범 스피치 예문으로 편리하게 활용할 수 있도록 온 정성을 쏟았습니다. 또한, 스피치 교육 현장에서 교재로도 쓰일 수 있도록 실제적인 측면에서 내용을 구성했습니다.

⑩ 본문 내용 중 보충 설명이 필요한 부분이나 혼동하기 쉬운 맞춤법을 포함한 우리말의 올바른 표현법에 대해서는 '실용 Tip'과 '실용 Talk'라는 이름으로 본문 중간 혹은 주석을 붙여 실었으며, 본문에서 미처 다루지 못한 내용은 부록으로 첨부했습니다.

말의 표현 방식은 사회성을 지녀 변화되고 다양해지며 그에 따라 어문 규정도 계속 바뀌고 있습니다. 따라서 어제는 비표준어였던 단어가 오늘은 표준어로 사용되기도 합니다. 실제로 『표준국어대사전』 발간(1999) 이후 2011년과 2014년 두 차례에 걸쳐 '짜장면, 맨날, 삐지다.' 등의 총 52개 항목의 비표준어가 실생활에서 실용 언어로 널리 쓰인다는 이유로 표준어로 새롭게 추가된 상황입니다. 이것은 오늘날과 같은 실용의 시대에 걸맞은 시의적절한 반영이라고 생각합니다.

우리가 배고플 때 화중지병(畵中之餠, 그림 속의 떡)보다는 바로 먹을 수 있는 실제의 떡을 원합니다. 그럴 때 그림 속의 떡은 아무 의미가 없고 우리에게 실제적인 도움을 주지 못합니다. 지금 당장은 아무런 소용이 없는 겁니다.

다시 스피치로 돌아와 '이럴 때는 무슨 말을 어떤 순서로 하지?' 하며 스피치로 고민하는 실제 상황에서는 자신의 취향에 맞게 구체적인 내용만을 수정해서 지금 바로 활용할 수 있는 템플릿 형식의 든든한 스피치 지침서가 필요한 겁니다.

그런 절실한 염원과 요구에 힘입어 탄생한 책이 바로 『파워 실용 스피치 특강』입니다.

스피치의 이론보다는 실용적인 측면에 초점을 맞춘 생활 화법 책 『핑거 스피치』에 이어 실용 스피치의 내용을 보다 심화 발전시킨 『파워 실용 스피치 특강』으로 독자 여러분께 다시 인사를 드리게 돼서 기쁘기도 하지만, 좀 더 특별하고 다양한 분야, 전문적인 분야의 스피치 상황까지 다루지 못한 아쉬움이 남습니다.

아무쪼록 본서가 다양한 스피치 상황에서 독자 여러분의 스피치 고민을 해결해 주는 지침서가 되길 바라며, 실제 스피치 상황에서 늘 활용할 수 있는 유익한 참고서가 됐으면 하는 바람입니다.

여러분 모두『파워 실용 스피치 특강』을 통해 큰 발전 이루시길 바랍니다.

지면을 빌려 이 책이 여러분과 만날 수 있도록 기회를 제공해 준 한국문화사 김진수 사장님과 김태균 전무님, 편집을 담당해 준 이은하 님에게 감사를 드립니다. 그리고 매번 파워 특강 시리즈가 나올 때마다 책의 내용에 알맞은 삽화를 정성스럽게 그려준 일러스트 하우스의 김만중 대표님께도 감사를 드립니다. 또한, 집필 과정에서 힘이 들 때마다 격려를 아끼지 않았던, 사랑하는 강유선 제 아내에게도 고마운 마음을 전합니다. 끝으로 스피치에 몰입해서 연구할 수 있도록 언제나 자애로운 사랑으로 저에게 큰 힘이 돼 주시는 어머니께 감사드립니다.

2015년 6월 19일
상봉동 연구실에서   김 현 기

Contents

|프롤로그| | 5
파워 실용 스피치 특강 100% 활용하기 | 14

Part 1 파워 실용 스피치 특강 나침반

- **1강** 왜 굳이 '파워 실용 스피치 특강'인가? | 19
- **2강** '나실용 사장님'의 파워 실용 스피치 특강 활용기 | 21
- **3강** 38가지 실용 스피치의 6종 분류와 배열 기준 | 27
- **4강** 실용 스피치의 5단계 단계별 특성 미리 살펴보기 | 34

Part 2 파워 실용 스피치 특강 핵심 노하우

- **1강** 대인 관계 스피치(7종) | 41
    - (1) 자기소개 스피치 | 41
    - (2) 타인 소개 스피치 | 53
    - (3) 인사 스피치 | 58
    - (4) 첫 대면 스피치 | 65
    - (5) 유머 스피치 | 86
    - (6) 칭찬 스피치 | 93
    - (7) 프러포즈 스피치 | 101

2강 대인 설득 스피치(9종) | 122

    (8) 사과 스피치 | 122
    (9) 자기주장 스피치 | 130
    (10) 토론 스피치 | 139
    (11) 지적 스피치 | 148
    (12) 부탁 스피치 | 157
    (13) 갈등 해결 스피치 | 165
    (14) 판매 스피치 | 174
    (15) 거절 스피치 | 184
    (16) 화난 고객 상대 스피치 | 191

3강 마음 전달 스피치(7종) | 202

    (17) 시 활용 스피치 | 202
    (18) 환송 스피치 | 220
    (19) 이별 스피치 | 226
    (20) 신년회 스피치 | 231
    (21) 송년회 스피치 | 237
    (22) 선물 받기 스피치 | 243
    (23) 선물 주기 스피치 | 249

4강 행사 스피치(9종) | 257

    (24) 결혼식 사회 스피치 | 257
    (25) 기도 스피치 | 263
    (26) 마무리 스피치 | 268
    (27) 주례 스피치 | 274
    (28) 팔순 잔치 가족 대표 스피치 | 281
    (29) 건배 스피치 | 287
    (30) 행사 스피치 | 301
    (31) 취임 스피치 | 307
    (32) 야유회 스피치 | 312

5강 정보 전달 스피치(3종) | 319

    (33) 주제 설명 스피치 | 319
    (34) 수업 스피치 | 326
    (35) 트라이어드 스피치 | 332

6강 대중 설득 스피치(3종) | **340**

　(36) 선거 스피치 | **340**

　(37) 학생회장 선거 스피치 | **348**

　(38) 당선 스피치 | **364**

|에필로그| | **371**

부록 1 재치 만점 '파워 미니 실용 스피치' | **376**

　(1) 각종 축하 '파워 미니 실용 스피치' | **376**

　(2) 그 외 여러 가지 상황의 '파워 미니 실용 스피치' | **378**

부록 2 파워 실용 스피치 업그레이드 | **386**

　1강　내용 표현 기법 | **386**

　(1) 서론 | **386**

　(2) 본론 | **387**

　(3) 결론 | **392**

　2강　음성 표현 기법 | **399**

　3강　신체 표현 기법 | **410**

　(1) 표정 | **410**

　(2) 제스처 | **411**

　(3) 자세 | **414**

부록 3 파워 실용 스피치를 위한 우리말 스피치의 올바른 표현 | **422**

　(1) 충격적인 맞춤법 실수 1위에 '감기 빨리 낳으세요.' | **422**

　(2) 자주 틀리는 맞춤법의 올바른 표현 | **424**

　(3) 쓰임새에 맞는 표현 | **437**

　(4) 실용 스피치를 위한 표준 발음법 | **442**

　(5) 한국어 맞춤법 문법 검사기 사용법 | **450**

|표 차례|

[표 0]	실용 스피치의 유형과 특성 및 목록	33
[표 1]	자기소개 스피치의 내용 조직 프레임	41
[표 2]	타인 소개 스피치의 내용 조직 프레임	53
[표 3]	인사 스피치의 내용 조직 프레임	59
[표 4]	첫 대면 스피치의 내용 조직 프레임	65
[표 4-1]	첫 대면 스피치에서 사용될 화제 목록	67
[표 5]	유머 스피치의 내용 조직 프레임	86
[표 6]	칭찬 스피치의 내용 조직 프레임	93
[표 7]	프러포즈 스피치의 내용 조직 프레임	101
[표 8]	사과 스피치의 내용 조직 프레임	123
[표 9]	자기주장 스피치의 내용 조직 프레임	131
[표 10]	토론 스피치의 내용 조직 프레임	139
[표 11]	지적 스피치의 내용 조직 프레임	148
[표 12]	부탁 스피치의 내용 조직 프레임	157
[표 13]	갈등 해결 스피치의 내용 조직 프레임	166
[표 14]	판매 스피치의 내용 조직 프레임	174
[표 15]	거절 스피치의 내용 조직 프레임	184
[표 16]	화난 고객 상대 스피치의 내용 조직 프레임	192
[표 17]	시 활용 스피치의 내용 조직 프레임	203
[표 18]	환송 스피치의 내용 조직 프레임	220
[표 19]	이별 스피치의 내용 조직 프레임	226
[표 20]	신년회 스피치의 내용 조직 프레임	231
[표 21]	송년회 스피치의 내용 조직 프레임	237
[표 22]	선물 받기 스피치의 내용 조직 프레임	243
[표 23]	선물 주기 스피치의 내용 조직 프레임	250

[표 24] 결혼식 사회 스피치의 내용 조직 프레임 ·········257
[표 25] 기도 스피치의 내용 조직 프레임 ·················263
[표 26] 마무리 스피치의 내용 조직 프레임 ···············268
[표 27] 주례 스피치의 내용 조직 프레임 ·················274
[표 28] 팔순 잔치 가족 대표 스피치의 내용 조직 프레임 ·········281
[표 29] 건배 스피치의 내용 조직 프레임 ·················287
[표 30] 행사 스피치의 내용 조직 프레임 ·················301
[표 31] 취임 스피치의 내용 조직 프레임 ·················307
[표 32] 야유회 스피치의 내용 조직 프레임 ···············312
[표 33] 주제 설명 스피치의 내용 조직 프레임 ············319
[표 34] 수업 스피치의 내용 조직 프레임 ·················326
[표 35] 트라이어드 스피치의 내용 조직 프레임 ··········333
[표 36] 선거 스피치의 내용 조직 프레임 ·················341
[표 37] 학생회장 선거 스피치의 내용 조직 프레임 ······348
[표 38] 당선 스피치의 내용 조직 프레임 ·················364

파워 실용 스피치 특강 100% 활용하기

Part 1 파워 실용 스피치 특강 나침반

파워 실용 스피치 특강의 탄생 배경과 활용 방법, 38가지 실용 스피치의 6종 분류와 배열 기준 그리고 5단계 실용 스피치의 단계별 특성에 대해 살펴봅니다.

Part 2 파워 실용 스피치 특강 핵심 노하우

실생활에서 많이 활용된다고 여겨지는 38가지의 실용 스피치만을 엄선해서 그것을 다시 상황과 목적에 따라 6종으로 분류하고 친근성·현실성·저난도·흥미성·융통성 등 자료 배열의 기준에 따라 다음과 같이 배열했습니다.

즉 대인 관계 스피치(7종), 대인 설득 스피치(9종), 마음 전달 스피치(7종), 행사 스피치(9종), 정보 전달 스피치(3종), 대중 설득 스피치(3종)입니다.

또한, '실용 팁, 실용 토크'라는 제목으로 실용 스피치의 핵심 노하우 사이사이에 내용을 삽입해서 더욱 충실하게 그리고 유익하게 구성했습니다.

· 붙임 ·

부록 1 재치 만점 '파워 미니 실용 스피치'

다양한 상황에 바로 쓸 수 있는 재치 만점 실용 스피치로 5단계를 거치지 않은 짧은 멘트가 특징이며 상황에 따라 적절하게 스피치를 풀어낼 수 있는 상황별 실전 노하우를 담고 있습니다.

부록 2 파워 실용 스피치 특강 업그레이드

독자 여러분이 일취월장의 큰 발전을 이루시도록 실전에서 바로 활용할 수 있는 내용 표현 기법, 음성 표현 기법, 신체 표현 기법의 내용을 두루 담고 있습니다.

부록 3 파워 실용 스피치를 위한 우리말 스피치의 올바른 표현

올바른 언어 표현은 교양인으로서 갖춰야 할 필수자질입니다. 따라서 실전에서 스피치를 제대로 활용하기 위해 우리말 스피치의 올바른 사용법을 비롯한 틀리기 쉬운 맞춤법과 표준 발음법 및 맞춤법 검사기의 사용법까지 담고 있습니다.

두드리세요! 그럼 열릴 겁니다.

파워 실용 스피치 특강 나침반

- 1강 왜 굳이 '파워 실용 스피치 특강'인가?
- 2강 '나실용 사장님'의 파워 실용 스피치 특강 활용기
- 3강 38가지 실용 스피치의 6종 분류와 배열 기준
- 4강 실용 스피치의 5단계 단계별 특성 미리 살펴보기

왜 굳이 '파워 실용 스피치 특강'인가?

우리가 수시로 만나는 스피치 상황은 정말 다양합니다. 이런 다양한 스피치 상황을 맞이하면서 누구나 공통으로 갖게 되는 고민은 주로 '**무엇을, 어떻게, 어떤 순서**'로 말해야 할 것인가에 대한 겁니다.

저는 여러분의 이런 고민을 조금이나마 덜어 드리는 것이 스피치 교육자로서의 책무라는 생각을 가져왔습니다. 강의를 통해서도 스피치와 관련한 효과적인 갖가지 기법을 적극적으로 알려 드리기는 하지만, 시간과 공간의 제약으로 말미암아 모든 것을 전해 드리기에는 벅찬 것이 현실입니다. 그래서 다양한 스피치 상황에서 적절한 말을 조리 있게 풀어나가는 실용적인 지침서를 『파워 실용 스피치 특강』이란 이름을 붙여 발간하게 된 겁니다.

이 책은 프롤로그에서 밝힌 바와 같이 필자의 저서 중 2탄 『핑거 스피치』(2008)와 박사 논문 『성인 실용 스피치의 내용 조직과 교수 학습 프로그램 개발 연구』(2010)를 기반으로 실전에서 유용한 내용만을 선별해서 계속 보완하고 다듬어 만든 겁니다. 즉 『핑거 스피치』의 49가지의 5단계 스피치 구성 기법 중에서 위 논문 방식에 따라 오직 6종 38가지의 실용 스피치만을 선별하여 기존의 내용에 덧붙여 혼자서도 편리하게 활용이 가능할 수 있도록 내용을 추가하고 보완하는 데 정성을 쏟았습니다.

특히 필자가 신경을 가장 많이 쓴 것은 풍성한 실용적 예문을 만드는 것이었습니다.

즉 하나의 실용 스피치를 두고 연습하고 훈련할 수 있는 다양한 실습 예문을 최대한 많이 만들려고 노력한 겁니다.

이 책에 수록된 38가지 실용 스피치의 다양한 실습 예문과 그에 따른 설명 및 안내 지침은 '이럴 때는 무슨 말을 어떤 순서로 하지?' 하며 고민하는 독자 여러분께 가뭄에 단비와 같이 큰 도움이 될 수 있으리라고 봅니다.

파워 실용 스피치 특강에 수록된 38가지의 다양한 실습 예문은 템플릿(template) 형식*으로 짜여 있기 때문에 편리하게 자신만의 모범 스피치 예문으로 활용할 수 있을 겁니다. 즉 누구든지 자신만의 스피치 지침서로 활용할 수 있다는 겁니다.

스피치 상황은 비슷할 수는 있어도 똑같은 상황이란 없습니다. 계절이 다르고 장소가 다르고 시간이 다르고 청중도 다를 수 있으니까요. 이 책을 참고로 해서 실제 상황에서는 독자 여러분께서 더욱 창의적으로 활용하시길 바랍니다.

실용 Tip

***템플릿(template) 형식**

한 예를 들어 설명하자면 누군가가 잘 디자인해 놓은 명함을 가져다가 그것을 자신의 취향에 따라 필요한 부분을 부분적으로 변경한 다음 자신의 인적 사항을 삽입하기만 하면 자기의 명함이 되는 것과 같은 방식을 말하는 겁니다.

'나실용 사장님'의 파워 실용 스피치 특강 활용기

제 이름은 나실용(가명)입니다. 조그만 회사를 운영하고 있습니다. 지금까지 어려움도 많았지만 잘 극복해내며 열심히 살아왔고 그런대로 사업체도 잘 운영하고 있는 편입니다.

다른 분들은 저더러 남부러울 것 없겠다고 치켜세워 주지만 저는 저만의 남모를 큰 고민이 있습니다. 그것은 바로 말주변이 너무나 없다는 겁니다.

인간관계에서도 중요한 분과 마주하게 되면 무슨 말을 해야 할지 막막한 경우가 많고, 횡설수설하게 됩니다. 더구나 많은 사람 앞에서 마이크를 잡게 되면 말을 어떻게 풀어나가야 할지 아무 생각이 나지 않습니다. 많은 사람 앞에서 스피치를 하는 것이 저에게는 전쟁터보다도 두렵습니다. 특히 돌아가면서 한마디씩 하는 상황이 되면 숨이 탁 막히게 되고 이러면 저는 무슨 핑계를 대서라도 피하기 일쑤입니다.

어느 날 저는 이렇게 고민만 하다가 세월을 보낼 것인가 반성하며 뭔가 변화를 모색해 보기로 했습니다. 얼마 후 저는 김현기 교수님께서 주임 교수로 강의하고 계시는 경기대학교 평생교육원의 리더스 스피치 과정에 등록했습니다. 그러나 사업상 너무 바쁜 관계로 수강을 제대로 하기 어려워 과정을 제대로 마치지 못했습니다.

그러던 중 제 고민을 잘 알고 계시던 김현기 교수님께서 정말 감사하게도 곧 출판할 책이라며 『파워 실용 스피치 특강』 가제본을 선물로 주셨습니다. 고마운 마음을 가득 안고 집에 와서 한 장 한 장 읽어 내려가는데 『파워 실용 스피치 특강』은 저에게 어둠 속의 한 줄기 빛처럼 다가왔습니다. 마치 사막에서 오아시스를 발견한 기쁨이라고 할까요?

파워 실용 스피치 특강을 읽고 또 읽으며, 저는 이제부터 어떤 상황에서든 완벽하지는 않더라도 스피치를 어느 정도는 잘할 수 있겠다는 자신감과 용기를 얻었습니다.

그동안 파워 실용 스피치 특강을 활용해서 제 이미지를 더욱 멋스럽게 격상시키고 분위기를 더욱 화기애애하게 했던 여러 사례를 일일이 다 소개해 드리고 싶지만, 지면의 제약상 제가 어느 하루 동안 겪었던 파워 실용 스피치 특강의 성공 사례를 소개해 드리고자 합니다.

아침 일찍 김 사장님으로부터 전화가 걸려왔습니다. 무려 7년 만에 온 전화입니다. 김 사장님은 저에게 많은 도움을 주신 분이고 앞으로도 꼭 필요한 분인데 그간 연락이 잘 닿지 않았습니다. 그런데 오늘 정말 오래간만에 연락이 닿은 겁니다. 예전 같으면 전화를 받고 반가운 마음이 들어도 표현을 잘하지 못했을 겁니다. 하지만 오늘은 전화를 받자마자 파워 실용 스피치 특강의 부록 1 파워 미니 실용 스피치에서 공부한 내용이 그냥 툭 튀어나오는 겁니다.

"김 사장님, 우리의 그리움이 쌓여서 재회의 다리로 이어졌나 봅니다. 이렇게 다시 연락이 닿게 돼서 정말 반갑습니다."

이 말에 김 사장님이 껄껄껄 웃으시며 정말 좋아하시더군요.

그리고 자신이 서울 강남에 사업체를 창업하셨다는 소식을 전해 주셨습니다. 곧바로 제 마음을 담은 축하 덕담이 이어졌습니다.

"모든 물이 바다로 흘러들어 가듯이, 세상의 돈들이 사장님께 모두 흘러들어 갈 것이라고 믿습니다. 일단 전화로나마 창업을 축하합니다."

이 표현 또한, 파워 실용 스피치 특강의 부록 1 파워 미니 실용 스피치에서 배운 내용이죠.

오랜 세월의 공백이 머쓱함을 주지 않고 따뜻하고 멋진 말 한마디가 관계를 더욱 돈독히 해줌을 실감 나게 느낄 수 있었습니다.

오전에 다른 볼일을 보러 나갔다가 사업장에 돌아와 보니 어떤 고객 한 분이 화를 내면서 저희 직원과 다투고 계시더군요. 저희 직원도 화가 났는지 얼굴이 시뻘게져서 같이 화를 내고 있었습니다.

저는 불현듯 파워 실용 스피치 특강의 2강에 나오는 화난 고객 상대 스피치 대목이 떠올랐습니다.

    1단계 : 경청
    2단계 : 사과
    3단계 : 진정시키기(질문, 고객 반응, 불만 처리)
    4단계 : 다시 사과
    5단계 : 마무리(고객 감동)

파워 실용 스피치 특강에서 제시하는 바대로 저는 먼저 고객의 얘기를 잘 경청했습니다. 고객은 흥분한 투로 불만을 토로했지만 저는 잘못된 부분에 대해 정중히 사과했습니다. 그리고 어떻게 하면 좋을지 질문을 드린 후, 고객의 요구 사항을 적극적으로 수용해서 불만을 없애 드렸습니다.

그다음 다시 한 번 사과를 드렸습니다. 그랬더니 고객께서 아주 만족스러운 표정을 지으셨습니다. 내일은 또 전화를 드려 5단계의 고객 감동으로 이어지게 할 예정입니다.

고객이 돌아가시고 난 다음, 저는 화를 내며 고객을 응대했던 직원을 제 방으로 조용히 불렀습니다.

예전 같으면 목청 높여 꾸짖기만 했겠지만 『파워 실용 스피치 특강』의 2강 대인 설득 스피치 중 5단계 지적 스피치 부분을 활용해 보기로 했습니다. 조건 없는 꾸중이 아니라 열심히 일하는 부분은 칭찬해 주고(5단계 지적 스피치 중 2단계 활용) 잘못한 점도 마음의 상처가 되지 않도록 최대한 부드럽게 전해서 잘못을 일깨워 주었습니다(5단계 지적 스피치 중 3단계 활용).

직원은 눈물을 글썽이며 고개를 숙인 채 반성하고 있었습니다.

저는 지적 스피치 5단계 중 4단계인 다시 마음을 어루만져 주는 말로 분발하게 했으며, 5단계 중 마지막 단계인 희망적인 말로 지적 스피치의 5단계 스피치 기법을 마무리했습니다.

직원은 앞으로 더욱 잘하겠노라고 제 앞에서 다짐의 말을 했습니다. 저도 기분이 좋았습니다. 무작정 화만 냈더라면 직원의 잘못을 고쳐주기는커녕 직원이나 저나 둘의 기분만 나빠졌을지 모를 일입니다.

오후에는 협회 모임에 참석을 했습니다. 오늘따라 신입 회원들이 많이 오셔서 돌아가면서 자기소개하는 자리가 펼쳐졌습니다. 예전 같으면 슬그머니 도망을 가버리고 말았겠지만, 그런대로 당당히 잘해냈습니다.

"안녕하십니까? 행운을 기다리기보다는 행운을 개척해 나가는 사람 나실용입니다."
(1단계: 자신의 이름) 첫 인사를 하자마자 청중으로부터 환호의 박수가 쏟아져 나왔습니다.

그리고 이어서 2단계: 자신이 사는 집 / 3단계: 자신의 직업 / 4단계: 이곳에 오게 된 동기 / 5단계: 앞으로의 다짐이나 바람까지 잘 풀어낼 수 있었습니다. 끝인사를 마치고 박수를 받으며 자리에 앉는데 뿌듯한 마음이 가득했습니다.

정식 모임이 끝나고 뒤풀이로 저녁 겸 회식 자리가 이어졌습니다.

술이 몇 순배 돌아가는 즈음에 회장님께서 저 보고 갑자기 건배 제의를 하라는 겁니다. 준비된 자는 언제나 당당할 수 있다는 말처럼 건배 제의 멘트도 파워 실용 스피치 특강의 4강 건배 스피치를 통해 익혀둔 터라 즐거운 마음으로 멘트를 시작했습니다.

"시인 안도현 님의 '너에게 묻는다'란 짧은 시가 있습니다. "연탄재 함부로 발로 차지 마라. 너는 누구에게 한 번이라도 뜨거운 사람이었느냐?" 여러분은 어떻습니까? 한 번이라도 뜨겁게 놀아 보신 적이 있습니까? 오늘만큼은 정말 뜨겁고, 정말 화끈한 밤을 보내봅시다. 자, 뜨겁고 화끈한 밤을 위하여!!!"

제 건배 제의 멘트가 끝나자 분위기가 훨씬 좋아진 것은 물론 많은 분이 저에게 정말 스피치를 잘한다며 칭찬을 아끼지 않았습니다.

회식이 끝나갈 무렵 스피치는 자발적으로 하라는 대목이 떠올라 제가 자진해서 오늘의 모임을 위해 시 낭송을 하겠노라고 일어섰습니다. 그리고 파워 실용 스피치 특강의 3강 시 활용 스피치 부분에 수록된 '함께 있으면 좋은 사람'이란 시를 암송했습니다. 그날 제 이미지와 위상이 어땠을지, 분위기가 어땠을지 모두 상상이 되실 겁니다. 저는 정말 기쁘고 뿌듯했습니다.

우리는 하루라도 말을 하지 않고 살아갈 수는 없습니다. 말은 온갖 분쟁의 불씨가 되기도 하고, 타인에게 힘이 돼 주기도 하며 분위기를 바꾸기도 하고, 천 냥 빚을 갚는 가치를 지니기도 합니다. 이 말이란 게 얼마나 중요한지 저는 가장 실감하는 사람 중의 한 사람입니다. 그런데 말이란 게 잘해 보려고 하면 그렇게 쉽지만은 않죠. 하지만 이 말도 배우고 연습하고 훈련하면 잘할 수 있다는 것을 여러분께 꼭 말씀드리고 싶습니다.

자동차 운전이나 스케이트처럼 배우고 익히면 누구나 잘해낼 수 있다는 김현기 교수님의 말씀을 믿습니다. 여러분께서도 『파워 실용 스피치 특강』을 통해 스피치 능력을 크게 신장시키고 자신감도 키우시길 바랍니다. 파이팅!!!

38가지 실용 스피치의 6종 분류와 배열 기준

1. 38가지 실용 스피치의 6종 분류

38가지의 실용 스피치들을 대상으로 상황과 목적에 따라 분류한 결과 다음과 같이 대인 관계 스피치, 대인 설득 스피치, 마음 전달 스피치, 행사 스피치, 정보 전달 스피치, 대중 설득 스피치의 6종으로 분류할 수 있었습니다. 이에 대해 좀 더 구체적으로 살펴보면 다음과 같습니다.

❶ 대인 관계 스피치

대인 관계 스피치는 문자 그대로 사람과 사람이 관계를 영위할 때 사용되는 스피치입니다. '1:1' 스피치의 경우에는 화자와 청자가 얼굴을 마주한 상태에서 즉각적인 상호 작용이 일어나며 실시간으로 서로의 반응을 느끼고 다음 대화를 예측할 수도 있습니다. 상호 간에 시각 반응과 청각 반응이 이뤄집니다.

또한, 대인 관계 스피치는 '1:1, 1:소수, 소수:소수' 사이에 이뤄지는 스피치로서 인간관계의 형성과 관계의 증진에 스피치의 목적이 있습니다. 특히 상호 간에 감정 교류가 매우 중요합니다. 무엇보다 필요한 것은 서로 상대방을 존중하고, 배려하고, 공감하면서 경청하는 마음 자세입니다. 이러한 마음 자세가 바탕에 깔리지 않는다면 진솔하고 정성이 담긴 대인 관계 스피치는 물론 대인 관계 그 자체도 원활하게 이뤄질 수 없습니다.

우리가 비교적 친근하고 편하고 재미있다고 느끼는 대인 관계 스피치 프로그램은 맨 앞부분에 있도록 편성했고, 다음과 같은 7가지로 구성했습니다. 즉 자기소개 스피치, 타인 소개 스피치, 인사 스피치, 첫 대면 스피치, 유머 스피치, 칭찬 스피치, 프러포즈 스피치입니다.

❷ 대인 설득 스피치

대인 설득 스피치는 '1:1, 1:소수, 소수:소수' 사이에서 개인의 사고와 행동의 변화를 목적으로 행해지는 스피치입니다. 따라서 대인 설득 스피치는 설득에 관한 원리와 방법, 그리고 실전적 테크닉은 인간 관계상의 친밀도와 호불호 등이 크게 작용한다고 봐야 합니다. 다시 말해서 스피치만 잘한다고 해서 설득이 이뤄지는 것은 아니기 때문입니다.

한편 설득 스피치는 화자가 청자를 설득하기 위해서 실시하는 스피치입니다. 설득(說得)의 문자적 의미는 말(說)로 뭔가를 얻어내는(得) 겁니다. 따라서 자신이 좋아하는 것을 청자도 좋아하게 하고, 자신이 싫어하는 것을 청자도 싫어하게 만드는 겁니다. 또한, 자신이 원하는 것을 청자도 원하게 해서 자발적인 협조를 얻어내는 것이 설득 스피치의 목적입니다.

대중 설득 스피치보다 대인 설득 스피치가 우리에게 더 친근하고 익숙하다는 점에서 대인 설득 스피치 프로그램을 대인 관계 스피치 프로그램 다음에 실습할 수 있도록 편성했고, 다음과 같은 9가지로 구성했습니다. 즉 사과 스피치, 자기주장 스피치, 토론 스피치, 지적 스피치, 부탁 스피치, 갈등 해결 스피치, 판매 스피치, 거절 스피치, 화난 고객 상대 스피치입니다.

❸ 마음 전달 스피치

마음 전달 스피치는 '1:1, 1:다수' 사이에서 이뤄지는 스피치입니다. 우리가 일상생활을 하면서 상대방에게 기쁨이나 슬픔·격려·축하·감사·위로·축원 등 심적 교류가 무엇보다 중요한 스피치로서 마음 전달을 목적으로 하게 되는 스피치입니다.

마음을 열고 스피치를 해야 한다는 오픈 마인드의 중요성을 고려해서 마음 전달 스피치 프로그램을 대인 설득 스피치 프로그램 다음에 실습할 수 있도록 편성했고, 다음과 같은 7가지로 구성했습니다. 즉 시 활용 스피치, 환송 스피치, 이별 스피치, 신년회 스피치, 송년회 스피치, 선물 받기 스피치, 선물 주기 스피치입니다.

❹ 행사 스피치

행사 스피치는 '1:다수'의 커뮤니케이션으로 마이크와 음향 장비를 활용해서 크고 작은 어떤 행사를 할 때 사용되는 스피치입니다. 스피치의 목적은 모임의 의미를 강조하고 행사를 빛내는 데 있습니다.

인간은 사회적 동물이기에 위와 같은 행사 스피치의 중요성과 필요성을 고려해서 행사 스피치 프로그램을 마음 전달 스피치 프로그램 다음에 실습할 수 있도록 편성했고, 다음과 같은 9가지로 구성했습니다. 즉 결혼식 사회 스피치, 기도 스피치, 마무리 스피치, 주례 스피치, 팔순 잔치 스피치, 건배 스피치, 행사 스피치, 취임 스피치, 야유회 스피치입니다.

❺ 정보 전달 스피치

정보 전달 스피치는 화자가 청자에게 지식이나 정보를 전달하기 위해서 행하는 스피치입니다. 정보 전달 스피치는 자신의 연구나 조사 결과, 자신의 전문 지식, 그리고 자신이 수집한 정보 등을 전달함으로써 청중의 이해를 돕고자 하는 것이 정보 제공 스피치의 목적이라고 언급하고 있습니다. 따라서 정보 전달 스피치는 우리가 꼭 익혀야 하는 스피치 능력입니다. 보통 '1 : 다수'의 스피치 커뮤니케이션이 행해집니다.[1]

정보화 시대에 정보 전달 스피치의 중요성을 고려해서 정보 전달 스피치 프로그램을 행사 스피치 프로그램 다음에 실습할 수 있도록 편성했고, 다음과 같은 3가지로 구성했습니다. 즉 주제 설명 스피치, 수업 스피치, 트라이어드 스피치입니다.

❻ 대중 설득 스피치

대중 설득 스피치는 대인 설득 스피치와 목적은 같지만, 설득을 목표로 하는 청자가 개인이나 소수가 아니라 대중일 경우의 스피치를 의미합니다.

대중 설득 스피치 프로그램은 가장 마지막에 편성했고 다음과 같은 3가지로 구성했습니다. 즉 선거 스피치, 학생회장 선거 스피치, 당선 스피치입니다.

2. 스피치 유형의 배열 기준

여기에서는 앞에서 제시한 6종의 실용 스피치의 유형과 특성을 바탕으로 해서 친근성·현실성·저난도·흥미성·융통성 등 자료 배열의 기준에 따라 [표 0]과 같이 6종 38가지의 실용 스피치 프로그램을 배열했습니다.

---

[1] 출처: 임태섭, 『스피치 커뮤니케이션』, 연암사, 1997, 11쪽.

우선 친근성을 고려했습니다. 친근성은 학습자 상호 간의 친근성을 도모할 수 있는 장르의 실용 스피치와 학습자들이 친근감을 갖고 접근할 수 있는 장르의 실용 스피치를 선순위로 배치했습니다.

다음은 현실성을 고려했습니다. 일상생활에서 자주 접하는 장르의 실용 스피치들, 즉 현실적인 실용 스피치들을 선순위로 배치했습니다.

다음은 저난도를 고려했습니다. 실용 스피치의 장르나 성격상 쉬운 실용 스피치부터 선순위로 배치했습니다.

다음은 흥미성을 고려했습니다. 실용 스피치의 장르나 성격상 흥미 있는 실용 스피치부터 딱딱한 실용 스피치의 순으로 배치했습니다.

다음은 융통성을 고려했습니다. 다른 장르의 실용 스피치와 특별한 연관성이 없으므로 배치하기가 곤란한 실용 스피치의 경우는 형식에 얽매이지 않고 적절한 부분에 배치했습니다.

다시 말하자면 친근성·현실성·저난도·흥미성·융통성 등 스피치 자료 배열의 원리에 따라 실용 스피치 유형을 다음과 같이 6종 38가지로 배열했습니다. 그리고 5단계 스피치 구성 프로그램을 이용해서 실용 스피치 교육을 시행하고자 하는 강사는 위 프로그램을 참고해서 스피치의 종류나 종별 묶음 따위를 필요에 따라 임의로 변경하거나 조정해서 사용해도 무방할 겁니다.

앞에서 제시한 실용 스피치의 유형과 특성 그리고 편성 지침과 배열 기준을 바탕으로 해서 작성한 실용 스피치의 유형과 특성 및 목록은 다음 [표 0]과 같습니다.

[표 0] 실용 스피치의 유형과 특성 및 목록

유형	형 태	스피치 목적	해당 스피치 목록
대인관계	'1:1, 1:소수, 소수:소수' 커뮤니케이션	인간관계의 형성과 관계의 증진	자기소개, 타인 소개, 인사, 첫 대면, 유머, 칭찬, 프러포즈
대인설득	'1:1, 1:소수, 소수:소수' 커뮤니케이션	개인의 사고와 행동의 변화	사과, 자기주장, 토론, 지적, 부탁, 갈등 해결, 판매, 거절, 화난 고객 상대
마음전달	'1:1, 1:다수' 커뮤니케이션	격려·축하·감사·위로·축원 등 심적 교류가 무엇보다 중요한 스피치	시(詩) 활용, 환송, 이별, 신년회, 송년회, 선물 받기, 선물 주기
행사	'1:다수'의 커뮤니케이션 마이크와 음향 장비 활용	모임의 의미를 강조하고 행사를 빛내기 위한 스피치	결혼식 사회, 기도, 마무리, 주례, 팔순 잔치, 건배, 행사, 취임, 야유회
정보전달	'1:다수'의 커뮤니케이션	지식이나 정보를 전달하기 위해서 행하는 스피치	주제 설명, 수업, 트라이어드
대중설득	'1:다수'의 커뮤니케이션	대중의 사고와 행동의 변화	선거, 학생회장 선거, 당선

4강
실용 스피치의 5단계 단계별 특성 미리 살펴보기

5단계 조직법은 스피치의 내용을 다섯 가지 단계로 조직화하는 방법입니다. 그런데 이 5단계 조직법은 서론·본론·결론의 3단계 구성법에서 발전된 겁니다. 즉 서론 안에 1단계(시작 단계)와 2단계(주제 선언 단계)가 있고, 본론은 3단계(주제 전개 단계)이고, 결론 안에 4단계(주제 반복 단계)와 5단계(마무리 단계)가 있습니다.

각 단계를 개괄적으로 살펴보면 다음과 같습니다.

❶ 시작 단계

1단계인 시작 단계는 첫 번째 전달해야 할 정보를 표현하는 단계입니다. 다시 말해서 첫 인사와 함께 자기소개를 한다든가 다른 사람의 이름을 부를 때 또는 가장 중요한 정보를 말하는 단계입니다.

손가락 중에 가장 중요한 것을 표현할 때 사용하는 엄지가 연상됩니다.

❷ 주제 선언 단계

2단계인 주제 선언 단계는 두 번째 전달해야 할 정보를 표현하는 단계입니다. 또는 스피치의 방향을 정해 주는 단계입니다. 즉 두 번째 전달해야 할 사항을 말하거나 개요를 설명해 주는 등, 스피치의 주제를 선언하는 서론 단계입니다.

결국, 이 단계는 청자의 관심과 주의를 집중시키고, 본론의 내용을 잘 듣게 하는 데 도움을 준다는 점에서 원활한 의사소통을 가능하게 하는 주요한 기능을 지닙니다. 또한, 상황에 따라서 1단계와 2단계 사이에 호감 사기와 관심 끌기가 들어갈 수 있습니다.

손가락 중에 방향을 가리킬 때 사용하는 검지가 연상됩니다.

❸ 주제 전개 단계

3단계인 주제 전개 단계는 세 번째 전달해야 할 정보를 표현하는 단계입니다. 스피치의 두드러진 핵심 또는 전하고자 하는 요점을 보통 세 가지로 언급하는 단계입니다.

그리고 시간적 구성법, 공간적 구성법 등 적절한 구성법들을 활용해서 주제를 전개해 나가는 본론 단계입니다.

손가락 중에 두드러지게 제일 긴 세 번째 손가락인 중지가 연상됩니다.

❹ 주제 반복 단계

4단계인 주제 반복 단계는 네 번째 전달해야 할 정보를 표현해야 하는 단계입니다. 또는 3단계인 주제 전개 단계(본론)에서 혹시 빠뜨렸던 내용이 있다면 그 부분의 보충이 필요한 단계이기도 합니다.

그리고 앞 단계에서 언급했던 스피치의 근거나 이유를 찾아 설명하기도 합니다. 또한, 필요한 경우는 보충이나 보완을 위해 질문을 하거나 부탁하고 싶은 내용을 전달합니다.

4단계와 5단계 사이에 요점 재강조와 결언이 상황에 따라 들어갈 수 있습니다. 요점 재강조는 청중에게 핵심 요지 즉 요점을 다시 한 번 강조해 줌으로써 연사가 자상하고 친절하다는 인식을 심어 줍니다.

또한, 짧고 강하고 여운이 남게 격언이나 속담 등의 결언으로 끝맺음할 수 있다면 더욱 효과적인 스피치가 될 수 있습니다.

그리고 앞에서 언급한 내용을 간략하게 요약·정리해서 결론으로 제시하는 주제 반복 단계입니다.

정보 전달 스피치에서 4단계는 2단계인 주제 선언을 반복하는 주제 반복 단계(2*2=4, 2+2=4)로서 손가락 중에 네 번째 손가락인 약지가 연상됩니다.

❺ 마무리 단계

5단계인 마무리 단계는 다섯 번째 전달해야 할 정보를 표현하는 단계입니다. 약속이나 다짐·바람 등을 얘기하며 긍정적으로 끝냅니다. 보통 스피치의 끝인사에 해당하지만, 새로운 시작이 되는 단계이기도 합니다.*

실용 Tip

*마무리 단계는 새로운 시작이 되는 단계가 되기도 합니다.

예를 들어 행사 스피치의 경우에 사회자는 자신의 말은 마치지만, 곧 새로운 상황이 전개된다는 것을 의미합니다.

손가락 중에 약속할 때 사용하는 소지가 연상됩니다.

이와 같이 5단계 구성법은 3단계 구성법을 더욱 구체화한 것으로 다양한 스피치 상황에서 내용을 보다 효과적으로 조직하기 위한 방법입니다.

하지만 성공적인 스피치는 상황·목적·청중에 따라 그에 걸맞은 내용이 돼야 하기에 5단계로 전개해 나가더라도 천편일률적인 적용이 돼서는 안 될 겁니다. 각각의 상황을 고려하며 목적을 염두에 두고, 청중을 배려한 스피치가 돼야 할 겁니다.

따라서 전체적인 측면에서는 위의 5단계 전개 방식의 큰 틀을 따르되, 실제적인 스피치 상황에서는 융통성을 발휘해서 좀 더 효과적인 스피치가 되기 위한 구체적 적용 방법이 필요합니다.

지금까지 함께 살펴본 5단계 실용 스피치 특강의 단계별 특성이 지금은 잘 이해가 되지 않더라도 상관없습니다. 앞으로 전개될 38가지 실용 스피치의 예문들을 함께 하나씩 익혀봄으로써 자연스럽게 체득될 것이라고 믿기 때문입니다.

파워 실용 스피치 특강 핵심 노하우

- 1강 대인 관계 스피치(7종)
- 2강 대인 설득 스피치(9종)
- 3강 마음 전달 스피치(7종)
- 4강 행사 스피치(9종)
- 5강 정보 전달 스피치(3종)
- 6강 대중 설득 스피치(3종)

대인 관계 스피치(7종)

5단계 대인 관계 스피치 구성 프로그램은 7가지로 구성했습니다. 즉 자기소개 스피치, 타인 소개 스피치, 인사 스피치, 첫 대면 스피치, 유머 스피치, 칭찬 스피치, 프러포즈 스피치입니다.

(1) 자기소개 스피치

우리가 사회생활을 하면서 스피치를 할 때 가장 많이 사용하게 되는 스피치가 바로 자기소개 스피치입니다. 자기소개 스피치를 통해 자신의 이름, 사는 곳과 어떻게 해서 이곳에 오게 됐는지 동기나 이유 등을 말함으로써 상호 간의 공감대를 형성할 수 있습니다.

자기소개 스피치는 5단계 조직 방법을 적용해서 내용을 조직할 수 있는데, 이에 대한 내용 조직 프레임은 다음 [표 1]과 같습니다.

[표 1] 자기소개 스피치의 내용 조직 프레임

| ① 시작 단계 | ② 거주지 소개 단계 | ③ 직업 소개 단계 |
| ④ 참여 동기 소개 단계 | ⑤ 마무리 단계 | |

자기소개 스피치의 구체적인 내용 조직 방법

자기소개 스피치는 청중에게 자신의 여러 면을 알려주는 겁니다. 하지만 스피치는 시간의 제약을 받으므로 모든 내용을 열거해서 전달할 수는 없습니다. 특히 면접 자기소개[1]에서는 면접관에게 가장 자신을 어필할 수 있는 사항 즉 지원 분야와 관련된 자신의 장점을 우선 얘기해야 하듯이 자기소개 스피치는 청중이 가장 궁금해하는 내용을 위주로 알리며 인간관계를 돈독히 하는 데 의의가 있습니다.

❶ 시작 단계

첫 번째 순서는 인사와 함께 자신을 소개하는 단계입니다. 이때 밋밋하게 이름만을 얘기할 수도 있으나 자신을 표현할 수 있는 적당한 수식어를 앞에 놓는 것도 자신을 알리고 기억시키는 데에는 좋은 방법이 될 수 있습니다. 이에 대한 구체적인 예시는 다음 (1)과 같습니다.

(1) 예시 1

1) 안녕하십니까? 스피치가 즐거운 남자 김철수입니다.
2) 안녕하십니까? 행운을 기다리기 보다는 행운을 개척해 나가는 남자 김유승입니다.
3) 안녕하십니까? 산소 같은 여자 이인영입니다.
4) 안녕하십니까? 꿈을 향해 끊임없이 도전하는 청춘 서상영입니다.

---

[1] **실용 Tip** "안녕하십니까? 김철수라고 합니다."

"안녕하십니까? 김철수라고 합니다."라고 자신의 이름을 소개하는 분들을 간혹 볼 수 있습니다. "김철수라고 합니다."라는 표현은 겸손의 표현으로 쓰이고 있으나 주체성이 없어 보입니다. 왜냐하면, "남들이 저를 '김철수'라고 부릅니다."로 들리기 때문입니다.

또한, "안녕하십니까? 저는 김, 철자, 수자, 김철수입니다."라고 자신의 이름을 소개하는 분들도 볼 수 있는데요. 이 표현은 결례의 표현입니다. 왜냐하면, 이 표현은 손위 어른의 함자를 말할 때 쓰는 표현이기 때문입니다. 따라서 "안녕하십니까? 김철수입니다."의 표현이 적당합니다.

5) 안녕하십니까? 열린 가슴으로 세상을 포용할 수 있는 남자 송명환입니다.

위의 예시와 같이 밋밋하게 이름만 얘기하는 것이 아니라 여기에서는 이름 앞에 "산소 같은 여자, 꿈을 향해 끊임없이 도전하는 청춘, 열린 가슴으로 세상을 포용할 수 있는 남자" 등의 멋진 문구나 광고 카피를 활용한 수식어를 놓음으로써 청중을 좀 더 자신에게 집중하게 하고 기억시키는 방법으로 사용했습니다.

때로는 자신의 이름을 한 음절씩 청중에게 운을 떼어 달라고 해서 멋진 삼행시를 읊어 보는 것도 좋은 방법입니다. 이에 대한 예시는 다음 (2)와 같습니다.

(2) 예시 2

안녕하십니까? 제 이름은 홍길동입니다. 여러분께서 제 이름 석 자의 운을 떼어 주시면 고맙겠습니다.

홍 : 홍수가 나도 스피치에 집중할 남자
길 : 길을 잃었어도 스피치에 몰두할 남자

동: 동에 번쩍 서에 번쩍 21세기를 빛내줄 남자 홍길동입니다.

위의 예시에서 '홍'은 강의 물이 불어 범람하는 현상인 홍수(洪水)의 홍을 활용했고, '길'은 "천 리 길도 한 걸음부터"라는 속담의 길을 활용했습니다. '동'은 아침 해가 나무의 중간까지 떠오르는 모양을 본떠 동쪽을 뜻하게 된 동녘 동(東)을 활용해서 삼행시를 지었습니다.

❷ 거주지 소개 단계

두 번째 순서는 자신이 거주하는 지역명을 소개하는 단계입니다. 다른 곳에도 같은 지역명이 있다면 광역 지명을 붙여줍니다. 예를 들면 광주광역시가 아닌 경기도 광주라고 표현하는 겁니다. 또한, 마을 이름의 유래나 관련된 얘기 등을 덧붙이는 것도 좋은 방법이 될 수 있습니다.

> 예시) 존경하는 여러분과 우의를 다지고자 우이동에서 비행기를 타고 오는 꿈을 꾸면서 버스를 타고 급하게 달려왔습니다. 우이동의 우이란 지명은 소의 귀처럼 생긴 봉우리의 아래에 있다고 이름 지어졌다고 합니다. 우이독경(소귀에 경 읽기)이 되지 않도록 훌륭하신 고견을 잘 경청하겠다는 마음으로 여러분과의 소중한 만남을 이어 가겠습니다.

위의 예시에서는 우이라는 지명을 예로 들어 자신이 사는 거주지를 재미있게 소개했습니다. 이외에 재미있는 동네 이름의 예를 들자면, "개봉관이 없어도 개봉동, 방송국이 없어도 중계동, 자식이 불효해도 효자동" 등이 있습니다.

❸ 직업 소개 단계

세 번째 순서는 자신의 직업을 소개하는 단계입니다. 사람들이 가장 궁금해하는 것 중의 하나가 바로 직업입니다. 상황에 따라 직업 선택의 배경, 일의 보람, 직업의 사회적 기여도 등을 언급합니다.

> 예시) 저는 기타 학원을 운영하고 있습니다. 고등학교 때부터 음악을 좋아해서 만날 기타만 메고 다녀 부모님께 많은 꾸중을 듣기도 했지만, 이젠 저의 행복한 천직이 됐습니다. 특히 요즘은 7080세대들이 취미로 음악을 하려는 분들이 많아 그분들께 삶의 활력을 드리는 것 같아 제 직업에 더 큰 행복과 보람을 느끼고 있습니다.

위의 예시에서는 기타 학원을 운영하는 사람이 직업 선택의 배경과 일의 보람, 사회적 기여도 등을 언급하면서 직업을 소개했습니다. 자신의 직업을 위의 예시를 활용해서 표현해 봅시다. 예컨대 자신이 공인중개사라면 사람들을 연결해 주는 업무이므로 "저는 늘 교량과 같은 사람*이 되길 꿈꿔왔는데 소망이 현실이 된 것 같습니다. 공인중개사로서 매도자와 매수자 간에 소중한 인연을 맺어 주는 보람을 느끼면서 일하고 있습니다."라는 식의 표현을 할 수 있습니다.

실용 Tip

*비유를 활용한 자기소개 기법

비유를 활용한 자기소개 기법입니다. 청중에게 이해와 재미를 더해 주는 데는 이러한 비유적인 표현이 적합합니다.

다른 예로는 "저는 늘 보청기와 같은 사람이 되길 꿈꿔 왔는데 소망이 현실이 된 것 같습니다. 사내 웃음 치료사로서 직원들의 사기를 증폭시켜 주는 일에 보람을 느끼면서 열심히 일하고 있습니다."

이외에도 "저는 늘 언제 어느 때고 부서를 가리지 않고 일할 수 있는 다재다능한 만능연예인 같은 사람이 되길 꿈꿔 왔는데 회사에 입사한 지 1년 만에 소망이 현실이 된 것 같습니다."

또는 "고무찰흙과 같은 사람 즉 고무찰흙이 가진 특징처럼 주무르면 주무르는 대로 모양을 바꿀 수 있는 다재다능한 능력을 소유한 사람이 되길 꿈꿔 왔는데 그 꿈이 현실이 된 것 같습니다. 이제는 어느 부서의 일이든 다 처리해낼 수 있는 기업의 핵심 사원으로서 사장님께 능력을 인정받으며 재미있게 일하고 있습니다." 등 비유를 활용한 표현은 위의 예처럼 다양하게 적용될 수 있습니다.

❹ 참여 동기 소개 단계

네 번째 순서는 모임에 오게 된 동기를 얘기하는 단계입니다. 즉 지금 이 자리에 있는 이유를 말하는 단계입니다. 이때 모임을 소개해 준 사람이나 모임에 대한 관심

정도 등을 표현합니다. 때로는 긴 자기소개를 해야 할 필요가 있는데, 그때는 이곳에 오게 된 동기나 이유를 마음을 담아 진솔하게 표현하는 것이 효과적입니다.

> **예시)** 이 모임의 부회장님이신 김대영 선생님의 권유로 오늘 이 자리에 함께하게 됐습니다. 각계각층의 분들이 허심탄회하게 대화를 나누며 함께 봉사 활동을 하는 멋진 모임이라 소개를 받았는데 정말 가슴이 설레고 기대가 됩니다.

위의 예시에서는 김대영 부회장으로부터 권유를 받아 모임에 참석하게 됐음을 밝히고, 멋진 모임이라 소개를 받았다며 모임에 대한 칭찬 조의 말과 가슴 설레는 기대감을 표현하고 있습니다.

만일 자발적 참여자라면 모임을 알게 된 계기와 모임에 대한 관심을 표명하는 것이 좋습니다. 즉 "신문 기사를 보고 이렇게 좋은 봉사 단체가 있다는 것을 알았습니다. 꼭 함께하고 싶은 마음이 들었고 오늘의 모임을 기다려왔습니다. 여러분을 뵙게 돼서 기쁘고 마음이 설렙니다."와 같이 표현할 수 있습니다.

❺ 마무리 단계

다섯 번째 순서는 끝인사로 마무리하는 단계입니다. 이때 앞으로의 계획·다짐·소망·덕담 등을 표현하면 좋습니다. 마지막은 주로 감사로 끝맺습니다.

> **예시)** 아무쪼록 우리의 만남이 소중한 인연으로 계속 이어지길 바랍니다. 앞으로 저도 열심히 활동하겠습니다. 많이 격려해 주고 이끌어 주시길 바랍니다. 감사합니다.

위의 예시에서는 바람과 각오·감사로 간략히 마무리했습니다. 마무리 단계는 장황하지 않도록 유의합니다. "꼬리가 길면 밟힌다."라는 속담처럼 마무리는 길지 않게 함축적으로 표현해야 합니다. '끝으로, 마지막으로' 등의 구절들이 반복되면 안 됩니다.

실용 Talk

면접 1분 자기소개 노하우와 면접관들을 주목하게 하는 세 가지 핵심 답변

면접 자기소개는 "영화의 예고편처럼 해야 한다."라는 말이 있습니다. 다시 말해서 우리가 길어야 1분 정도 하는 영화의 짧은 예고편을 보고 그 영화를 볼 것인지 혹은 말 것인지를 결정하게 되는 것처럼 응시자는 자기소개하는 1분 동안 면접관에게 자신만의 개성이 돋보이면서 구체적이고 논리적인 자기소개로 타인으로부터 호감을 살 수 있어야 합니다.

왜냐하면, 면접의 시작이라 할 수 있는 자기소개는 '면접의 첫인상'에 해당하므로 첫인상을 좋게 한 후에 면접에 임하는 것이 유리하기 때문입니다.

그렇다면 1분이라는 시간의 제약을 받는 상황에서 1분 자기소개를 임펙트 있게 하는 방법은 무엇일까요? 그것은 바로 인용문을 활용하는 겁니다. 먼저 영화 속 명대사의 인용을 시작으로 소설·고사성어 인용의 순으로 살펴보겠습니다. 또한, 면접관들을 주목하게 하는 세 가지 핵심 답변에 대해서도 살펴보겠습니다.

1. 인용문을 활용한 면접 1분 자기소개

예문 1) 영화 '시월애' 중 명대사 인용 1분 자기소개

"세상에는 숨길 수 없는 것이 세 가지가 있다고 합니다. 기침과 가난 그리고 사랑"인데요. 저는 여기에 예스 그룹에 대한 저의 불타오르는 열정을 하나 더 추가하고 싶습니다. 면접관님, 저의 숨길 수 없는 열정이 보이십니까? 저는 그 열정을 귀사인 예스 그룹에 불붙일 준비가 돼 있습니다. 저를 꼭 뽑아 주십시오.

예문 2) 리처드 브리크너의 소설 '망가진 날들' 중 명대사 인용 1분 자기소개

"희망은 절대 당신을 버리지 않습니다. 다만, 당신이 희망을 버릴 뿐입니다." 리처드 브리크너의 소설 '망가진 날들'의 한 대목입니다. 그렇습니다. 제가 숨 쉬고 있는 한 희망은 절대 저를 버리지 않을 겁니다. 제가 희망을 버리기 전까지가 이곳에 지원하게 되는 가장 큰 근거라고 생각합니다. 저의 희망은 언제나 이곳 예스 그룹에 있습니다. 저를 꼭 뽑아 주십시오.

예문 3) 고사성어 인용 1분 자기소개

"백락일고(伯樂一顧)"라는 고사성어가 있습니다. 백락일고는 아시는 바와 같이 명마(名馬)도 백락(伯樂)을 만나야 세상에 알려진다는 뜻입니다. 즉 재능 있는 사람도 그 재주를 알아주는 사람을 만나야 빛을 발한다는 말이지요. 저는 귀 회사에서 제 재능을 알아주었다고 생각하고 있습니다. 그 능력을 앞으로 더 높이 끌어올려 예스 그룹의 발전을 위해 열심히 일하는 사원이 되겠습니다. 저를 꼭 뽑아 주십시오.

2. 면접관들을 주목하게 하는 세 가지 핵심 답변

예스 그룹에서 저를 채용하셔야 하는 이유를 세 가지 말씀드리겠습니다.

첫째, 예스 그룹에서 필요로 하는 인재는 바로 '저'이기 때문입니다. 저는 곧바로 직무에 투입해도 일할 수 있는 능력을 갖추기 위해 이러이러한 전문성 함양을 위한 노력을 했습니다.

둘째, 예스 그룹의 발전이 곧 저의 발전이라고 생각하면서 오래도록 근무하겠다고 약속할 수 있기 때문입니다. 사회성 함양을 위한 저의 노력의 근거는 이러이러합니다.

셋째, 저는 예스 그룹에서 필요로 하는 성실하고 정직한 사람이기 때문입니다. 그것은 제가 이러이러한 활동을 한 것으로 저의 품성은 입증될 수 있다고 봅니다.

앞에서 제시했던 자기소개 스피치에 대한 5단계 예시의 전체 흐름을 살펴보기 위해 하나의 실습 예문으로 제시하면 다음과 같습니다.

 자기소개 스피치의 실습 템플릿 1(짧은 소개)

(상황)

구청에 근무하는 이복희 씨가 친구의 소개로 어느 모임에 처음 참석하게 됐습니다.

(안내 지침)

새롭게 모임의 일원으로 참석한 경우의 자기소개는 길게 늘어놓기보다는 짧막한 자기소개가 더 적절합니다. 이름·거주지·직업을 간단히 소개하고 참여 동기를 짤막하게 언급하고 나서 긍정적인 바람을 담은 마무리로 진행하는 것이 효과적입니다. 첫 모임에서는 첫인상이 중요한 만큼 밝은 표정과 밝은 어조로 말하는 것이 좋습니다.

(실습 예문)

안녕하십니까? 멋진 여자 이복희입니다. (허리 숙여 인사*) (❶ 시작 단계)
저는 중랑구 면목동에 살고 있습니다. (❷ 거주지 소개 단계)
그리고 저는 중랑구청에 근무하고 있습니다. (❸ 직업 소개 단계)
저는 오늘 여러분과 좋은 인연을 맺고자 이 자리에 참석했습니다.
(❹ 참여 동기 소개 단계)
우리 모두 즐겁고 뜻깊은 시간을 가졌으면 합니다. 감사합니다.
(허리 숙여 인사) (❺ 마무리 단계)

 **실용 Tip**

*허리 숙여 인사

고개만 숙여 인사하는 것은 '묵례'라고 합니다. 이는 가벼운 인사입니다. 스피치를 할 때 묵례는 적절하지 않습니다. 고개는 움직이지 않고 허리를 숙여 제대로 인사하는 것이 정중한 인사법입니다.
또한, 청중이 손뼉을 칠 수 있는 시간을 주고 정중함을 더 하고자 허리를 숙인 상태에서 잠깐(약 1~2초 정도) 머물러 줍니다.

자기소개 스피치의 실습 템플릿 2(긴 소개)

(상황)

경기대학교 평생교육원 리더스 스피치 과정 주임 교수로 근무하는 김현승 씨가 개강하는 날 수강생들에게 자기소개 스피치에 대한 시범을 보이려고 합니다.

(안내 지침)

주임 교수로서의 자기소개는 지나치게 간략한 표현보다는 풍성한 자기소개가 필요합니다. 효과적인 교육이 되려면 학습자와 교육자 간의 친밀감 형성이 무엇보다도 필요하기 때문입니다. 전체적으로는 긍정적·발전적인 내용을 담는 것이 좋습니다.

(실습 예문)

안녕하십니까? 김현승입니다. (❶ 시작 단계)

훌륭하고 멋지신 여러분을 만나 뵙고자 중랑구 상봉동*에서 왔습니다. 제가 방금 말씀드린 이 '상봉'이라는 단어는 '서로 만난다.'라는 뜻도 있듯이 여러분과의 오늘 만남이 앞으로 소중한 인연으로 발전해 가리라는 기대를 하고 있습니다.** (❷ 거주지 소개 단계)

*** "걸림돌이 디딤돌이 된다."라는 금언도 있습니다만, 말에 자신이 없던 제가 그러한 저의 걸림돌을 디딤돌로 바꾸고자 스피치 연구에 연구를 거듭하다 보니까 몇 년 전부터는 여러 기업체와 대학교 평생교육원 등에서 다른 사람의 발표를 돕는 스피치 강사(교수)의 일을 하게 됐습니다. (❸ 직업 소개 단계)

여러분을 만나 뵙게 돼서 대단히 기쁩니다. 앞으로 여러분과 함께하게 될 15주 동안 여러분의 스피치 실력 향상을 위해 온 정성을 쏟겠습니다. (❹ 참여 동기 소개 단계)

끝으로 15주 동안 여러분과 함께하는 모든 시간이 우리 모두에게 값진 시간, 유익한 시간, 행복한 시간이 되길 바라면서 제 소개를 마칩니다. 감사합니다.

(❺ 마무리 단계)

실용 Tip

*상봉동(上鳳洞)

상봉동(上鳳洞)은 조선 시대부터 유래하는 상리의 '상(上)'자와 봉황동의 '봉(鳳)'자를 따서 상봉리라고 붙인 데서 연유합니다. 그러나 여기에서는 상봉동의 상봉(上鳳)이 '서로 만난다.'라는 뜻의 상봉(相逢)과 음이 같음을 생각해서 위와 같이 활용한 겁니다.

실용 Tip

**색상으로 자기를 소개하는 방법

이 부분에 거주지 소개와 함께 자기 복장에 대한 색상으로 자기를 소개하는 방법도 있습니다.

예를 들자면, "제가 오늘 매고 나온 넥타이가 파란색 넥타이입니다. 파란색은 제가 제일 좋아하는 색입니다. 파란색은 우리에게 시원하고 진취적인 느낌을 줍니다. 그래서인지는 몰라도 처음 사람을 만나러 가는 자리이거나 귀한 분을 만나러 갈 때에는 저도 모르게 이 파란색 계통의 넥타이에 손이 가게 됨을 느낍니다."

실용 Tip

***성향으로 자기를 소개하는 방법

이 부분에다 다음과 같은 구절을 삽입하는 것도 좋습니다. 예를 들면, "저는 무슨 일을 하게 되면 그 일에 흠뻑 빠져서 헤어 나오지 못하는 성향을 갖고 있기도 합니다. 저는 현재 스피치 연구와 교육 활동에 한참 몰입해 있는 상태입니다."

(2) 타인 소개 스피치

우리가 사회생활을 하다 보면 타인을 소개해야 할 경우가 많은 법입니다. 이때 타인 소개를 어떻게 하면 좋을지 몰라 고민하거나 망설이는 때도 있을 겁니다. 따라서 이번에는 타인 소개 스피치에 대해서 학습하고자 합니다. 타인 소개 스피치를 통해 상호 간의 이름을 익히고, 서먹한 분위기를 부드럽게 완화하는 일거양득의 효과를 기대해 봅니다.

타인 소개 스피치 역시 5단계 조직 방법을 적용해서 내용을 조직할 수 있는데, 이에 대한 내용 조직 프레임은 다음 [표 2]와 같습니다.

[표 2] 타인 소개 스피치의 내용 조직 프레임

| ① 시작 단계 | ② 타인 소개 단계 | ③ 칭찬 단계 |
| ④ 보충 단계 | ⑤ 마무리 단계 | |

타인 소개 스피치의 구체적인 내용 조직 방법

❶ 시작 단계

첫 번째 순서는 인사와 자기소개를 하는 단계입니다. 누군가를 소개하고자 하는 자기 자신을 간단히 알려주는 겁니다. 주인공은 소개를 받는 타인이므로 자기소개 부분은 장황하지 않게 간략히 하도록 합니다.

 안녕하십니까? 만남을 소중하게 생각하는 임만택입니다.

위의 예시에서는 자신을 소개하면서 "만남을 소중하게 생각하는"이란 수식어를 붙였습니다. 이 수식어는 소개할 분과 자신과의 인연, 소개할 분과 청중과의 만남, 자신과 청중과의 관계를 더욱 소중하고 돈독한 느낌이 들게 해줍니다. 혹은 "여러분, 반갑습니다. 오늘 귀중한 분을 모시고 나온 임만택입니다."라는 표현으로 타인 소개의 뉘앙스를 풍기며 청중의 궁금증을 자아내는 시작도 좋습니다.

❷ 타인 소개 단계

두 번째 순서는 타인을 소개하는 단계입니다. 부정적인 내용은 피하고 긍정적인 내용을 담아야 합니다. 특히 이름은 명료하게 발음하도록 합니다.

예시) 저는 오늘 여러분께 정말 매력이 넘치는 훌륭한 분을 소개해 드리고자 합니다. 제가 소개해 드릴 분은 바로 정정옥 선생님입니다.

위의 예시에서는 이름을 언급하기 전에 "매력이 넘치는 훌륭한 분"이라고 미리 예고했습니다. 이는 청중의 주의와 관심을 끄는 방법입니다. 그 외에도 "여러분이 정말 만나고 싶어 하실 훌륭한 분, 가뭄에 단비와 같은 반가운 분, 오늘의 분위기를 더욱

밝게 하는 빛과 같은 분" 등의 다양한 표현을 활용할 수 있습니다.

❸ 칭찬 단계

세 번째 순서는 상대를 칭찬하는 단계입니다. 칭찬은 소개할 분의 실제 장점 중에서 끌어내야 합니다. 그렇지 않으면 공허한 소리에 그칠 수 있으니까요.

> 예시) 정정옥 선생님은
> 1) 우선 환한 미소가 정말 매력적이십니다.
> 2) 또한, 패션 감각이 아주 탁월하십니다.
> 3) 그리고 기타를 치며 노래 부르는 것을 무척 좋아하신다고 합니다.
>   언제 멋진 모습을 볼 기회가 있었으면 좋겠네요.

위의 예시에서는 소개할 분의 장점을 끌어내어 칭찬하고 있습니다. 미소, 패션 감각, 노래의 세 가지를 언급하고 있는데, 될 수 있으면 세 가지를 초과하지 않도록 하는 것이 좋습니다. 너무 많으면 오히려 메시지의 초점이 흐려질 수 있기 때문입니다. "매력적이십니다, 탁월하십니다."라는 표현은 칭찬에서 많이 쓰이는 문구입니다. 그 외에도 "훌륭하십니다, 식견을 갖고 계십니다, 뛰어나십니다, 전문가이십니다." 등의 표현도 활용할 수 있습니다.

❹ 보충 단계

네 번째 순서는 부연 설명을 하는 단계입니다. 보충 단계는 자신과 소개하는 분, 청중을 하나로 이어주는 단계입니다. 다양한 내용을 담을 수 있겠으나 특히 본인의 소감과 박수 유도가 효과적이라고 봅니다.

> 예시) 제가 정정옥 선생님을 여러분께 소개하게 돼서 매우 기쁘고 영광스럽습니다. 여러분, 정정옥 선생님을 큰 박수로 환영해 주시길 바랍니다.

위의 예시에서는 소개자로서의 기쁘고 영광스럽다는 소감과 박수 유도로 타인 소개 스피치의 보충 단계를 적절하게 이어나가고 있습니다. 소감의 표현은 상황에 따라 변화 있게 "무척 기쁩니다, 매우 기쁩니다, 정말 기쁩니다, 기쁜 마음입니다, 무척 영광입니다, 대단히 영광스럽습니다, 대단히 감격스럽습니다." 등의 다양한 표현을 할 수 있습니다.

박수 유도는 위의 예시처럼 "힘찬 박수로 환영해 주시길 바랍니다."라는 표현 이외에도 "우렁찬 박수로 환영해 주십시오, 환영의 박수로 맞이해 주십시오." 등을 활용할 수 있습니다.

❺ 마무리 단계

다섯 번째 순서는 끝인사를 하는 단계입니다. 끝인사는 미래 지향적으로 하는 것이 좋습니다. 따라서 각오나 바람·축원의 마음을 담습니다.

예시) 소중한 인연 앞으로도 잘 발전시켜 나가겠습니다. 감사합니다.

위의 예시는 자신의 각오와 바람을 표현했지만, 청중과 소개받는 이와의 관계를 언급할 수도 있습니다. "오늘 여러분과 정정옥 선생님과의 소중한 만남이 귀중한 인연이 되시길 기원합니다." 혹은 간단히 "멋진 인연이 되시길 진심으로 기원합니다."라고 하는 것도 무난합니다.

앞에서 제시했던 타인 소개 스피치에 대한 5단계 예시의 전체 흐름을 살펴보기 위해 타인 소개 스피치를 하나의 실습 예문으로 제시하면 다음과 같습니다.

타인 소개 스피치에 대한 실습 예문

(상황)

박영희 씨가 로터리 클럽 모임에 새로운 분을 영입시켰습니다. 평소 같으면 회장님께서 궁금한 것을 물어 소개하셨는데, 이번에는 영입시킨 분에 대해 박영희 씨가 제일 잘 아니까 직접 소개해 보라고 하십니다. 박영희 씨는 이정자 씨를 어떻게 소개할까요? 타인 소개 스피치에 대해 함께 살펴보겠습니다.

(안내 지침)

타인 소개는 활기찬 분위기로 시작해야 합니다. 그래야만 축하의 분위기가 밝게 조성되기 때문입니다. 소개할 분의 성함을 미리 밝히고 부연 설명을 덧붙이는 방법과 설명을 미리 해서 궁금증을 자아낸 다음 나중에 이름을 밝히는 방법이 있습니다. 이 경우에는 화기애애한 분위기이므로 후자의 방법을 활용하는 것이 좋습니다. 마무리 단계에서는 박수 유도를 힘차게 하도록 합니다.

(실습 예문)

여러분, 반갑습니다.

따뜻한 정이 가득 넘치는 사람 박영희입니다. (❶ 시작 단계)

저는 오늘 여러분께 정말 멋진 분을 소개해 드릴까 합니다.

(❷ 타인 소개 단계)

제가 지금 소개해 드릴 분은 성격 좋으시고, 인간성 좋으시고, 외모까지 출중하시고, 뭐하나 부족한 데가 없는 정말 훌륭하신 분입니다.

그리고 알면 알수록, 더욱더 그 매력에 빠져들게 하는 대단히 멋있는 분이십니다. (❸ 칭찬 단계)

제가 이런 분을 여러분께 직접 소개하게 돼서 정말 영광입니다. (❹ 보충 단계)

여러분, 이정자 선생님을 소개합니다.

힘찬 환영의 박수를 부탁합니다. (❺ 마무리 단계)

(3) 인사 스피치

우리의 사회생활은 타인들과의 만남이 계속되는 형태이고, 타인과 만나게 되면 사적이든 공적이든 반드시 인사말을 하게 됩니다. 그러나 인사말을 할 때, 무슨 말을 어떻게 조직해서 표현하면 좋을지 몰라 애를 태우는 때도 있습니다. 각종 인사 스피치의 내용 조직을 익혀 스피치에 자신감을 느끼고, 학습 분위기도 고조시켜 나가도록 합시다. 따라서 이번에는 인사 스피치에 대해서 학습해 보고자 합니다.

인사 스피치 역시 5단계 조직 방법을 적용해서 내용을 조직할 수 있는데, 이에 대한 내용 조직 프레임은 다음 [표 3]과 같습니다.

[표 3] 인사 스피치의 내용 조직 프레임

① 시작 단계　　② 감정 표현과 이력 소개 단계　　③ 각오 제시 단계
④ 감사 표현 단계　　⑤ 마무리 단계

 인사 스피치에 대한 구체적인 내용 조직 방법

(상황) 단체의 임원으로 선출돼 여러 회원 앞에서 총무님의 멋진 소개를 받고 인사말을 해야 하는 상황입니다. 이때 무슨 말을 어떤 순서로 하면 좋을지 인사 스피치에 대해 함께 생각해 봅시다.

❶ 시작 단계

첫 번째 순서는 인사와 자기소개를 하는 단계입니다. 스피치 시간이 충분하고 청중이 자신을 잘 모를 때에는 더욱 구체적인 자기소개를 합니다. 만일 이와 반대의 상황일 때에는 간략히 하는 것이 좋습니다.

예시) 여러분, 반갑습니다. 문현승입니다.

인사의 시작은 주로 "안녕하십니까?" 또는 "반갑습니다."입니다. 공식적인 자리에서는 "안녕하십니까?"라는 표현이, 비공식적인 자리에서는 "반갑습니다."라는 표현이 더 잘 어울린다고 할 수 있습니다. 청중의 환호가 뜨거운 경우에는 "여러분, 감사합니다. 문현승입니다."라는 표현도 좋습니다.

❷ 감정 표현과 이력 소개 단계

두 번째 순서는 감정 표현과 이력 소개를 하는 단계입니다. 감정 표현은 본인의 솔직한 마음을 담아야 합니다. 또한, 이력은 구구절절 늘어놓을 것이 아니라 자신의 여러 성취 중에서 청중과 가장 관련된 대표적인 것들을 말하도록 합니다.

> 예시) 먼저 부족한 저를 고문으로 추대해 주셔서 어깨가 무척 무겁습니다. 저는 여러분께서 아시다시피 중우회를 7년간 운영해 왔습니다.

위의 예시에서 활용된 "어깨가 무겁다."라는 표현은 '부담감'이 아닌 '책임감'을 말하는 겁니다. 부담감은 피하고자 하는 마음이며 책임감은 열심히 하겠다는 의지가 담

긴 마음입니다. 그리고 "부족한 저를"이란 표현은 겸허함이 묻어나는 표현입니다. 따라서 "먼저 여러모로 모자란 저에게 중책을 맡겨주셔서 막중한 책임감이 느껴집니다."라는 표현도 좋습니다.

❸ 각오 제시 단계

세 번째 순서는 앞으로의 각오를 말하는 단계입니다. 어찌 보면 각오 제시 단계가 청중이 가장 듣고자 하는 부분일 겁니다. 앞으로 자신이 실천해 나갈 방향, 실천 의지 등을 담습니다.

> **예시)** 여러분께 조금이라도 도움이 된다면 제 경험과 노하우를 아끼지 않고 열심히 여러분을 뒷받침하도록 하겠습니다.

위의 예시에서는 본인의 경험과 노하우를 아끼지 않고 열심히 하겠다는 일반적인 측면에서의 굳건한 각오를 밝히고 있는데, 경우에 따라 구체적인 각오를 밝힐 수도 있습니다. 예를 들어 보면 "우리 단체의 심각한 문제인 재정난 해소와 조직 기반 확충을 위해서 신발이 다 닳도록 열심히 뛰겠습니다, 우리 단체의 숙원 사업인 사옥 건립이 올해에는 반드시 실현될 수 있도록 최선을 다하겠습니다." 등의 표현이 될 수 있습니다.

❹ 감사 표현 단계

네 번째 순서는 감사 표현을 하는 단계입니다. 인사말에서 빠져서는 안 되는 필수 부분이라고 할 수 있습니다. 따라서 형식적인 표현이 되지 않도록 마음을 담아 표현해야 합니다.

> **예시)** 아무쪼록 일천한 저에게 중책을 맡겨주신 여러분께 깊이 감사드립니다.

위의 예시에서는 "일천한 저에게"란 표현으로 다시금 겸허한 마음을 드러내며 감사의 마음을 전하고 있습니다. 감사는 자신을 낮추는 자세에서 표현돼야 더욱 효과적입니다. 그런 의미에서 단순히 "감사드립니다."하는 것에 그치지 않고 "고개 숙여 감사드립니다."라는 표현도 많이 활용됩니다. 즉 "부족한 저에게 귀중한 책무를 맡겨 주신 여러분께 고개 숙여 깊이 감사드립니다."와 같이 표현할 수 있습니다.

❺ 마무리 단계

다섯 번째 순서는 끝인사를 하는 단계입니다. 앞으로의 바람이나 소망을 주로 담습니다. 바람이나 소망은 함께 해나가는 긍정적인 미래상을 말하는 것이 좋습니다.

> 예시) 앞으로 궂은일, 기쁜 일 가리지 않고 가족처럼 서로 아끼고 위하면서 큰 발전 함께 이뤄 나갔으면 합니다. 감사합니다.

위의 예시에서는 바람이나 소망을 말하면서 가족처럼 함께한다는 메시지를 담고 있습니다. "여러분, 많은 어려움이 산적해 있지만 어쨌든 저의 소임이 성공적으로 잘 마무리되길 바라면서 제 말씀[2]을 마칩니다."라는 식으로 자기 관점에서 어려운 일들을 혼자 모든 것을 이뤄 나가겠다는 식의 표현은 적절치 않습니다.

"서로 아끼고 위하면서 큰 발전 함께 이뤄 나갔으면 합니다, 서로 힘을 하나로 모아 멋진 결과들을 함께 만들어 나갔으면 합니다, 우리 모두 가족과 같은 끈끈한 유대감으로 어떤 일이든지 의논하고 합심해서 큰 발전 이뤄 나가길 소망합니다." 등의 표현처럼 청중의 지지와 성원·단합을 끌어낼 수 있는 마무리가 좋습니다.

---

[2] **실용 Tip** '말씀'의 두 가지 뜻

'말씀'에는 두 가지 뜻이 있습니다. **첫째**, 어떤 사람을 높여, 그 사람의 말을 이르는 말입니다. 즉 "어머니의 말씀"이 그 예입니다. **둘째**, 말씀은 상대방을 높여, 자기가 하는 말을 낮춰 이를 때도 사용합니다.
즉 "어머니께 드릴 말씀이 있습니다."와 같이 사용합니다. 따라서 위의 "제 말씀"은 상대방을 높여 자기가 하는 말을 낮춰 이르는 두 번째 말씀의 뜻에 따라 사용된 예입니다.

앞에서 제시했던 인사 스피치에 대한 5단계 예시의 전체 흐름을 살펴보기 위해 인사 스피치를 하나의 실습 예문으로 제시하면 다음과 같습니다.

 인사 스피치에 대한 실습 예문

(상황)
경기 스피치 학원의 개강식에 참여한 학부형 앞에서 김수철 강사가 원장 선생님의 멋진 소개를 받고 인사말을 해야 하는 상황입니다. 무슨 말을 어떤 순서로 하면 좋을지 함께 생각해 봅시다.

(안내 지침)
인사말은 짧게 하는 것이 예의입니다. 화려한 수사를 형식적으로 이어나가는 것보다는 함축적으로 따뜻한 마음을 전하도록 합니다. 각오 제시는 한 가

지를 구체적으로 표현할 수도 있지만 세 가지 정도로 간략하게 정리해서 말하는 것도 좋습니다. 감사의 표현은 진심을 담아 말하도록 하고 말만이 아닌 마음이 전해질 수 있도록 유의합니다.

(실습 예문)

안녕하십니까? 방금 소개받은 김수철입니다. (❶ 시작 단계)

우선 여러분의 귀한 자녀와 저희 스피치 학원과의 만남을 매우 기쁘게 생각합니다. 그리고 저에 대한 이력은 나누어 드린 팸플릿으로 대신하겠습니다.

(❷ 감정 표현과 이력 소개 단계)

나누어 드린 팸플릿에서 보시는 바와 같이 저는 본 프로그램을 담당할 스피치 전문 강사로서 앞으로 다음과 같은 세 가지 각오로 여러분의 자녀를 지도하겠습니다.

첫째, 언행이 일치하는 선생이 되겠습니다.

둘째, 칭찬과 격려를 아끼지 않는 선생이 되겠습니다.

셋째, 사랑과 정성으로 스피치를 지도하는 선생이 되겠습니다.

(❸ 각오 제시 단계)

존경하는 학부형 여러분!

저와 여러 선생님을 믿고 여러분의 귀한 자녀를 맡겨 주신 데 대해 진심으로 감사의 말씀을 드립니다. (❹ 감사 표현 단계)

앞으로 여러분의 선택이 후회 없는 값진 선택이 될 수 있도록 온 정성을 쏟겠습니다. 대단히 감사합니다.[3] (❺ 마무리 단계)

---

[3] **실용 Tip** "감사합니다."와 "고맙습니다."의 표현

끝인사로 "감사합니다." 대신 "고맙습니다."라고 쓰는 경우가 있습니다. 이때 주의할 것은 '고맙다'는 허물없는 사적 표현으로 주로 아랫사람에게 쓰이고, '감사하다'는 격식을 차린 공식적 표현으로 아랫사람에게는 잘 쓰이지 않는다는 겁니다.

따라서 학부형이나 선생님께는 "감사합니다."라는 표현이 어울리고, 제자에게는 "감사하다." 대신 "고맙다."라는 표현이 무난합니다.

(4) 첫 대면 스피치

처음 만나는 사람과의 스피치를 가리켜 첫 대면 스피치라고 부르는 데 이에 대한 스피치는 상대의 마음을 여는 부드러운 커뮤니케이션 스킬이 발휘될 수 있어야 합니다.

첫 대면 스피치 역시 5단계 조직 방법을 적용해서 내용을 조직할 수 있는데, 이에 대한 내용 조직 프레임은 다음 [표 4]와 같습니다.

[표 4] 첫 대면 스피치의 내용 조직 프레임

① 시작 단계   ② 화제 선정 단계   ③ 화제 전개 단계
④ 보충 단계   ⑤ 마무리 단계

첫 대면 스피치의 구체적인 내용 조직 방법

❶ 시작 단계

첫 번째 순서는 인사를 교환하며 통성명을 하는 단계입니다. 이때 필요하다면 명함을 교환하는 것도 좋습니다.

첫 대면에서는 첫인상이 중요하므로 밝은 표정과 밝은 목소리로 인사를 하도록 합니다.

예시) 안녕하십니까? 홍길동입니다.

❷ 화제 선정 단계

두 번째 순서는 대화를 시작할 준비를 하고 화제를 선정하는 단계입니다. 미리 상대방에 대한 정보를 알아 둔다면 좋은 화제를 선정하는 데 더욱 도움이 될 겁니다. 이 경우에도 "지피지기면 백전불태"입니다.

예시) 좋은 화제 선정을 위해 상대의 이름(참 예쁜 이름이시네요. 누가 지어 주셨는지 궁금한데요.4)과 관련된 얘기가 좋을지 아니면 자녀 관계(참 다복해 보이십니다. 슬하에 자녀분은 어떻게5 두셨는지 궁금합니다.)에

---

4 **실용 Tip** '~데'와 '~대'의 구분

'~데'는 경험한 사실을 돌이켜 생각해 일러주거나 스스로의 느낌을 나타낼 때 씁니다. 예를 들면 "내가 어제 결혼식장에서 봤는데 신부가 참 예쁘데." 따라서 이것은 '~더라'로 바꿔 쓸 수 있습니다.

반면에 '~대'는 직접 경험한 사실이 아니라 다른 사람이 말한 내용을 전달할 때 쓰이는 말입니다. "내가 어제 결혼식장에 참석은 못 했는데 신부가 참 예쁘대." 따라서 이것은 '~다고 해'로 바꿔 쓸 수 있습니다.

실용적인 차원에서 간단하게 구분하는 방법은 '데'는 직접 경험했을 때, '~대'는 남의 말을 전달할 때 쓴다는 겁니다. 예를 들면 "이건 나만 아는 비밀인데, 둘이 사귄대!"와 같습니다.

5 **실용 Tip** '어떻게'와 '어떡해'의 구분

'어떻게'는 '어떻다'에 어미 '~게'가 결합한 말이고, '어떡해'는 '어떻게 해'의 준말입니다. 그리고 '어떻게'는 부사로 용언 앞에 쓰고, '어떡해'는 문장의 끝에 쓰입니다. 또 '어떻게'나 '어떡해'를 '어떻해'로 쓰기도 하나 이는 잘못된 표현입니다.

대한 얘기로 시작하는 것이 좋을지 현재 상대의 분위기를 봐 가며 화제를 선정해 나갑니다.

만약 상대가 결혼하지 않았다면 가족 관계(형제 중에 둘째가 상황 파악을 잘하고 분위기 파악을 잘한다고 하는 얘기를 들었는데요. 선생님을 뵈면 형제분들 중에 둘째가 아니신가 하는 느낌이 드는데 어떠신가요?)에 관한 질문으로 화제를 전환해야 할 겁니다.

❸ 화제 전개 단계

세 번째 순서는 적절한 화젯거리를 전개해 나가는 단계입니다. 화젯거리는 내가 좋아하는 것이 아니라 상대방이 좋아할 것으로 삼아야 합니다. 왜냐하면, 상대의 관심거리를 화젯거리로 삼아 대화를 해야 성공적인 대화가 되기 때문입니다. 이때 사용될 수 있는 화제의 목록을 제시한다면 다음과 같은 것들이 있습니다.

첫 대면 스피치에 대한 구체적인 화제 목록[6]은 다음 [표 4-1]과 같습니다.

[표 4-1] 첫 대면 스피치에서 사용될 화제 목록

| ① 이름   ② 자녀(가족) 단계   ③ 집   ④ 꿈과 비전   ⑤ 직업   ⑥ 최근 기뻤던 일 |
| ⑦ 단기 목표   ⑧ 취미   ⑨ 여행   ⑩ 단체 가입   ⑪ 수료증 · 자격증 |

　　실용적인 차원에서의 또 다른 구별법은 '어떻게'라는 말을 '어찌'라는 말과 바꿔 보는 겁니다. 즉 '어떻게'와 '어찌'는 같은 의미이지만, '어떡해'라는 말은 '어찌'로 바꿀 수가 없기 때문입니다. 그래서 '어떻게'라는 말 대신 '어찌'를 넣었을 때 말이 되면 '어떻게'를 쓰고, 말이 안 되면 '어떡해'를 쓰면 됩니다.

　　즉 위의 문장을 보면 "슬하에 자녀분은 (어떡해, 어떻게) 두셨는지 궁금합니다."에서 "슬하에 자녀분은 (어찌) 두셨는지 궁금합니다."와 같이 '어찌'를 넣어 문장이 어울리므로 '어떻게'가 맞는 표현이 됩니다.

6　**실용 Tip** 그림 연상법을 활용한 11가지 화제 목록 떠올리기

　　자세한 내용은 『핑거 스피치』 202~203쪽 Finger Talk '그림 연상법을 활용한 키워드 떠올리기'를 참고하시길 바랍니다.

첫 대면 스피치에 대한 구체적인 실습 예문

1) 이름

첫 번째로 전개해 나가면 좋은 화젯거리는 명함을 교환하면서 통성명을 하고 서로 상대방의 성명에 대해 대화를 나누는 겁니다.

우리가 사람을 처음 만나게 되면 명함을 주고받으며 통성명을 하게 됩니다. 이때 상대의 이름에 대해 호기심을 갖고 다음과 같이 질문하며 다양하게 대화를 나눌 수 있습니다.

예시) ① 참 좋은 이름을 갖고 계십니다. 누가 지어 주셨는지 궁금한데요.
② 참 예쁜 이름을 갖고 계십니다. 어느 분이 지어주셨나요?
③ 특별한 이름 같은데 혹시 이름에 얽힌 사연이 있으신가요?[7]
④ 저랑 성이 같으시네요. 실례가 안 된다면 본관이 어디신지 여쭤 봐도 될까요?
⑤ 이름에 좋은 이미지가 담겨 있습니다. 한 번 듣게 되면 오래도록 좋은

---

[7] **실용 Tip** '있다'의 높임말

"혹시 이름에 얽힌 사연이 계신가요?"라고 무생물 명사인 '사연'에 대해서도 "선생님께서 방에 계십니다."와 같이 '계시다'라는 '주체 직접 높임' 표현을 하는 사람들을 간혹 볼 수 있습니다. 즉 무생물 명사인 선생님이 입고 계신 옷에 대해서는 옷이 '멋있습니다'와 같이 '있다'라고 낮춰서 표현해야 합니다. 왜냐하면, 무생물 명사인 옷을 높여 표현하는 것은 옳은 표현이 아니기 때문입니다.

그러나 높여야 할 대상과 관련된 말, 즉 신체 부분·소유물·생각 등에는 '~(으)시~'를 결합해서 간접적으로 높임의 태도를 실현하는 방법이 있는데 이를 '주체 간접 높임'이라 합니다. 그 예로는 "선생님의 말씀은 타당하십니다, 선생님께서는 아직 귀가 밝으십니다, 선생님 댁은 여기서 가까우신가요?, 선생님께서는 생각이 참 좋으시군요." 등이 있습니다.

즉 위 예문에서는 말씀·귀·댁·생각을 높여 표현한 것이 아니라 선생님을 간접적으로 높여 표현한 겁니다. 따라서 여기에서의 사연은 높여야 할 선생님의 사연이므로 주체 간접 높임인 '~(으)시~'를 결합한 "사연이 있으신가요?"가 맞는 표현입니다. 위 내용을 정리하자면 '있다'의 높임말에는 '계시다'와 '있으시다'를 사용하는데, 주체 직접 높임에는 '계시다'를, 간접 높임에는 '있으시다'를 쓰는 게 바른 표현이라는 겁니다.

이미지로 기억에 남겠는데요. 이런 얘기는 제가 처음은 아니겠죠?

2) 자녀(미혼인 경우는 가족 관계)

우리가 상대에게 같은 질문을 받더라도 어떤 경우는 얘기하고 싶기도 하고 어떤 경우는 하고 싶지 않은 경우가 있습니다. 그것은 상대의 기분을 고려했는가 하지 않았는가의 차이이기도 합니다. 즉 불쑥 알고 싶은 것만을 물어봐서는 형사가 심문하는 기분이 들 수 있기 때문에 조심해야 합니다. 특히 개인 정보에 대해서는 밝히고 싶지 않은 사람도 많으니 특별히 조심해야 합니다.

예시) ① 아주 다복해 보이시는데, 슬하의 자녀는 어떻게 두셨는지요?
② 형제 중에 둘째가 상황 파악을 잘하고 분위기 파악을 잘한다고 하는 얘기를 들었는데요. 선생님을 뵈면 형제분들 중에 둘째가 아니신가 하는 느낌이 드는데 어떠신가요?

3) 집

집에 대해 질문을 할 경우, 아파트에 살고 있는지 단독주택에 살고 있는지 혹은 연립에 살고 있는지 등 그 대답은 다양할 겁니다. 그리고 만일 집이 넓은 평수의 집이라면 몇 평인지 묻지 않아도 자연스럽게 얘기가 나오게 되므로 사는 집이 몇 평이냐는 질문 혹은 그 집이 자가인지 전세인지 등의 질문은 하지 않는 것이 좋습니다.

혹시 작은 평수에 사는 사람에게 평수를 묻게 되면 기분 나빠 할 수도 있으니 조심해야 합니다. 그러나 넓은 평수에 살고 있어 몇 평에 사는가를 물어봐 주기를 바라는 것 같다면 몇 평이냐는 질문을 하는 것도 좋습니다.

예시) ① 혈색이 좋아 보이시는데, 사시는 곳이 공기가 좋은 곳인가 봅니다. 궁금한데요?
② 그 동네는 아파트가 많은 것으로 알고 있는데, 어디에서 사시는가요?

③ 제가 지금 사는 곳은 전망이 별로 좋지 않은데, 선생님께서 사시는 그곳은 전망이 좋은지요?

④ 우리 동네는 무엇이 유명한데, 선생님이 사는 그곳은 무엇으로 유명한지요?

⑤ 저녁 식사 후에 주위에 가볍게 산책할 만한 곳은 있으신가요?

4) 꿈과 비전

이 단계쯤 되면 얘기가 어느 정도 무르익은 상황이 됩니다. 통성명이 끝나고 난 직후에 꿈이 뭐냐고 바로 묻게 되면 상대가 당황해 하겠지만, 말문이 트인 상황이라 과거 어렸을 때의 꿈부터 조심스럽게 묻는다면 상대도 별 부담 없이 받아 주리라 봅니다. 이때 상대의 얘기를 잘 들어주고 맞장구를 제때에 잘 쳐준다면 대화는 점점 무르익어 가게 됩니다.

예시) ① 꿈이 있는 사람은 행복하다는 말이 있습니다. 선생님의 모습도 많이 행복하고 좋아 보이십니다. 선생님의 어렸을 때의 꿈과 현재의 꿈, 그리고 미래의 꿈과 비전은 무엇인지 궁금합니다. 그리고 선생님은 그 꿈을 왜 가지게 되셨나요?

② 그 꿈을 이루고자 선생님께서는 구체적으로 어떠한 노력을 기울이셨나요?

③ 그 꿈을 이루었을 때의 기쁨이 상당히 크셨으리라 생각이 드는데요.

④ 우리가 무슨 일을 하다 보면 애로 사항과 희생이 뒤따르게 마련인데요. 선생님께서는 그 꿈을 이루는 과정에서 어떤 애로 사항과 희생이 있으셨는지 궁금합니다.

5) 직업

서서히 구체적인 질문으로 들어가게 됩니다. 전 단계 질문인 과거·현재·미래의 꿈과 비전을 얘기하며 직업을 자연스럽게 알게 됐을 겁니다. 중요한 것은 어떤 직업이 됐든 이 사회의 소중한 한 분야의 일이므로 상대가 하는 일에 긍지와 자부심을 느낄 수 있도록 칭찬을 아끼지 말아야 한다는 겁니다.

예시) ① 하시는 일이 전문 직종에 해당할 것 같은데요. 조금 자세히 말씀해 주실 수 있으신가요?

② 아, 그러세요? 정말 반갑습니다. 방송이나 책을 통해서만 선생님이 하시는 분야의 일을 알 수 있었는데요. 이렇게 선생님과 같이 훌륭한 분을 직접 만나 뵙게 돼서 정말 영광스럽게 생각합니다. 선생님은 그곳에서 그렇다면 구체적으로 어떤 일을 하시는 건가요?

③ 선생님의 직책이 궁금해지는데요.

④ 직장은 어디에 있으신가요?

⑤ 현재 하시는 일에 만족하시는지요?

⑥ 직장에서의 고충(힘들게 하는 사람)은 혹시 있으신가요?

⑦ 선생님의 이상에 맞는 직장이신가요?

6) 최근에 가장 기뻤던 일

얘기가 중복된다면 다음 단계로 넘어가면 됩니다. 그리고 단계를 꼭 거쳐 갈 필요도 없습니다. 그때의 상황에 맞춰 적절한 질문을 하면 됩니다. 최근에 도전해서 성취한 경험·사례·그때의 느낀 감격 등을 묻습니다.

예시) ① **승진** : 그동안의 숨은 노고와 땀이 소중한 결실을 본 것 같습니다. 진심으로 축하합니다. 앞으로 더욱 일취월장해 나가시길 바랍니다.
② **수상** : 상이 제대로 주인을 알아본 것 같습니다. 정말 대단하십니다. 축하합니다.

상대가 도전해서 성취한 경험과 사례 등을 얘기하며 기뻐하고 감격할 때는 상대의 거울이 돼준다는 기분으로 함께 기뻐하고 감격해야 합니다. 사람들은 함께 기뻐하고 함께 고민해 주는 사람을 원하기 때문입니다.

7) 목표

목표는 크게 단기 목표와 장기 목표로 나눌 수 있습니다. 하지만 여기에서 목표란 먼 훗날의 꿈과 희망이 아닌 단기간의 목표를 뜻합니다. 좀 더 구체적으로 언급한다면, 약 10년 정도 후의 장기 목표가 아니라 1년 또는 2년 사이에 이룰 수 있는 단기 목표입니다. 그리고 계획은 목표보다 작은 단위이므로 하루 계획, 한 주 계획, 한 달 계획 등으로 사용됩니다.

예시) ① 선생님의 올해 목표에 대해 알 수 있을까요?
② 그 목표를 실행하고자 구체적으로 노력하는 일이 있으신가요?
③ 그 목표를 달성하고자 추가된 계획이 있으시다면 무엇인가요?
④ 지금은 그 목표에 몇 퍼센트나 달성된 상황이신가요?

8) 취미

좋은 취미생활을 하는 것에 대해 많이 부러워하고, 적절하게 질문해가며 감탄하고 놀라는 모습을 보이는 것도 상대에 대한 예의이자 경청의 기술이라고 볼 수 있습니다.

"명망 있는 학자와 얘기할 때는 군데군데 이해가 되지 않는 척해야 합니다. 너무 모르면 업신여기게 되고, 너무 잘 알면 미워합니다. 군데군데 모르는 정도가 서로에게 가장 적합합니다." 이 말은 중국의 문호 노신의 말입니다.

예시) ① 건강해 보이십니다. 좋은 취미가 있으실 것 같은데요. 어떤 취미를 갖고 계신가요?
② 그러세요? 취미가 저와 같으시군요. 언제부터 하셨나요?
③ 취미가 독특하시군요. 그 취미를 갖게 된 특별한 동기라도 있으신가요?
④ 저도 그것에 많은 관심이 있는데요. 제가 시작하게 된다면 미리 알고

있으면 좋을 상식 같은 것이 있을 것 같은데요. 말씀해 주시면 도움이 많이 되겠습니다.

9) 여행

여행의 추억(국내·국외)은 누구에게나 있습니다. 추억을 되살려 분위기를 더 살려 나갈 수 있습니다.

> 예시) 다방면으로 박식하십니다. 그래서인지 선생님을 뵈면 여행을 좋아하실 것 같다는 느낌이 듭니다. 여행하면서 좋았던 곳이 있거나 인상 깊었던 곳이 있으시다면 소개해 주시지요. 저도 그 나라를 언젠가는 한 번 가보려고 계획하고 있습니다. 선생님께서 여행하면서 느끼신 점이나 주의할 점에 대해 말씀해 주시면 많은 참고가 되겠습니다.

10) 단체 가입

단체에 가입돼 있지 않은 사람을 찾아보기 어려울 정도로 대부분의 사람은 소속 단체가 있습니다. 특히 봉사 단체가 많은데 이러한 봉사 단체에 가입한 사람들은 자부심이 대단합니다. 가입한 단체에 관해 얘기를 나눕니다.

> 예시) ① 선생님의 직업과 관련된 단체도 여러 개가 있으시겠지요? 그 외에 가입하신 단체도 있으신가요? 네, 그렇군요. 대단하십니다.
> ② "남을 위해 봉사를 하지 않는 사람은 그 사람이 제아무리 훌륭한 지위를 지녔고 많은 재산이 있다 하더라도 결코 성공한 사람이라고 볼 수 없다."라고 하는 라이온스 클럽의 창시자 멜빈 존스 씨의 말도 있는데요.
> 저 역시 그 말에 무척 공감이 갑니다. 선생님께서는 언제부터 이 단체에 가입해서 활동 중이신가요? 그 단체의 회원님들은 주로 어떤 일을

하는 분들이신가요? 모임은 얼마 만에 한 번 있으신가요?

11) 수료증·자격증

처음 만나는 사람과의 스피치에서 마지막으로 전개해 나가면 좋을 화젯거리는 수료증·자격증에 대해 대화를 나누는 겁니다.

자격증 시대라고 할 만큼 여러 사람이 자격증을 많이 갖고 있고, 자격증 취득을 하고자 공부도 많이 합니다. 자격증의 종류도 다양하고, 취득하려는 방법도 달라서 얘기의 소재로 좋다고 여겨집니다. 외국에 갔을 때 공부를 위해 다녀왔다면 공부는 어디까지 마쳤는지, 그리고 그 학위는 교육학 학위인지 문학 학위인지 질문 내용이 많으리라 생각됩니다.

> 예시) ① 그 자격증을 취득하려면 특별히 이수해야 하는 교육 과정이 있는 건가요?
> ② 그 학위를 취득하려면 시간이 꽤 걸리겠는데요?
> ③ 그 자격증을 취득하면 어느 분야로 취업할 수 있는가요?
> ④ 지금 말씀해 주신 자격증 외에 또 다른 것이 있으실 것 같은데요?

❹ 보충 단계

네 번째 순서는 앞 단계에서 다루었던 화젯거리 중 더 알고 싶은 사항이라든가 격려와 덕담 등을 얘기하는 단계입니다. 화제 전개 단계에서 상대방이 관심을 보인 부분을 내용으로 삼습니다. 상대방이 관심 있어 하지 않은 부분이나 말하길 꺼리는 부분은 될 수 있으면 삼가도록 합니다.

> 예시) 이희봉 선생님께서 중국에 다녀오셨다는 말씀을 들었습니다. 저도 다음 달 초에 중국에 가게 됐는데요. 제가 알아 두면 좋을 일, 상식과 같은 것을 알려 주시면 감사하겠습니다.

❺ 마무리 단계

다섯 번째 순서는 축원과 함께 끝인사로 마무리하는 단계입니다. 체면치레의 형식적인 말은 삼가도록 합니다. 앞으로도 좋은 만남을 계속해 나가자는 바람 등을 담는 것이 좋습니다.

> 예시) 이 선생님, 좋은 말씀 많이 들었습니다. 다음에 또 찾아뵙겠습니다. 안녕히 계십시오.

앞에서 제시했던 첫 대면 스피치에 대한 5단계 예시의 전체 흐름을 살펴보기 위해 첫 대면 스피치를 하나의 실습 예문으로 제시했습니다. 또한, 첫 대면 스피치는 쌍방향 커뮤니케이션이 가능하기에 대화 실습 예문을 만들 수 있었습니다. 첫 대면 스피치의 대화 실습 예문은 다음과 같습니다.

 첫 대면 스피치에 대한 대화 실습 예문

(상황)

경기신문사 기자 김창중 씨가 친절 교육 강사 이미연 씨를 만나 인터뷰하는 내용입니다. 처음 만나는 시작부터 헤어지게 되는 상황까지 핵심적인 내용만을 담아 대화 실습 예문으로 꾸몄습니다.

(안내 지침)

3단계인 화제 전개 단계에서의 얘기 순서는 꼭 지켜야 할 필요는 없습니다. 단, 유의할 사항은 상대가 답변하기 어려워하는 기색이 보이면 집요하게 꼬치꼬치 물어서는 안 된다는 겁니다. 대화 도중 상대가 대화를 꺼리거나 곤란해 한다면 바로 다음 단계로 넘어갈 것을 권합니다. 모든 대화는 널뛰기의 원리*에 의해서 상대가 주인공이 될 수 있어야 하기 때문입니다.

실용 Tip

*널뛰기의 원리

우리의 민속놀이 중에 '널뛰기'가 있습니다. 널뛰기를 살펴보면, 내가 먼저 힘껏 굴러야 상대방이 높이 올라갈 수가 있고, 또 상대방이 높이 올라가야 다음에 내가 더 높이 올라갈 수 있게 됩니다. 인간관계 역시 내가 먼저 상대를 인정해 주고 존중해 준다면 다음에는 내가 그 대접을 받을 수 있게 되는 겁니다.

〈실습 예문〉

❶ 시작 단계

갑: 안녕하십니까? 경기신문사 기자 김창중입니다.

을: 안녕하세요? 이미연입니다.

❷ 화제 선정 단계

갑: 참 예쁜 이름이시네요. 누가 지어 주셨는지 궁금한데요?

을: 감사합니다. 제 이름은 아버지께서 지어 주셨는데, 아름다운 연꽃처럼 살아가라고 지었다고 하십니다.

❸ 화제 전개 단계

1) **이름**

갑: 특별한 이름 같은데 혹시 이름에 얽힌 사연이 있으신가요?

을: 네, 아버지 종교가 불교이신데요. 연꽃은 진흙에서 피어나지만, 진흙으로 오염되지도 않으면서 아름다운 꽃을 피워내잖아요. 그래서 어떤 상황에서든지 상황에 휘둘리지 말고 아름다운 삶을 꿋꿋이 살아가라는 교훈을 이름에 담았다고 합니다.

갑: 아, 그런 깊은 뜻이 있었군요. 정말 훌륭하신 아버님이십니다.

을: 감사합니다. 제가 정말 존경하는 분이 제 아버지세요.

2) **자녀**(미혼인 경우는 가족 관계)

갑: 아직 미혼이시죠?

을: 네. 우리 집은 딸만 둘인데 아직 둘 다 결혼을 못 해서 부모님께서 걱정이세요.

갑: 둘째가 상황 파악을 잘하고 분위기 파악을 잘한다고 하는 얘기를 들었는데 혹시 둘째 아니세요?

을: 우와, 정말 잘 알아맞히시네요. 제 위로 언니가 한 명 있어요.

3) 집

갑: 피부가 깨끗하고 혈색도 좋아 보이시는데, 사시는 곳이 공기가 좋은 곳인가 봅니다.

을: 네, 우면동에 살고 있어요. 정말 공기가 좋습니다.

갑: 저녁 식사 후에 주위에 가볍게 산책할 만한 곳은 있으신가요?

을: 네, 우리 집 뒤가 우면산인데, 가볍게 오를 만한 산책 코스가 있습니다. 정말 경관도 좋고 산책하기에 부담도 없습니다.

4) 꿈과 비전

갑: 꿈이 있는 사람은 행복하다는 말이 있습니다. 이미연 선생님의 모습도

많이 행복하고 좋아 보이십니다. 이 선생님의 어렸을 때의 꿈과 현재의 꿈, 그리고 미래의 꿈과 비전은 무엇인지 궁금합니다.

을 : 어렸을 때 제 꿈은 나이팅게일 같은 멋진 간호사가 되는 것이었어요. 그런데 현재는 제가 하는 분야인 CS계의 명강사, 친절 교육 명강사가 되는 게 꿈입니다. 앞으로 친절 교육 센터를 세워서 더 많은 기업과 사람들에게 친절 교육을 하고 싶어요.

갑 : 네, 잘될 것이라고 봅니다. 그런데 선생님은 어떻게 그런 큰 꿈을 가지게 되셨나요?

을 : 저는 항공 승무원으로 일하다가 몇 년 전에 퇴사했습니다. 퇴사하고 나서 집에서 쉬던 중에 우연히 친절 교육을 하는 선배 언니를 통해 강사의 길을 권유 받게 됐습니다.

5) 직업

갑 : 아, 그러시군요. 지금 하시는 일이 전문 직종에 해당할 것 같은데요. 조금 자세히 말씀해 주실 수 있으신가요?

을 : 현대는 고객 만족의 시대이지 않습니까? 어떤 기업이든지, 어떤 점포든지[8] 고객에게 친절하지 않고는 살아남을 수 없게 됐습니다.
하지만 마음만 친절하게 먹는다고 고객이 만족스러워 하는 것은 아닙니다. 고객의 마음을 만족으로 이끄는 친절이 되려면 전문적인 교육을 통해 제대로 된 친절을 배우고 익혀야 할 필요가 있습니다.

갑 : 이 선생님 말씀에 전적으로 공감합니다. 정말 보람 있는 일을 하시는

---

[8] **실용 Tip** '~든지'와 '~던지'의 구별

물건이나 일의 내용을 가리지 아니하는 뜻을 나타내는 조사와 어미는 '~든지'로 적습니다. 예를 들면 "배든지 사과든지 마음대로 먹어라."와 같이 사용할 수 있습니다. 또한, 과거 회상시제를 나타내는 어미는 '~더라, ~던'으로 적고, "지난겨울은 몹시 춥더라."와 같이 사용할 수 있습니다.
실용적인 차원에서의 간단한 구별법은 '~든지'는 '하든지 말든지'처럼 선택할 때 쓰고, "작년 여름엔 어찌나 비가 내리던지!"처럼 과거형에서는 '~던지'를 사용합니다.

군요. 그런데 자신이 원해서 하는 일도 때로는 어려움이 뒤따르잖아요. 혹시 그 일을 하시면서 특별한 고충 같은 것이 있다면 말씀을 듣고 싶습니다.

을: 고충이요? 당연히 있고 말고요. 강의 중간에 집중을 잘 하지 않으시는 분이 계시면 정말 속상합니다. 열심히 준비하고 열정적으로 강의하는데 몇 분이라도 따라주지 않으시면 맥이 빠지게 됩니다.

6) 최근에 가장 기뻤던 일

갑: 이 선생님의 표정이 참 밝으신데요. 최근에 가장 기뻤던 일은 어떤 일이신가요?

을: 지난달에 HRD 친절 교육 부문 최우수상을 받았을 때입니다.

갑: 우와, 상이 제대로 주인을 알아본 것 같습니다. 정말 대단합니다. 축하합니다.

을: 감사합니다.

7) 목표

갑: 이 선생님의 올해 목표가 무엇일지 궁금합니다.

을: 올해는 국정원을 비롯한 공공기관에 많은 출강을 하고 싶습니다.

갑: 국정원이라면 국가정보원을 말씀하시는 것이죠?

을: 네.

갑: 특별한 연유라도 있으세요?

을: '7급 공무원'이란 영화를 봤는데 정말 나라를 위해 애를 많이 쓰시고 매력적인 분들인 것 같아요. 그런 분들 앞에서 강의할 수 있으면 정말 좋겠다는 생각이 들었죠. 그리고 기업엔 많이 출강해 봤지만, 공공 기관 쪽은 많이 해보지 않아서 올해엔 공공 기관 쪽으로 많이 활동해 보려고 합니다.

갑 : 그 목표를 실행하고자 구체적으로 노력하는 일이 있으신가요?

을 : 기업과 공공기관은 공통점도 있지만 다른 점도 있거든요. 그래서 그에 맞는 준비가 더 필요하다고 생각합니다.

그래서 HRD 스피치 부문 대상을 받으셨고, 국정원뿐만 아니라 공공기관 쪽에 출강 경험이 많으신 김현기 교수님을 통해 경기대 평생교육원에서 현재 스피치를 사사[9]하는 중입니다.

8) 취미

갑 : 이미연 선생님, 피부면 피부, 혈색이면 혈색, 뭐 하나 부족한 것이 안 보일 정도로 건강미가 넘치십니다. 좋은 취미가 있으실 것 같은데요. 어떤 취미를 갖고 계신가요?

을 : 저는 암벽 등반이 취미입니다.

갑 : 아~ 역시 취미가 독특하시군요. 그 취미를 갖게 된 특별한 동기라도 있으신가요?

을 : 네, 암벽 등반을 처음 해볼 때는 여자로서 무섭기도 했지만 하면 할수록 그 매력에 푹 빠지는 것 같습니다. 신체적인 건강에 도움이 되면서도 특히 정신 집중에 큰 도움이 됩니다. 도전 의식과 인내심을 기르는 데도 정말 유익하고요.

갑 : 저도 암벽 등반에 많은 관심이 있는데요. 제가 시작하게 된다면 미리 알고 있으면 좋을 상식 같은 것이 있을 것 같은데요. 말씀해 주시면

---

[9] **실용 Tip** 사사(師事)의 바른 표현

"김현기 교수님을 통해 스피치를 사사받고 있습니다."라고 말하는 분들을 볼 수 있는데, 이것은 옳은 표현이 아닙니다. 왜냐하면, 사사(師事)는 어떤 인물을 스승으로 섬기면서 그 가르침을 받는 일이므로 중복된 표현을 피해 "김현기 교수님을 통해 스피치를 사사하고 있습니다."가 바른 표현입니다.

이와 같은 중복된 표현의 잘못된 예를 몇 가지 더 살펴보면 '상을 수상했다, 소개시켜 줘, 홍길동 선생님 귀하' 등이 있는데, 바른 표현은 '상을 받았다, 소개해 줘, 홍길동 선생 귀하'입니다.

도움이 많이 되겠습니다.

을 : 차근차근 단계를 밟아 나가야 합니다. 무리한 욕심을 내면 큰 사고로 이어질 수 있으니까요. 세상살이도 마찬가지인 것 같습니다. 지나친 욕심은 화를 부르기 마련이죠.

9) 여행

갑 : 그렇군요. 다방면으로 박식하십니다. 그래서인지 선생님을 뵈면 여행을 좋아하실 것 같다는 느낌이 듭니다. 여행하면서 좋았던 곳이 있거나 인상 깊었던 곳이 있다면 소개해 주시지요.[10]

---

10 **실용 Tip** 경어의 올바른 사용

"여행하면서 좋았던 곳이 있으시거나 인상 깊었던 곳이 있으시다면 소개해 주시지요."라고 경어를 계속 중복해서 사용하는 사람들을 간혹 볼 수 있습니다. 그러나 경어를

을 : 여행을 정말 좋아하는 편인데 요즘은 바빠서 많이 다니질 못해 안타깝습니다. 제가 가 본 곳 중에는 캐나다 로키산맥이 정말 좋았습니다. 암벽 등반할 만한 멋진 장소도 있고요.

갑 : 저도 그 나라를 언젠가는 한 번 가보려고 계획하고 있습니다. 선생님께서 여행하면서 느끼신 점이나 주의할 점에 대해 말씀해 주시면 많은 참고가 되겠습니다.

을 : 캐나다는 자연 경관이 정말 웅장하고 수려합니다. 아름드리나무들도 얼마나 많은지 몰라요. 우리나라에서는 맛볼 수 없는 자연의 정취를 듬뿍 느낄 수 있습니다.

생활 분위기는 미국과 큰 차이가 나지 않는 것 같은데 미국보다 훨씬 안전하다는 느낌을 받았습니다. 여행하면서 미리 사전정보를 숙지하고 답사하시면 훨씬 더 많은 것을 배우게 될 거예요.

10) 단체 가입

갑 : 이미연 선생님의 직업과 관련된 단체나 모임도 여러 개가 있으시겠지요?

을 : 네, 강사들의 모임이 몇 개 있습니다. 하지만 아직 크게 활성화된 편은 아닙니다. 앞으로 모임을 활성화해 나가는 일에 일조하고 싶습니다.

갑 : 그 외에 가입하신 단체도 있으신가요?

계속 중복해서 사용하는 것은 올바른 표현이 아닙니다.
즉 "여행하면서 좋았던 곳이 있거나 인상 깊었던 곳이 있다면 소개해 주시지요."라고 본문에 나온 것처럼 경어를 한 번만 사용해야 합니다.
실용적인 차원에서 다시 살펴보자면, 위 본문의 예문 형식과 같이 "따뜻하게 입으시고 나가세요."처럼 행위자의 동사가 둘 이상 겹치는 경우라면 "따뜻하게 입고 나가세요."와 같이 맨 마지막 동사에만 적용하는 것이 자연스럽고 올바른 표현이 됩니다.
그러나 "멋지게 입으실 수 있으십니다."와 같이 행위자의 동사가 한 번만 나오는 경우에는 행위자 주체의 구체적 행동을 표현한 동사 즉 여기서는 앞에 있는 동사(입다)에만 경어를 적용해서 사용하는 것이 바람직합니다. 즉 "멋지게 입으실 수 있습니다."와 같이 표현해야 합니다.

을 : 장미 라이온스 클럽이라는 봉사 단체에서 활동하고 있습니다.

갑 : 대단하십니다. "남을 위해 봉사를 하지 않는 사람은 그 사람이 제아무리 훌륭한 지위를 지녔고 많은 재산이 있다 하더라도 결코 성공한 사람이라고 볼 수 없다."라고 하는 라이온스 클럽의 창시자 멜빈 존스 씨의 말도 있는데요.

저 역시 그 말에 무척 공감이 갑니다. 선생님께서는 언제부터 이 단체에 가입해서 활동 중이신가요?

을 : 한 3년 정도 됐습니다.

갑 : 그 단체의 회원님들은 주로 어떤 일을 하는 분들이신가요?

을 : 주로 기업을 경영하는 분들이 많으시고요. 교수·변호사·의사 등 다양한 직업의 사람들이 활동하고 있습니다.

갑 : 모임은 언제 하시는가요?

을 : 매달 정기적인 모임이 한 번 있고, 필요에 따라 수시 모임도 자주 갖는 편입니다.

11) 수료증·자격증

갑 : 일과 관련한 수료증이나 자격증이 있으신가요?

을 : 네, 우리 강사들은 특별한 자격증이 필요하진 않습니다. 수료증은 경기대학교 평생교육원 리더스 스피치과정 수료증이 있습니다.

갑 : 그 수료증을 취득하려면 얼마나 걸리나요?

을 : 한 학기 과정을 이수하시면 됩니다.

❹ 보충 단계

갑 : 이 선생님과 함께하다 보니 명강사님으로서 품격과 열정, 자질이 느껴집니다. 앞으로 방송 출연을 통해 많은 국민 여러분께서 알아보는 명강사님으로 우뚝 서시길 기원합니다.

을 : 전 방송 출연에 대해 생각만 해도 벌써 긴장이 됩니다.

갑 : 이미연 선생님은 반드시 잘해내실 겁니다.

을 : 격려의 말씀 감사합니다.

❺ 마무리 단계

갑 : 오늘 귀한 시간 내주셔서 정말 감사합니다. 그리고 좋은 말씀 많이 들었습니다.

을 : 저도 함께해서 즐거웠습니다.

갑 : 항상 건강하시길 바랍니다. 안녕히 계십시오.

을 : 안녕히 가세요.

(5) 유머 스피치

유머는 우리의 인생에서 인간관계라는 엔진을 부드럽게 돌아가게 해주는 윤활유입니다. 그래서 각기 다른 개성을 가진 조직원들을 서로 통합하고 이끌어 나가야 하는 리더에게도 유머는 꼭 갖춰야 하는 중요한 능력입니다. 우리 모두 유머리스트가 돼야 합니다. 유머리스트가 많아질수록 세상은 더욱 원만하고 아름다워질 겁니다.

어떤 경우는 수많은 말보다도 한 편의 시가 훨씬 더 큰 감동을 주고, 쩌렁쩌렁한 웅변보다 아름다운 한가락의 음악 선율이 훨씬 더 쉽게 마음을 열게 하고, 쉼 없이 쏟아내는 수사보다도 한 번의 유머가 분위기를 밝게 바꿀 수 있습니다.

유머 스피치 역시 5단계 조직 방법을 적용해서 내용을 조직할 수 있는데, 이에 대한 내용 조직 프레임은 다음 [표 5]와 같습니다.

[표 5] 유머 스피치의 내용 조직 프레임

① 시작 단계	② 안내 멘트 단계	③ 유머 제시 단계
④ 공감 표현 단계	⑤ 마무리 단계	

유머 스피치의 구체적인 내용 조직 방법

❶ 시작 단계

첫 번째 순서는 인사와 더불어 자기소개를 하는 단계입니다. 유머 스피치를 하는 이유는 분위기를 화기애애하고 밝게 만드는 데 있으므로 표정과 어투를 밝게 하는 것이 중요합니다. 그리고 이름 앞에 긍정적인 수식어를 붙이는 것이 효과적입니다.

예시) 안녕하십니까? 분위기를 살리는 남자 김종기입니다.

위의 예시에서는 "분위기를 살리는 남자"라는 수식어를 이름 앞에 붙였습니다. 긍정적인 수식어를 이름 앞에 붙인 자기소개는 유머 스피치에서는 더더욱 효과적입니다. "언제나 즐거운 마음으로 살아가기 위해 노력하는, 밝게 생활하자는 신조를 지니고 늘 미소 짓는 사람이 되고 싶은, 우스운 사람이 되기보다 웃기는 사람이 되고 싶은" 등의 표현도 좋습니다.

❷ 안내 멘트 단계(생략 가능)

두 번째 순서는 유머의 성격을 제시하는 단계입니다. 들을 사람은 준비도 안 됐는데 갑자기 유머를 쏟아 낸다면 상대방은 당황할 수 있습니다. 안내 멘트는 유머의 문을 먼저 여는 겁니다. 하지만 반전의 유머를 구사할 경우는 유머라고 미리 알리면 효과가 떨어지므로 오히려 이때는 아래 예시 ①과 ②와 같은 안내 멘트는 생략하는 것이 좋습니다.

예시) ① 여러분, 제가 짧은 유머 하나 소개해 드릴게요.
② 여러분, 제가 정말 재미있는 유머 하나 소개해 드릴게요.
③ 여러분, 제가 퀴즈 하나 내볼게요.

즉 유머의 효과를 극대화하기 위해서는 "여러분, 제가 어제 무슨 얘기를 하나 들었는데요." 또는 "여러분, 세상에 이런 일도 있더군요."처럼 '유머'라는 단어를 직접 언급하지 않는 것이 더 효과적이라는 겁니다.

❸ 유머 제시 단계

세 번째 순서는 유머의 구조 만들기(setup line)*와 급소 찌르기(punch line)** 순으로 유머를 제시하는 단계입니다. 유머의 구조는 너무 복잡해서는 안 됩니다. 급소 찌르기를 할 때는 포즈를 활용해 분위기를 고조시키고 발음을 분명하게 해야만 기대한 유머의 효과를 낼 수 있습니다.

실용 Tip

***유머의 '구조 만들기'**

유머의 '구조 만들기'는 화자가 얘기나 질문 형식을 통해 청자에게 어떤 결과를 예측하게 하는 부분입니다. 예를 들면, "여러분, 삼성의 이 건 희 회장님, 아시죠?"와 같은 질문이 이에 해당합니다. (청중: "네~") "제가 삼성의 이 건 희 회장님하고…."

실용 Tip

****유머의 '급소 찌르기'**

'급소 찌르기'는 구조 만들기에서 제시된 정보에 대해 예상외의 반전을 가함으로써 청자를 웃게 하는 부분입니다.

즉 "이 건 희 회장님을 아시죠?"라는 질문과 "삼성의 이 건 희 회장님하고…."라는 말에 청중은 '무척 친한 사이이거나 무슨 밀접한 인연이 있나 보다.' 하며 눈을 반짝이며 바라보지만 그다음 쏟아지는 대답은 의외로 "동갑입니다." 그러자 장내에 폭소가 터졌다고 합니다. 기대하지 않았던 반전의 결과입니다.

예시) 외국 사람들이 가장 무서워하는 음식 메뉴가 뭘까요?

정답은 할머니 뼈다귀해장국입니다. 하하하

위의 예시는 퀴즈 풀이 유머를 활용하고 있습니다. 이런 유머 퀴즈를 몇 가지 준비해 두면 요긴하게 쓰일 수 있습니다. "미소의 반대말은?, 당기소" / "남성용 팬티를 다르게 다섯 글자로 표현하면?, 고추잠자리" / "사자와 늑대가 들판에서 우연히 마주쳐서 싸움이 붙었는데, 늑대가 글쎄 사자를 이겼답니다. 동물학계에서는 이를 무슨 현상이라고 할까요?, 보기 드문 현상" / 이러한 유머 퀴즈를 평소에 준비해 둡시다.

❹ 공감 표현 단계

네 번째 순서는 함께 웃으며 공감 멘트를 전달하는 단계입니다. 유머가 한 편의 공허한 우스개로만 끝나는 것보다 무언가의 의미를 부여할 수 있다면 금상첨화가 될 수 있을 겁니다. 또한, 상호 간의 관계를 돈독하게 만들어 주는 방향으로 이끌 수 있다면 상황에 걸맞은 최고의 유머가 될 겁니다.

예시) 외국 사람들은 무서워하지만 역시 최고의 해장국이죠. 그래서 오늘 이 식당으로 여러분을 모셨습니다.

위의 예시는 앞서 한 퀴즈 풀이 유머를 자연스럽게 자신의 메시지로 연결하고 있습니다. 유머를 유머로 끝내지 말고 의미를 부여하도록 합시다. 이럴 때 창의적인 아이디어가 발휘됩니다. "짜장면을 자장면이라고 불러야 한다면[11] 짬뽕은 잠봉이라고 왜 안 하죠?" (청중: 웃음) "오늘은 표준 발음법에 대해서 여러분과 함께 살펴볼까요?"

❺ 마무리 단계

다섯 번째 순서는 끝인사로 마무리하는 단계입니다. 멋진 유머로 분위기를 한층 띄워 놓고 나서 마무리 말이 장황해지면 분위기는 다시 썰렁해질 수 있습니다. 간략한 끝맺음을 하도록 합니다.

---

11 **실용 Tip** 자장면과 짜장면

예전에는 자장면만이 표준어였지만 국립국어원에서는 2011년 8월 31일 둘 다 표준어로 사용한다고 결정했습니다. 이는 실생활에서 많이 쓰고 있지만 규범에 맞지 않다는 이유로 표준어로 인정받지 못했던 '짜장면' 등 39개 단어를 표준어로 인정한 겁니다.

이후 2014년 12월에도 「2014년 표준어 추가 사정안」 발표를 통해 '삐지다, 꼬시다, 딴지' 등 추가로 13개의 단어를 표준어로 인정했습니다.

예시) 여러분, 오늘도 유머와 함께 즐거운 하루 보내시길 바랍니다.

위의 예시에 나온 '유머와 함께'라는 표현은 방금 했던 유머 스피치가 순간적인 일회성에 그치지 않고 생활 속에 스며들었으면 하는 바람을 느끼게 합니다. "유머와 함께 행복한 하루 보내시길 바랍니다, 유머와 함께 웃음 가득한 하루 보내시길 바랍니다." 등의 표현도 좋습니다.

앞에서 제시했던 유머 스피치에 대한 5단계 예시의 전체 흐름을 살펴보기 위해 유머 스피치를 하나의 실습 예문으로 제시하면 다음과 같습니다.

 유머 스피치에 대한 실습 예문

(상황)

김숙자 씨가 어느 축하 모임에 참석했는데 사회자가 갑자기 큰 상품이 걸려 있다고 하면서 유머 스피치를 해보라고 합니다. 다행히 떠오르는 유머가 한 가지 있긴 했는데, 이것을 어떤 순서로 풀어내야 더욱 화기애애한 분위기로 만들어갈 수 있을까요? 함께 유머 스피치의 내용 조직 방법에 대해 살펴보도록 하겠습니다.

(안내 지침)

축하 모임에서의 유머는 들뜬 분위기이므로 비교적 웃음을 자아내기가 쉬울 수 있습니다. 하지만 산만한 분위기일 수 있으므로 장황한 유머보다는 짤막한 퀴즈식 유머가 무난할 수 있습니다. 그리고 유머를 마친 다음에 바로 끝내기보다는 마무리에서 즐겁게 지내시길 바란다는 긍정적인 메시지로 끝내는 것이 좋습니다.

(실습 예문)

안녕하십니까? 유머를 위해 태어난 사람 김숙자입니다. (❶ 시작 단계)

여러분, 제가 웃긴 얘기하나 소개해 드릴게요. (❷ 안내 멘트 단계)

선생님이 맹구에게 산수를 가르치고 있었습니다.

"맹구야, 사과 다섯 개가 있는데 세 개를 먹으면 몇 개가 남지?"

맹구 왈, "그야 세 개죠. 우리 엄마가 먹는 게 남는 거라 했거든요."

(❸ 유머 제시 단계)

여러분, 어때요? 재미있으셨나요? 이 답답한 세상에 이런 유머가 없다면 얼마나 삭막하겠습니까? (❹ 공감 표현 단계)

여러분, 오늘도 유머와 함께 즐겁고 행복한 하루 보내시길 바랍니다.

(❺ 마무리 단계)

(6) 칭찬 스피치

칭찬은 고래도 춤추게 한다는 말이 있을 정도로 칭찬은 우리의 마음을 열 수 있는 특효약입니다.

칭찬 스피치 역시 5단계 조직 방법을 적용해서 내용을 조직할 수 있는데, 이에 대한 내용 조직 프레임은 다음 [표 6]과 같습니다.

[표 6] 칭찬 스피치의 내용 조직 프레임

| ① 시작 단계 | ② 스몰토크 단계 | ③ 칭찬 단계 |
| ④ 보충 단계 | ⑤ 마무리 단계 | |

 칭찬 스피치의 구체적인 내용 조직 방법

❶ 시작 단계

첫 번째 순서는 칭찬할 사람의 이름을 부름으로써 시선을 집중시키는 단계입니다. 인간관계에 있어서 이름을 불러주는 것은 관계를 증진해 주는 기본 화법입니다. 그리고 이름 뒤에는 상대방이 들어서 가장 기분 좋을 직책을 호칭하는 것이 효과적입니다.

예시) 신영희 회장님!

위의 예시처럼 이름 뒤에 "회장님, 사장님, 부장님" 과 같은 직책을 부르는 것이 일반적입니다. 친숙한 분위기에서는 이름 앞에 화자의 마음을 담은 수식어를 붙여도 효과적입니다.

"존경하는 허달수 회장님, 우리의 희망이신 이충식 대장님, 영원한 저의 스승이신 표충만 총재님" 등의 표현은 상대방의 기분을 좋게 하고 분위기를 더욱 화기애애하게 만들어 주는 효과가 있습니다.

❷ 스몰토크 단계

두 번째 순서는 분위기 조성을 위해 스몰토크*를 실행하는 단계입니다. 스몰토크는 말할 분위기를 조성하는 말입니다. 다시 말해서 날씨나 근황·옷·소품·액세서리 등의 소재를 활용해서 말할 좋은 분위기를 만들도록 합니다.

예시) 날씨가 참 좋죠?
예시) 요즘 근황은 어떠신지요?

위의 예시처럼 날씨나 근황은 가장 많이 사용되는 스몰토크입니다. "사업 잘되시죠?, 건강하시죠?, 많이 바쁘시죠?, 요즘 많이 바쁘셨나 봅니다." 등의 표현도 활용하기 좋은 표현이 됩니다.

실용 Tip

*스몰토크(small talk)

스몰토크(small talk)는 하찮고 시시한 얘기로서 이른바 '잡담, 세상 얘기, 얘기 보따리'라고 직역합니다. 이 스몰토크는 스피치의 조미료로서 감칠맛과 향기를 더해 주게 됩니다.

❸ 칭찬 단계*

세 번째 순서는 상대의 칭찬 거리를 찾아 칭찬하는 단계입니다. 칭찬의 내용은 다양할 수 있으나 우선 상대방이 가장 듣고 싶어 할 칭찬은 무엇일지 고려해 봅니다.

구체적인 사물이나 분위기를 칭찬할 때는 "멋있어요, 맛있어요, 훌륭합니다."라는 정도의 짧은 한마디로 그치는 것보다 칭찬과 더불어 이점이나 상대의 능력까지 함께 칭찬하는 것이 더욱 효과적입니다.

실용 Tip

*칭찬의 3단계

성과 → 과정 → 인격 순으로 칭찬하면 효과적입니다.

예시) ① 넥타이 색상이 참 멋지시네요. 교실 분위기가 한결 밝아지는 것 같습니다. (이점)
② 원피스가 참 예쁘십니다. 패션 감각이 정말 탁월하십니다. (능력)

위의 예시는 넥타이나 의상을 통해 이점이나 상대방의 능력을 칭찬하고 있습니다. 칭찬은 일반적이거나 막연한 칭찬이기보다 구체적인 경우에 더 효과가 있습니다. "복장이 참 좋습니다."라는 전체적인 표현보다는 "넥타이 색상이 참 멋지십니다."라는 구체적인 표현이 더 좋습니다. 능력을 칭찬할 경우도 "골프 능력이 뛰어나십니다."보다는 "스윙 폼이 정말 프로급이십니다."라는 식의 표현이 더 효과적입니다.

한 단계 더 나아가 "정장이 참 멋집니다."라는 흔히 할 수 있는 두루뭉술한 표현보다는 "선생님처럼 정장이 잘 어울리는 분은 처음 봤습니다."와 같이 칭찬을 듣는 상대와 연관된 적극적인 표현에 상대는 더 빠른 반응을 나타낼 수 있습니다. "선생님처럼 선글라스가 잘 어울리는 분은 아마 이 지구 상에서는 찾기 힘들 겁니다." 또는 "이 시계는 선생님을 위해 나온 시계로 생각될 만큼 선생님과 정말 잘 어울립니다." 등으로 활용할 수 있습니다.

❹ 보충 단계

네 번째 순서는 칭찬을 받게 된 사연 등에 대해서 질문을 하는 단계입니다. 마음에서 우러나온 칭찬은 관심이 깃든 칭찬입니다. 관심이 있다면 질문은 당연히 따르게 될 겁니다. 상대방에게 칭찬한 것에 관련한 질문을 통해 관심을 보여줌으로써 칭찬의 효과를 배가시킬 수 있습니다.

　예시) ① 아니 이런 것은 어디서 배울 수 있습니까?
　　　　② 얼마나 배우면 이렇게 잘할 수 있을까요?
　　　　③ 누가 코디해 주신 건가요? 제 아내가요. (부인의 안목이 대단하십니다.)

위의 예시는 화자의 관심을 담은 질문을 통해 칭찬의 효과를 극대화하고 있습니다. 질문을 통해 적극적인 관심을 보여줌으로써 입에 발린 공치사에 지나지 않은 칭찬이 아님을 보여줍니다. 일회적 칭찬으로 끝나지 말고 "정말 부럽습니다. 저도 그렇게 할

수 있으려면 어떻게 하면 될까요?"라는 관심 어린 질문을 덧붙여 봅시다.

❺ 마무리 단계

다섯 번째 순서는 질문에 대한 상대의 대답을 듣고 다시 칭찬하는 단계입니다. 반복적인 표현을 통해 빈말이 아니라 진심이라는 것을 다시금 상대방에게 각인시키는 겁니다. 이때는 앞의 칭찬과 같은 단어를 쓰기보다는 표현을 다르게 해주는 것이 좋습니다.

예시) ① 역시 대단하십니다.
② 역시 멋지십니다.

위의 예시 이외에도 "정말 훌륭하십니다, 역시 최고세요, 따라올 분이 없을 것 같습니다." 등의 표현도 활용될 수 있습니다. 또한, "이을재 교수님은 정말 최고세요, 김순희 회장님은 정말 대단하십니다."와 같이 상대방의 이름을 언급하면서 칭찬을 해주는 것도 효과적입니다.

앞에서 제시했던 칭찬 스피치에 대한 5단계 예시의 전체 흐름을 살펴보기 위해 칭찬 스피치를 하나의 실습 예문으로 제시하면 다음과 같습니다.

 칭찬 스피치에 대한 실습 예문

(상황)

칭찬은 "귀로 듣는 보약"이라는 얘기가 있을 정도로 사람의 마음을 여는 특효약입니다. 칭찬 스피치의 내용 조직 프레임을 익혀 칭찬의 말을 생활화해서 더 좋은 인간관계를 맺어봅시다.

다음은 생명 보험 회사에서 전체 1등을 한 김미령 챔피언과의 칭찬 스피치에 대한 실습 예문입니다.

(안내 지침)

1등 상을 받았다는 것은 칭찬받을 만한 상황입니다. 이때는 성과에 대한 칭찬에 그치지 말고 과정의 어려움을 극복한 데 대한 칭찬을 곁들이는 것이 좋습니다. 또한, 수상에 대한 자신의 축원과 믿음을 말해 주고 관심을 담은 질문을 하는 것도 효과적입니다. 그리고 다시 한 번 칭찬으로 마무리합니다.

(실습 예문)

김미령 선생님! (❶ 시작 단계)

오늘 좋은 일이 있으신가 봅니다. (❷ 스몰토크 단계)

정말이세요? 우와~ 챔피언이 됐다니 훌륭하시네요. (성과)

열심히 하셨군요. 챔피언이 되기까지 어려움이 많으셨을 겁니다. 정말 수고하셨습니다. (과정)

선생님께서는 반드시 해낼 수 있으리라 믿고 있었습니다. (인격)

(❸ 칭찬 단계)

선생님께서는 입사한 지 몇 년 만에 챔피언의 영예를 안으신 건가요?

(❹ 보충 단계)

네? 1년이요? 선생님은 역시 대단하십니다. (❺ 마무리 단계)

칭찬 스피치는 쌍방향 커뮤니케이션이 가능하기에 5단계 조직 방법을 적용해서 대화 상황을 조직할 수 있는데, 칭찬 스피치의 대화 실습 예문은 다음과 같습니다.

칭찬 스피치의 대화 실습 예문

(상황)

　스피치 공포로 마음고생을 해 오던 이근배 씨는 리더스 스피치 과정 김 교수님으로부터 지도를 받고 난 다음 생애 처음으로 한 시간 강연 스피치를 하게 됐습니다. 이근배 씨는 강연을 마친 후 아쉬운 마음도 들었지만, 뿌듯한 보람도 느꼈습니다. 이근배 씨가 인사차 김 교수님을 방문했습니다.

(실습 예문)

❶ **시작 단계**

　근배: 교수님, 안녕하세요? 이근배입니다.

　교수: 오~ 이근배 선생님, 어서 오세요.

　근배: 교수님 덕분에 강연은 무사히 마쳤습니다.

　교수: 하하, 잘하실 거라고 믿었습니다.

❷ **스몰토크 단계**

　근배: 그런데 중간에 몇 번 버벅거렸습니다.

　교수: 버벅거리는 게 뭐 어때서요. 좀 버벅거리는 건 오히려 자연스러워 보이죠.

　근배: 교수님, 그런데 오늘 강연도 그렇고 제게 부족한 점이 너무 많습니다.

❸ **칭찬 단계**

　교수: 아닙니다. 별말씀을 다 하십니다. 이근배 선생님은 장점이 많은 분이십니다. 그동안 누구보다 열심히 스피치 훈련을 하셨지요. 여러 수강생 중에서 결석 한 번 안 하시고 제가 낸 과제를 한 번도 빠지지 않고[12] 성실히 준비해 오신 분은 오직 이근배 선생님뿐이셨습니다.

근배 : 하하하, 그런가요? 교수님, 감사합니다.

교수 : 이번 강연 주제가 '성실과 배려'였다고 들었습니다. 맞지요?

근배 : 네.

교수 : 평소 성실과 배려를 실천하고 계신 분이 바로 이 선생님이십니다.

근배 : 허허허 과찬이십니다. 교수님!

❹ 보충 단계

교수 : '조지 버나드 쇼'라는 사람이 이런 말을 했지요.

"할 수 있는 자는 행한다. 할 수 없는 자는 가르친다."

근배 : 참, 재치 있는 말이네요.

교수 : 그렇지요? 강연가들이 말로만 떠들 뿐 자기가 가르치는 것을 실천하지 못하는 경우가 많습니다. 그런데 이 선생님은 강연도 잘해내셨고, 그보다도 그 강연 내용을 현재 실천하고 계신 분이십니다. 정말 훌륭하십니다.

근배 : 교수님께서는 정말 저를 그렇게 느끼십니까? 그렇다면 그건 다 김 교수님 덕분입니다.

❺ 마무리 단계

교수 : 앞으로도 스피치 공부 열심히 하셔서 많은 분께 좋은 강연 많이 들려주시길 바랍니다.

---

12 **실용 Tip** '안'과 '않'의 차이와 구분법

'안'과 '않'의 차이

'안'의 본래 말은 '아니'이고, '않'의 본래 말은 '아니하'입니다. 그리고 '안'은 부사이고, '않'은 형용사입니다. 또한, '않'은 '않다'의 어간입니다.

'안'과 '않'의 구분법

'안/않' 앞에 '지'가 붙으면 '않'을 쓰고, 붙지 않으면 '안'을 씁니다. 예를 들면 "그렇지 않아?, 이건 안 돼."와 같습니다.

근배: 네, 교수님께 앞으로도 많이 배우겠습니다.

교수: 그렇다면 다음 학기에도 계속 등록해서 함께하실 건가요?

근배: 그럼요, 당연하죠. 교수님의 좋은 가르침이 없었다면 아마 오늘의 저는 없었을 거예요. 멋진 교수님을 닮고 싶습니다. 교수님, 존경합니다.

(7) 프러포즈 스피치

이성의 상대에게 자기와 결혼해 달라고 청하는 것을 프러포즈 스피치라고 합니다.

프러포즈 스피치 역시 5단계 조직 방법을 적용해서 내용을 조직할 수 있는데, 이에 대한 내용 조직 프레임은 다음 [표 7]과 같습니다.

[표 7] 프러포즈 스피치의 내용 조직 프레임

① 시작 단계	② 감정 표현 단계	③ 프러포즈 실행 단계
④ 보충 단계	⑤ 마무리 단계	

 프러포즈 스피치의 구체적인 내용 조직 방법

❶ 시작 단계

첫 번째 순서는 상대의 이름을 부르면서 분위기를 조성하는 단계입니다. 이때 상대의 표정, 의상, 액세서리, 헤어스타일 등을 칭찬해 주면 효과적입니다. 이때는 말도 중요하지만 사랑 담긴 시선이 함께 곁들여져야 합니다.

예시) 미영 씨, 오늘 미영 씨의 컬러풀한 의상이 정말 멋집니다.

위의 예시는 상대방의 이름을 부르면서 의상에 대한 칭찬으로 시작하고 있습니다. 여성의 경우는 특히 옷매무새에 관심이 많아 그에 대한 칭찬은 좋은 방법이라 할 수 있습니다. 하지만 상대가 듣고 싶어 하지 않는 말은 하지 않도록 유의합니다. 예를 들어 코 성형 수술을 하신 분에게 "콧날이 제대로 교정됐네요. 자연스러워 보입니다."라는 식의 말은 자칫 상대방의 속을 상하게 할 수 있습니다.

❷ 감정 표현 단계*

두 번째 순서는 상대에 대한 나의 감정을 진솔하게 표현하는 단계입니다. 이왕이면 과거·현재·미래의 시간적 구성법을 활용해서 내용을 전개해 나가는 것이 좋습니다. 이때는 은은한 배경 음악을 깔아 주면 훨씬 효과적입니다.

실용 Tip

*프러포즈 스피치에서의 감정 표현 단계

여기에서는 과거·현재·미래의 시간적 구성법을 통해 자신에게 이제는 없어서는 안 될 꼭 필요한 귀한 존재가 바로 상대임을 알려줍니다. 때에 맞춰 준비된 음악('당신은 사랑받기 위해 태어난 사람' 등과 같은 연주곡)이 흘러나온다면 분위기는 더욱 무르익겠죠?

이때 나의 반쪽임을 깨닫고 결혼을 결정하게 된 상대방의 내면적 장점을 칭찬해 주면 좋습니다. 또한, 그 장점은 앞으로 본인과 잘 조화를 이뤄 행복한 결혼 생활로 이어질 수 있음을 강조해 준다면 금상첨화라 하겠습니다.

예시) **과거**: 미영 씨를 처음 볼 때부터 마음이 끌렸습니다.
　　　현재: 바로 지금 이 순간 아름다운 미영 씨와 이렇게 함께 있을 수 있다는 사실이 무척 행복합니다.
　　　미래: 미영 씨는 사랑받기 위해 이 세상에 태어난 분이십니다.
　　　　　　 그 사랑을 제가 미영 씨의 곁에서 영원히 쏟아 부어 드리고 싶습니다.

위의 예시는 상대방에 대한 감정의 프로세스를 과거·현재·미래의 시간적 구성법을 활용해 표현하고 있습니다. 3시제 중에서 가장 중요한 부분은 현재입니다. 바로 지금 상대방과 함께 있다는 사실만으로도 행복함을 느끼는 순수한 감정을 진솔하게 전달하는 것이 중요합니다.

❸ 프러포즈 실행 단계

세 번째 순서는 사랑의 증표를 준비해서 상대에게 전해 주며 프러포즈 멘트를 고백하는 단계입니다. 진심으로 함께하고자 하는 굳은 의지를 마음에 담아 표현합니다. 이때 무릎 꿇은 자세를 취한다면 더욱 신실해 보일 수도 있습니다.

예시) ① 이 반지를 받아주세요. 미영 씨와 영원히 함께하고 싶습니다.
② 이 반지를 받아주세요. 미영 씨와 손 꼭 잡고 영원히 사랑하며 살고 싶습니다.
③ 이 반지와 꽃을 받아주세요. 매일 미영 씨와 아침 햇살을 맞이하고 싶습니다.

위의 예시는 꽃이나 반지를 상대방에게 건네주며 프러포즈의 핵심 메시지를 전하는 단계입니다. 위에서 예시된 것처럼 간접적인 표현도 좋으나 상대방에 따라 단도직입적으로 반지와 꽃을 건네며 "미영 씨, 사랑합니다. 우리 결혼합시다."라고 직설적으로 표현하는 방법도 좋습니다.

❹ 보충 단계

네 번째 순서는 분위기를 더욱더 고조시킬 수 있는 이벤트나 깜짝 쇼 등을 연출하는 단계입니다. 이때 폭죽·풍선·친구들의 축하 이벤트 등을 곁들이면 분위기가 한층 더 고조될 수 있습니다. 자신이 직접 지은 시를 낭송하거나 노래를 불러주는 것도 좋습니다.

예시) 친구들의 축하 공연·이벤트 등

상대방의 마음을 움직이려면 사랑의 고백뿐만 아니라 정성이 담긴 뭔가를 함께 곁들이면 금상첨화가 될 겁니다. "나~ 오직 그대를 사랑해~" 등의 노래를 기타 반주를 곁들여 가며 직접 불러 준다면 상대방은 더욱 감동할 겁니다.

하지만 노래 선물은 가사의 의미를 곰곰이 살펴본 다음 곡목을 선정해야 함을 유의해야 합니다. 이별이나 갈등과 같은 부정적인 가사가 숨어 있지는 않은지 검토할 필요가 있습니다.

❺ 마무리 단계

다섯 번째 순서는 다시 한 번 사랑의 고백으로 마무리하는 단계입니다. 마무리 단계는 구구절절 중언부언하지 않는 것이 좋습니다. 사랑의 고백을 한마디로 함축적으로 표현합니다.

예시) 미영 씨, 사랑합니다.

위의 예시처럼 "사랑합니다."라는 마무리가 가장 기본적인 표현일 것이나 "미영 씨, 이제부터 우리는 각자에서 진짜 우리가 되는 거예요." 또는 "미영 씨, 오늘은 제 인생의 새로운 시작입니다." 등의 표현을 발굴해 활용하는 것도 좋습니다.

앞에서 제시했던 프러포즈 스피치에 대한 5단계 예시의 전체 흐름을 살펴보기 위해 프러포즈 스피치를 하나의 실습 예문으로 제시하면 다음과 같습니다.

프러포즈 스피치에 대한 실습 예문

(상황)

오랫동안 사랑하는 마음을 표현하지 못하고 망설이기만 했던 한 청년이 오늘은 큰 용기를 내서 유선 씨에게 자기와 결혼해 줄 것을 청하는 프러포즈 스피치를 하려고 합니다. 꽃과 반지, 그리고 마음을 담은 멘트까지 준비했습니다. 그 마음을 꽃과 반지에 담아 유선 씨에게 표현하려고 합니다.

(안내 지침)

프러포즈 성공 여부는 상대에 대한 파악이 선행돼야 합니다. 상대가 듣고 싶어 할 말이 무엇인지 받고 싶은 선물이 무엇인지를 잘 알아 놓았다면 성공 확률은 높아지게 됩니다. 단계별로 스피치를 진행하되 실행 단계에서는 진심과 의지를 특히 잘 담아 표현해야 합니다. 마무리는 사랑 고백으로 끝맺는 것이 효과적입니다.

(실습 예문)

유선 씨, 유선 씨의 맑고 깊은 눈을 바라보면 저는 그 속에서 제 존재 이유가 느껴집니다. (❶ 시작 단계)

유선 씨를 처음 봤을 때 얼마나 가슴이 두근거렸는지 모릅니다. 유선 씨와 함께 있다는 것만으로도 저는 정말 행복합니다. 앞으로 아침에 눈을 뜨면 가장 먼저 바라보게 되는 분이 바로 유선 씨였으면 좋겠습니다. (❷ 감정 표현 단계)

이 반지와 꽃을 유선 씨를 향한 제 사랑의 증표로 받아주세요. 매일 유선 씨와 함께 아침 햇살을 맞이하고 싶습니다. (❸ 프러포즈 실행 단계)

오늘 우리의 새로운 시작을 위해 제가 깜짝 이벤트를 준비했습니다. 즐겁게 봐 주시면 고맙겠습니다. (❹ 보충 단계)

유선 씨~ 이제부터 유선 씨는 저고, 저는 유선 씨입니다. 사랑해요, 유선 씨!

(❺ 마무리 단계)

프로포즈 스피치는 쌍방향 커뮤니케이션이 가능하기에 5단계 조직 방법을 적용해서 대화 상황을 조직할 수 있는데, 프로포즈 스피치의 대화 실습 예문은 다음과 같습니다.

 프러포즈 스피치의 대화 실습 예문

(상황)
선을 봐서 만난 성연 씨와 성재 씨는 만난 지 100일이 됐습니다.
서로 좋아하는 마음이 들기는 했는데 본격적으로 결혼 얘기를 꺼내보지는 못하고 있습니다. 양가 부모님께서도 결혼하라고 성화인 상황입니다. 과연 성재 씨는 어떻게 성연 씨에게 프러포즈할까요?

(실습 예문)
❶ 시작 단계
　남: 성연 씨, 오늘 우리가 만난 지 얼마나 되는지 아세요?
　여: 글쎄요, 석 달이 좀 넘은 것 같은데요.
　남: 오늘이 100일째 되는 날입니다.
　여: 어머, 그렇군요. 저는 몰랐는데요. 성재 씨 정말 섬세하시네요.

❷ 감정 표현 단계
　남: 성연 씨가 만일 백일기도를 드린다면 무슨 소원을 빌고 싶나요?

여: 글쎄요, 성재 씨가 한 번 알아 맞춰보실래요?
남: 성연 씨의 소원이 제 소원과 같다면 좋겠네요.
여: 성재 씨는 어떤 소원이신데요?
남: 제가 정말 사랑하는 사람과 한평생 행복하게 사는 게 제 소원이에요.
여: 성재 씨가 그렇게 말씀하시니까 그 사람이 누군지 무척 궁금해지는데요.

❸ 프러포즈 실행 단계
남: 성연 씨, 정말 몰라서 묻는 건가요?
여: 글쎄요. 모르겠는데요. 호호호
남: 성연 씨도 느끼셨겠지만, 제가 정말 사랑하는 사람은 바로 성연 씨입니다. 지금까지는 서로 각자 따로 살아왔지만, 앞으로는 우리 둘이 함께 살아갔으면 좋겠습니다.
여: 그렇게 말씀해 주시니 정말 고마워요. 성재 씨!
우리는 정말 잘 통하나 봐요.

❹ 보충 단계
남: 그럼, 성연 씨도 저와 같은 생각을 하고 계셨던 거예요?
여: 그럼요. 저도 성재 씨와 늘 함께 있고 싶어요.
남: 고마워요. 성연 씨!
이제부터 우리는 한팀입니다. 앞으로 서로 힘을 모아 행복하게 잘 사는 일만 남은 것 같네요. 앞으로 우리가 함께 힘을 모은다면 해결하지 못할 문제가 없다고 생각합니다.
여: 성재 씨는 매사에 자신감이 넘치시네요.
남: 사랑의 힘이죠. 파워 오브 러브!
성연 씨만 제 곁에 계시면 저는 어떤 것도 두렵지 않습니다.
여: 호호호

❺ 마무리 단계

남: 성연 씨 받아주십시오. (반지를 전하며) 제 마음의 증표입니다. 이 반지가 닳아 없어질 수 없듯이 우리 둘의 사랑은 영원할 거라 믿습니다. 성연 씨 정말 사랑합니다.

여: 저도 성재 씨 사랑해요. (포옹)

 **실용 Talk**

1. 여러 가지 프러포즈 문구
① 사랑하는 수경아!
   우리 이제 손잡고 다니자. 공주처럼 모실게.
② 선영 씨는 제 운명입니다. 선영 씨에게 변치 않을 사랑을 맹세합니다.
   선영 씨, 우리 영원히 함께해요.
③ 나보다도 더 사랑하는 우리 자기야!
   오늘보다 내일 더 자기를 사랑하는 내가 될게. 내 마음 받아 줘!
④ 자기야, 앞으로도 나 계속 사랑할 수 있지? 나와 결혼해 줘.
⑤ 서연 씨는 제가 곁에서 영원히 지켜 드릴게요. 서연 씨, 저와 결혼해 주세요.

⑥ 자기야, 우리 함께 지금보다 더 큰 사랑 모아 가자. 늘 고맙고 사랑해!
⑦ 당신이 아침에 눈을 떠서 처음 바라보게 되는 사람이 바로 저였으면 좋겠어요. 당신의 행복을 위해서라면 저는 당신의 왕자가 될 터이고, 동시에 당신의 신하가 될 것이고, 당신의 머슴도 될 겁니다. 저의 청혼을 받아 주세요.
⑧ 사랑·기쁨·행복·미소….
세상에서 가장 아름다운 단어들을 모아모아 이제 선희 씨와 함께 채워가려 합니다. 선희 씨, 저와 결혼해 주세요.
⑨ 당신을 만나 사랑하면서 행복이 무엇인지 알았습니다.
이제는 하루하루 당신 생각 밖에 안 납니다. 저는 당신만 사랑하는 바보가 됐습니다. 당신만 사랑하는 이 바보의 사랑을 받아 주세요.
⑩ 성연 씨, 사람은 수많은 사랑을 한다고 합니다.
그런데 마음에 새기는 사랑은 단 한 번뿐이래요. 제 마음에 '성연'이라는 사랑을 새겼습니다.
성연 씨, 사랑합니다.
⑪ 저랑 영원히 함께 해준다면 한 여자의 남자로서 평생을 살기로 맹세했습니다. 다른 말이 더 필요할까요? 저랑 결혼해 주세요. 유선 씨!

★ 연예인들의 프러포즈 문구
① "네가 나를 좋아하든 싫어하든 상관없어. 넌 내 여자니까!"
(드라마 "모래시계" 중 최민수의 명대사)
② "평생 날 조련해 줄래?" (가수 김태우 씨의 프러포즈)
이에 예비 신부의 답변은 "앉아, 손~."
③ "사랑한다. 너는 내 영혼이야!" (러브레터 중 명대사)

2. 스케치북 활용 프러포즈(총 11장으로 구성된 스케치북을 활용한 프러포즈)
① Hi~ 선영~
② 백두산에서 제일 큰 나무는 몇 그루?
③ 정답은 한 그루지!
④ 그럼, 두 번째 퀴즈!
⑤ 우리 선영이를 가장 사랑하는 사람은 세상에 몇 명이나 될까?
⑥ 정답은 한 명.
⑦ 그게 누굴까?

⑧ 바로 나야!
⑨ 선영아, 사랑해!
⑩ 나와 결혼해 줘!
⑪ 난 언제나 널 사랑하는 최고의 한 명이 될게.

3. 프러포즈 아이디어 정보 모음

레스토랑이나 소극장을 빌려 둘만의 촛불파티를 열거나, 예비 신랑이 예비 신부 회사 건물에 청혼 문구를 적은 대형 플래카드를 내걸고 하는 프러포즈 또는 주말을 이용해 교외 펜션에서 친구들에 둘러싸여 결혼 약속을 하는 등 최근 유행하는 프러포즈 유형은 다양합니다.

톡톡 튀는 자신만의 개성 있는 프러포즈로 마음에 드는 사람을 휘어잡아 봅시다.

① 잡지나 신문을 이용한 퍼즐 프러포즈하기

그 사람과 나만이 알 수 있는 장소나 정보들로 단어를 구성하고 퍼즐처럼 문제와 답을 만들어 나중에 그 문장을 조합했을 때 프러포즈 문구가 나오도록 기획해 봅니다.

잡지사나 신문의 퍼즐 담당자에게 부탁하면 허락해 줄 겁니다. 대신 퍼즐의 구성안이 퍼즐 담당자가 만족스러울 정도로 좋아야겠지요. 이 프러포즈는 많은 정성이 필요한 프러포즈입니다.

② 음반 가게를 이용한 이벤트 하기

자신의 목소리로 사랑하는 사람에게 쓴 편지를 음악과 함께 녹음해 봅니다. 그리고 그것을 오디오 CD로 제작한 다음 음반 가게 CD 플레이어에 넣어 놓습니다. 그런 뒤 자연스럽게 그 가게 앞을 지나면서 사랑하는 사람이 녹음했던 것을 듣게 합니다. 이벤트를 하기 전 음반 가게 사장님께 미리 부탁해 둡니다.

③ 상대방이 좋아하는 것 100가지 선물하기

상대방이 좋아하는 물건이나 내가 주고 싶은 물건을 100가지 준비합니다. 비싼 물건이 아닌 껌과 같은 물건도 좋습니다. 하나씩 의미를 부여해서 선물합니다. 하나하나 보면서 감동하게 될 겁니다.

④ 영화 보러 가서 팝콘 속에 메시지 전달하기

영화를 보러 가자고 하고 팝콘을 삽니다. 그리고 그 팝콘 속에 작은 메시지가 담긴 종이를 접어 섞어 놓습니다. 종이에는 하고 싶은 말을 적습니다. 예를 들어 '사랑해!'라는 문구나 '내 맘 받아줘!'라는 글귀를 적어서 팝콘 속에 넣어 두면 됩니다. 그 메시지를 하나씩 보면 작은 감동이 일어나게 될 겁니다.

⑤ 현수막 이벤트 하기

그 사람이 다니는 길에 프러포즈 메시지를 담은 현수막을 겁니다. '유선아~ 사랑해!'라는 문구처럼 그 사람만이 알 수 있도록 '유선아~ 사랑한다, 유선아~ 너를 처음 봤을 때부터 마음이 설렜어, 유선이의 남자로 평생을 살게!' 등의 문구를 써서 현수막을 여러 개 겁니다. 수많은 사람이 걸어 다니는 거리지만 그 현수막의 의미는 사랑하는 그 사람만이 알 거예요.[13]

⑥ D-day 문자 이용하기

현대인이라면 누구나 갖고 있는 휴대폰의 문자 보내기를 이용하실 수 있을 겁니다. 고백하기 한 달, 혹은 열흘 전부터 'D-30, D-10'이라는 식으로 메시지를 보냅니다. 그리고 마지막 날에는 이벤트를 준비하고 그를 만납니다. 고백하는 사람은 매일 매일 결심을 다지는 겸허한 마음이, 그리고 상대방은 단순 궁금증에서 시간이 갈수록 점점 애타는 마음이 되겠죠?

13 출처: http://blog.naver.com/hbcb2883/220138017453

⑦ 러브카를 활용한 프러포즈하기

원하는 장소에 디지털 영상 차량이 도착해서 디지털 영상으로 프러포즈 사연이 나오게 하는 방법입니다. 만일 자신이 직접 기획하기가 어렵다면 이 영상은 프러포즈 기획사에 의뢰해서 만들 수도 있습니다. 이 방법은 조금의 투자가 필요하긴 하지만, 연인과의 즐겁고 아름다운 추억을 대형 화면으로 회상할 수 있다는 것이 장점입니다. 즉 뮤직비디오를 보듯 두 사람의 즐겁고 행복했던 순간을 생생하게 편집해 주므로 당신의 마음이 잘 전달될 수 있을 겁니다.

⑧ 병원을 활용한 프러포즈하기

병원에 입원하는 이유에 대해서는 말하지 말고 그녀를 병원까지 유도합니다. 그런 다음 병원에 입원하는 이유에 대해 단순하게 이야기합니다. "요즘에는 결혼하기 전, 건강 진단서가 필요조건이래." 이렇게까지 운을 떼는 데 반응이 없는 여자는 정말 구제 불능이겠죠?

⑨ 영상 편지 프러포즈하기

디지털카메라를 이용해서 영상 편지를 선물합니다. 특수효과·배경음악·자막 등이 어우러진 영상을 대형 멀티비전이 설치된 호프집이나 커피숍 또는 패밀리 레스토랑에서 전달합니다. 만일 대형 멀티비전에 갑자기 '짠'하고 나타나는 자신의 모습을 보게 된다면 그 누구라도 황홀감에 빠져들지 않을까요?

⑩ 라디오 프로를 이용한 프러포즈하기

텔레비전에 인기 프로가 있듯 라디오에도 인기 있는 프로가 있습니다. 더구나 라디오의 경우 같은 세대끼리는 비슷한 프로그램을 듣는다는 사실에 착안한 프러포즈입니다.

일단 도서관이나 서점 등 조용한 장소를 물색합니다. 그런 다음, 평소에 그녀가 열심히 듣는 라디오 프로그램을 선정해서 미리 엽서를 보냅니다. 물론 그 엽서에는 그녀에 대한 마음을 고백하고 프러포즈하는 내용이 쓰여 있어야 합니다.

그리고는 어떤 핑계나 이유를 만들어서라도 그녀를 미리 물색한 그 장소로 유인해야 합니다.

자신이 보냈던 엽서가 라디오를 통해 흘러나올 시간쯤 조용히 그녀의 귀에 준비해 간 이어폰을 끼워 줍니다.

라디오에선 때마침 그가 보낸 사랑 고백 엽서를 DJ가 읽는 겁니다. 감동의 물결이 넘치는 건 당연하겠죠?

⑪ 러브 캘린더를 활용한 프러포즈하기

연인에게 달력을 선물하는 겁니다. 상대의 성격이나 취향을 충분히 고려해서 달력을 고르고 거기다 아이디어를 첨가합니다. 특별 이벤트를 하고 싶은 날은 하트 모양 스티커를 붙이고 내용을 표기합니다.

그런 다음 어느 특정일을 정해 턱시도와 웨딩드레스를 입은 나와 그녀의 사진을 붙입니다. 물론 다른 사람의 사진이나 삽화에 얼굴만 따서 붙여야겠지요. 그리고 그 달력 앞에 클립으로 반지를 끼웁니다. 확실한 청혼이 될 수도 있겠죠?

⑫ 광고를 활용한 프러포즈하기

주요 일간지 광고나 벼룩시장의 광고판을 이용하는 겁니다. 약간의 돈과 뻔뻔함이 필요하지만, 사랑하는데 이 정도쯤이야 식은 죽 먹기 아닐까요? 단 주의할 점은 서로의 관계에 대해서 구구절절 표현하는 것은 금물이라는 겁니다. 단순하게 "성연 씨, 사랑해! 우리 결혼하자." 이 정도만으로도 충분하겠죠?

⑬ 꽃 배달 프러포즈하기

가장 일반적인 방법 같지만, 꽃을 받아서 기분 나빠할 사람은 여자고 남자고 아무도 없을 겁니다. 그녀가 없는 시간대를 골라 꽃 배달을 시킵니다. 물론 어머니나 다른 식구들이 그 메모를 받도록 해야 합니다.

카드에는 사랑한다는 말과 함께 자신의 이름을 정확하게 적습니다. 그리고 그녀가 집에 돌아오기 전에 한 번 전화해서 본인의 이름을 확실하게 가족들에게 인식시킵니다. 그리고 그녀가 돌아올 시간에 다시 전화합니다. 가족들은 남자 쪽에 동정표를 던질 테고 그녀도 집안 분위기에 이끌려 들어간다면 성공 아닐까요?

⑭ 앨범을 활용한 프러포즈하기

추억이 담긴 앨범을 준비해 봅시다. 그녀와 만나고 사귀면서 찍었던 사진들을 한 앨범에 모두 정리해 두고 둘만의 오붓한 시간을 만듭니다. 그리고는 앨범을 가만히 전달합니다. 앨범을 한장 한장 넘기며 낭만에 빠져들게 되고 비워둔 마지막 장과 함께 "여기에 우리 결혼식 사진 넣어 두면 어떨까요?"[14]

⑮ 대형 LED 전광판 활용 프러포즈하기

예전 어느 맥주 회사에서 영화관이 아닌 도심에 위치한 대형 LED 전광판을 활용해 연인에게 프러포즈하는 이벤트를 진행해 눈길을 끈 적이 있었습니다. 비록 20초 분량의 짧은 영상물이지만 두 사람에게는 결코 잊지 못할 순간이 될 거라는 생각이 듭니다.

화려한 도심 속의 고층 빌딩 위에 설치한 대형 멀티비전 전광판으로 사랑하는 사람에게 사랑의 메시지를 전달하는 프러포즈 방법입니다.

바로 감동 100%를 가져다주는 전광판 프러포즈입니다.

많은 사람이 다니는 시내 한 복판에서 전광판으로 전달되는 프러포즈에 감동하지 않을 사람이 누가 있을까요?

★ 재미로 알아본 여성들의 9가지 프러포즈 유형[15]

사랑을 고백하는 모습도 스타일에 따라 가지각색, 수줍은 듯이 "사랑해!" 하고 고백하는 유형이 있는가 하면 "너 이제부터 나랑 살자."라고 단도직입적으로 말하는 단순 과격 형도 있습니다. 사람에 따라 자기만의 스타일이 있을 텐데 그러한 스타일에 따른 프러포즈 유형에는 어떤 것들이 있는지 알아봅니다.

사랑하는 사람을 그냥 바라만 보고 있다면 마음은 움직일 수 없습니다. "사랑

---

14 출처 : cafe.daum.net/weddine/FuYk/16
15 출처 : cafe.daum.net/weddine/FuYk/16

은 움직이는 거야!"라는 커피 광고처럼 내게 오지 않는 사랑이라면 내가 먼저 그에게 다가가 봅시다.

① 고장 난 녹음기형

맹숭맹숭한 기분으로, 더구나 여자가 먼저 프러포즈하기는 망설여지고 부담스러운 사람들이 많이 선택하는 유형입니다.

가장 손쉬운 방법이 바로 알코올에 의존하는 방법입니다. 즉 술의 힘을 빌려서 "사랑해~ 결혼해줘~"라고 말하는 겁니다. 대부분 사람이 적당히 술이 들어가면 고장 난 녹음기가 된다는 사실을 고려하면 이 유형이 이해될 겁니다.

프러포즈용 단어를 계속 반복하는데 고장 난 녹음기가 계속 돌아가는 것을 생각하면 쉽습니다. 사랑한다는 말을 하루 저녁에 수십 번이나 듣게 되는 것을 싫어하는 남자, 절대 없을 테니까요.

② 교회 전도사형

정면에서 약간 눈을 내려 깐 채 남자의 앞에서 "사랑합니다."를 "사아합니다."라고 말합니다. 억양이 마치 "하나님을 믿으십시오. 구원을 얻으십니다."라고 말할 때와 비슷합니다. 물론 프러포즈하는 상황이 쑥스럽고 어색해서 표현되는 현상이기도 합니다.

특히 성격이 지극히 내성적이거나 수줍음을 타는 사람들이 많이 선택하는 방법으로 조금은 답답해 보이고 안타까운 면이 보이는 것도 사실입니다. 하지만 이 프러포즈 유형은 진솔해 보이고 믿음이 간다는 것이 최고의 장점입니다.

③ 교사형

언제나 잔소리가 심해져 프러포즈의 기회를 자꾸 놓칩니다. 모처럼 말하기 괜찮은 분위기와 기회를 잡고 프러포즈하는데 "난 괜찮은 여자야, 날 믿어!"라며 강경하게 말합니다. 결국에는 "너 그렇게 고집부리다가 놓치고 후회한다."라는 협박조의 말까지 내뱉게 됩니다. 대학원서 쓸 때 지루하게 듣던 담임선생님의 목소리를 연상시킵니다.

④ 대통령형

선거철에 많이 볼 수 있는 유형으로 특히 선전 문구로 사용되는 말이 주가 됩니다. 남자 친구에게 필요한 선물을 준비한 다음 "널 위해 모든 걸 준비했어, 이

제 너의 결정만 남았어!"라며 남자 친구의 결정을 기다립니다.

　모든 것이 준비 완료 상태에 있는 준비된 여성, 준비된 신부임을 알리고 결혼을 할 수밖에 없도록 설득하는 방법입니다. 이 방법을 사용할 경우 완벽한 준비 상태에 있음을 입증시켜야 공약(公約)이 빌 공(空)자, 공약(空約)으로 끝나지 않습니다.

⑤ 여자 돈키호테형

　가장 화끈하고 대담한 프러포즈 유형으로서 다른 사람들의 시선을 전혀 의식하지 않고 사람 많은 공공장소에서 사랑을 고백하고 결혼해 달라고 매달리는 유형입니다. 대단한 용기와 적극성을 요구하는 유형입니다.

　'여자가 어떡해~'라는 마음을 갖고 있는 여성이라면 감히 생각도 할 수 없는 방법입니다.

　하지만 요즘 신세대 여성들의 모습을 고려한다면 충분히 가능성이 있습니다.

　사랑 앞에서는 국경도 초월하는 자세, 물불 안 가리는 자신감으로 다른 사람들의 시선을 전혀 의식하지 않고 결혼해 달라고 저돌적으로 행동하는 여자 돈키호테가 이 유형에 속할 수 있습니다.

⑥ 연예인형

　남자 친구에게 할 수 있는 한 최대한 애교를 떱니다. 그런 다음 한창 분위기가 무르익었다 싶으면 "앞으로도 계속 사랑할 수 있지?"라며 프러포즈를 합니다. 이 모습은 인기 연예인들이 팬클럽 창단식이나 무대에 서서 팬들을 사랑한다고 외치면서 계속 지켜봐 달라고 부탁하는 것과 비슷한 모습입니다.

⑦ 스피츠형

　귀여운 애완견 스피츠, 애교 있고 여성스러운 여자들이 주로 하는 프러포즈 방법으로 이 유형은 스피츠처럼 온갖 아양을 다 부리면서 남자 친구에게 쓰다듬고 안아 주도록 유도하는 형입니다. 마치 스피츠가 주인에게 귀여운 척을 하면서 예쁨을 얻는 것처럼 이와 비슷한 행동으로 프러포즈를 유도합니다.

⑧ 소설가형

　사랑 고백을 하기 위해서 몇 날 며칠을 잠도 자지 않고 고민하는 형이 주로 이 유형에 속합니다. 직접 대면해서 고백하기는 용기가 없고 그렇다고 포기할 수도 없는 상황이라면 소설이나 영화에서 볼 수 있는 프러포즈 방법을 선택할 수밖에 없지 않을까요?

밥도 거부하고 잠도 안 자고 고민하다가 편지지나 엽서에 구구절절 깨알 같은 글씨로 프러포즈합니다. 마치 소설가들이 글을 쓸 때 머리를 쥐어뜯으며 밤을 새 하얗게 지낸 후 탈고하는 모습과 비슷하다고 붙여진 이름입니다.

단, 이 방법으로 프러포즈하지 말아야 할 사람이 있다면 당연히 맞춤법이 형편없거나 필력이 떨어지는 사람들이라고 할 수 있습니다.

⑨ 채소 장수형

한가한 낮 시간대 이 아파트 저 아파트, 혹은 골목골목 누비며 귀에 들려오는 소리를 기억할 겁니다.

"양파가 왔어요. 싱싱한…." 이런 부류의 멘트를 외치며 다니는 채소를 파는 아저씨, 이 트럭 채소 장수에 비춰 표현한 프러포즈 유형이 있으니 이름하여 채소 장수형입니다.

이 스타일은 아는 사람 모두에게 "나 누구누구를 사랑한다. 결혼하고 싶다." 혹은 "나랑 누구누구랑 결혼하면 어울리지?" 하면서 외치고 다니는 사람이 바로 채소 장수 유형이라고 볼 수 있습니다.

직접 사랑 고백을 하기 어렵거나 주변에 천적이 많을 때 아는 사람들의 도움을 바랄 수 있고 자연스럽게 경쟁자를 물리칠 수도 있는 일거양득의 기회를 얻을 수 있는 유형입니다.

★ 연예인들의 청첩장 문구 모음 [16]

연예인들의 청첩장 문구가 궁금합니다. 연예인들은 청첩장 문구를 어떻게 만들어서 보낼까요?

① 배우 장동건♥고소영

오래전 작은 인연이 저희를 연인으로 만들었고 지금 그 인연으로 저희 하나가 됩니다. 아직은 많이 부족하지만 늘 그 인연을 생각하며 서로 아껴주고 사랑하며 살겠습니다. 오셔서 지켜봐 주시고 축하해 주십시오.

---

[16] 출처 : blog.naver.com/js570310/120184712270

② 유재석♥나경은

여러분의 사랑과 관심으로 성장한 저희가 이제 사랑의 결실을 보려고 합니다. 부디 오셔서 실천하고 나누는 행복한 가정이 될 수 있도록 삶의 지혜와 축복으로 격려해 주시면 큰 기쁨이겠습니다.

③ 영화배우 이범수 청첩장 문구

서로의 따뜻함과 지혜에 감사하겠습니다.
서로의 재치와 기쁨에 기뻐하겠습니다.
둘의 눈에 콩까지를 씌우신 하나님께 감사하며 서로를 영원히 귀히 여기겠습니다. 그 시작의 자리에 함께하시길 소망합니다.

④ 주영훈♥이윤미

2006년 가을…. 젊고 아름다운 청춘남녀의 새로운 이야기가 시작됩니다.
사랑, 기쁨, 행복, 미소….
세상에서 가장 아름다운 단어들을 모두 모아 이제 그들의 결혼이야기로 채워가려 합니다. 그 이야기가 시작되는 순간에 여러분도 기쁜 마음으로 축하하여 주시길 바랍니다.

⑤ 가수 조피디 청첩장 문구

"넌 영원히 내가 지켜줄게. 그럼 우리 둘이 진짜 결혼 할래?"하는 말이 어찌 그리 그땐 쉽게 나온 지는 몰라도 그땐 그랬네, 넌 나의 어깨에 기댄 채 만 채 미소를 짓네, 나의 첫사랑이 바로 그 사람 우린 그때 무지하게 진지했네.

(-조피디 '소나기' 中)

⑥ 방송인 박경림 청첩장 문구

사람들에게 행복을 전하는 그녀를 만났습니다. 행복 바이러스에 감염되고 싶어졌습니다. 웃는 모습이 참 시원한 그를 만났습니다. 그 웃음에 저도 모르게 행복해지네요.

방송인과 회사원의 만남…. 쉽지는 않았지만 어려울 것도 없었습니다. 우리만 보였거든요. 이제는 서로가 서로에게 행복한 사람이 됐습니다.

우리만의 행복을 이제 많은 사람 앞에 서서 축복받으려고 합니다. 저희의 행복한 모습 담아가시길 바랍니다.

⑦ **가수 윤도현 청첩장 문구**

　사람과 사람이 이어주는 길, 절대 억지로 만들지 않은 자연스럽고 아름다운 그 길을 윤도현♥×××이 함께 만들어갑니다. 자유롭게 열심히!!

⑧ **개그우먼 김지선 청첩장 문구**

　9월 1일 처음 만났고 백일 만에 신랑이 신부에게 프러포즈했답니다.
　신랑의 여동생과 신부의 여동생이 친구 사이라 자연스럽게 중매쟁이가 되어주었고 신혼여행은 방콕으로 가서 방콕에만 있다가 오겠습니다.

⑨ **방송인 강호동♥이효진**

　10대 때 샅바를 잡았던 모래판의 강 장사는
　20대 때 마이크를 잡고 방송가의 강 MC로
　30대 때, 이제…. 한 여자의 손을 잡고 사랑의 맹세를 하려 합니다.
　새로운 출발을 하는 강호동♥이효진 결혼식에 오셔서 자리를 빛내주십시오. 사랑의 기적이 일어났습니다. 강호동 장가갑니다. 감사합니다.

⑩ 개그맨 정형돈♥한유라

"함께 일하는 사람과는 절대 결혼하지 않는다!"라던 한 개그맨과 "연예인은 배우자로 절대 사절!"이라 외쳤던 방송작가 이렇게 미스터리로 시작한 인연이 곧 필연이 되어 많은 사람 앞에 백년가약을 맺기로 했습니다.

부디 참석하시어 저희의 새로운 출발의 증인이 되어주세요. 많은 분의 시기와 질투마저 환영합니다.

⑪ SES 슈♥임효성

효성:

아직 모든 게 서툰 여자입니다. 건망증도 심하고 덤벙거리기 일쑤며 찌개도 무슨 찌개인지 정체를 모르겠습니다. 근데 점점 그 찌개가 맛있어집니다. 평생 먹어도 괜찮을 것 같습니다.

이 덜렁이가 한 남자의 아내와 한 아이의 엄마가 되려고 합니다. 모든 게 어설프지만 그런 모두가 서로 사랑스럽습니다.

여러분 앞에서 평생을 함께할 첫걸음을 걷겠습니다. 오셔서 축복해 주세요.

슈:

철없게 보였던 남자입니다. 마냥 챙겨줘야만 할 것 같은 남자이지만 평생 함께하고 싶습니다. 한 여자의 남자로 한 아이의 아빠로 지켜주겠다는 약속을 믿고 따라가려 합니다. 하나님 안에서 예쁜 가정 만들도록 노력하겠습니다.

대인 설득 스피치(9종)

5단계 대인 설득 스피치 프로그램은 9가지로 구성했습니다. 즉 사과 스피치, 자기주장 스피치, 토론 스피치, 지적 스피치, 부탁 스피치, 갈등 해결 스피치, 판매 스피치, 거절 스피치, 화난 고객 상대 스피치입니다.

(8) 사과* 스피치

사과란 상대방에게 자기 잘못에 대해, 또는 자기 잘못을 인정하거나 뉘우치고 미안하게 생각함을 밝히는 것이라고 정의할 수 있습니다. 따라서 사과 스피치는 자신의 미안한 마음이 상대에게 잘 전달될 수 있도록 세심하게 전해야 합니다.

사과 스피치 역시 5단계 조직 방법을 적용해서 내용을 조직할 수 있는데, 이에 대한 내용 조직 프레임은 다음 [표 8]과 같습니다.

실용 Tip

*사과의 '사(謝)' 자

사과의 '사(謝)'자는 '사례할 사' 자로 말씀 언(言)과 쏠 사(射)가 합쳐진 글자입니다. 화살이 과녁에 닿지 않으면 소용없듯이 사과의 말이 상대의 마음에 닿지 않으면 의미 없는 말에 불과할 겁니다. 따라서 자신의 미안한 마음을 상대에게 닿게 잘 전달해야 합니다. 감사(感謝)의 표현도 이처럼 해야 합니다.

[표 8] 사과 스피치의 내용 조직 프레임

① 시작 단계   ② 용건 제시 단계   ③ 사과 단계
④ 보충 단계   ⑤ 마무리 단계

사과 스피치의 구체적인 내용 조직 방법

❶ 시작 단계

첫 번째 순서는 사과할 상대의 이름을 부르는 단계입니다. 높은 톤보다는 미안한 마음이 스며있는 저음 톤이 좋습니다. 표정도 장난기가 있어 보이거나 무성의하지 않게 해야 합니다. 그렇지 않다면 오히려 상대방의 마음을 더욱 상하게 할 수 있음을 유의해야 합니다.

예시) 부장님!

위의 예시처럼 직함을 바로 부를 수도 있지만, 때로는 "저어~ 부장님!"하는 표현처럼 망설임의 시작 말을 앞부분에 붙여 표현한다면 미안한 마음이 상대방에게 더욱 잘 전해질 수 있습니다.

또한, 상대방이 가장 듣고 싶어 할 만한 호칭을 선택하는 것이 중요합니다. 왜냐하면, "아저씨"보다는 "선생님"이라는 표현이, "아줌마"보다는 "여사님" 같은 표현이 상대방으로 하여금 존중받는 느낌이 들게 하는 데 효과적이기 때문입니다.

❷ 용건 제시 단계

두 번째 순서는 미안한 마음이 상대에게 잘 전달될 수 있도록 용건을 제시하는 단계입니다. 들을 준비가 되지 않은 상대방에게 바로 사과의 말을 하는 것은 효과가 떨어집니다. 잠시 드릴 말씀이 있다고 양해를 구하는 것이 효과적이며 예의입니다.

예시) 잠시 드릴 말씀이 있습니다.[1]

위의 예시가 무난한 표현이긴 하지만 상대방이 한가한지 바쁜지 의문시되는 경우라면 때에 따라 결례가 될 수도 있습니다. 왜냐하면, 상대방에 대한 시간적 양해를 구하지 않았기 때문입니다. 따라서 이때에는 "부장님, 잠깐만 시간을 좀 내어주실 수 있겠습니까? 제가 잠시 드릴 말씀이 있습니다."라고 표현하는 것이 바람직합니다.

❸ 사과 단계

세 번째 순서는 사과하는 단계입니다. 사과는 변명이 아닙니다. 이런저런 변명을 늘

---

[1] **실용 Tip** '있슴'과 '있음'

'있습니다.'가 평서문의 종결 형태이므로 명사형을 만들 때 혼동해서 '있슴'으로 표기하는 사람들이 있는데 이는 잘못된 표기입니다. 명사형으로 활용할 때는 각각의 기본형 '있다'의 어간 '있~'에 명사형 전성어미 '~음'이 결합해 '있음'이 됩니다. '없음'도 마찬가지입니다. 참고로 '슴'으로 끝나는 단어는 '가슴, 사슴, 머슴, 오르가슴' 네 단어뿐입니다.

어놓는다면 상대방은 더욱 화가 날 겁니다. 본인으로 말미암아 힘들었을 상대방의 마음을 잘 헤아려 진심으로 자신의 미안한 마음을 전달해야 합니다.

> 예시) 제가 보고서를 늦게 올리는 바람에 부장님께서 사장님과 면담하실 때 많이 힘드셨을 줄 압니다. 정말 죄송합니다.

위의 예시는 본인의 잘못한 점을 간략히 스스로 짚고 그 연유로 피해를 보았을 상대방의 마음을 공감하면서 사과하고 있습니다. 이 경우 "죄송합니다."라는 표현이 반드시 들어가야만 확실한 사과의 표현이 됩니다. 이 말이 빠진다면 구구절절 변명을 늘어놓는 것으로 상대방에게 비춰질 겁니다. 또한, 손아랫사람인 경우는 "미안해요." 또는 "미안합니다."라는 표현이 더 자연스러운 표현이 됨도 참고합시다.

❹ 보충 단계

네 번째 순서는 사과하는 이유를 설명하는 단계입니다. 그냥 미안하다는 말만 되풀이해서는 제대로 된 사과가 되기 어렵습니다. 상대방이 어느 정도 수긍할 만한 보충 설명을 곁들여 상대가 '그럴 수도 있겠다.'라고 하는 느낌이 들 수 있도록 말에 성의를 담아 사과합니다.

> 예시) 마감 시한을 제가 착각해 버리고 말았습니다.

위의 예시는 본인의 착각으로 인해 실수가 발생했음을 고백하고 있습니다. 사과를 받을 이가 '이 사람이 왜 이런 행동을 했을까?'라고 의문을 떠올린 경우 그에 대한 답변이 바로 보충 단계에서 이뤄져야 합니다.

즉 보고서를 늦게 올린 이유를 짤막하게 보충 설명하는 위의 예시와는 달리 상대방에게 조금 더 성의 있는 태도를 보이기 위해서는 상세한 설명을 곁들일 수도 있습니다. 예를 들어 보면 "제가 작성해 놓은 보고서를 저장하지 않은 채 컴퓨터를 꺼버리는 바람에 자료가 모두 없어져 버렸습니다.

그래서 밤을 새워 야근까지 하면서 다시 작성했지만, 도저히 제시간 안에 끝낼 수가 없었습니다. 부장님, 정말 죄송합니다."라는 식의 표현이 됩니다.

❺ 마무리 단계

다섯 번째 순서는 앞으로는 그렇게 하지 않을 것을 다짐하는 의사 표시를 하는 단계입니다. 또한, 사과를 받아주고 내 잘못을 알게 해준 것에 대해 감사를 표현하는 단계입니다. 끝까지 공손함을 잃지 않도록 합니다.

예시) 앞으로는 업무 처리를 빈틈없이 하겠습니다. 제 잘못인데도 너그럽게 감싸주신 부장님께 감사드립니다.

위의 예시는 본인의 각오와 감사의 마무리를 하고 있습니다.

각오의 표현은 "앞으로 다시는 이런 실수가 없도록 하겠습니다, 앞으로 매사에 더욱 신중하도록 하겠습니다, 앞으로 더 열심히 해서 이번 실수에 대한 만회를 꼭 하도록 하겠습니다." 등이 있습니다.

"감사합니다."라고 감사의 인사로 마무리하는 것은 "죄송합니다."로 끝맺음하는 것보다 더 효과적입니다. 왜냐하면, "죄송합니다."는 끝까지 잘못에 대한 이미지를 끌고 가는 표현이 되기 때문입니다. 반면에 "감사합니다."라는 표현은 종결의 느낌이 들게 하면서 분위기도 더 좋게 만들기 때문입니다.

앞에서 제시했던 사과 스피치에 대한 5단계 예시의 전체 흐름을 살펴보기 위해 사과 스피치를 하나의 실습 예문으로 제시하면 다음과 같습니다.

사과 스피치에 대한 실습 예문

(상황)

박해선 대리가 어제 일과 관련해서 장충용 과장님께 사과의 스피치를 하려고 합니다. 분명히 옳다고 믿었던 내용이 박 대리의 착각으로 장충용 과장님을 당황하게 한 겁니다. 박 대리는 그 일로 인해 마음고생이 심했을 장 과장님께 자신의 미안한 마음이 전해질 수 있게끔 사과의 말을 전하려 합니다.

(안내 지침)

사과의 시작은 미안함이 스며있는 부드러운 어조로 상대방을 부르는 겁니다. 그리고 다시 한 번 결례를 범하는 실수가 일어나지 않도록 예를 더욱 갖춰 말합니다.

사과 단계에서는 분명하고 명확하게 "죄송합니다."를 말해야 합니다. 두루뭉술한 표현은 상대를 더욱 불쾌하게 만들 수 있기 때문입니다. 마무리 단계에서는 사과를 받아준 것에 대한 감사로 끝맺음하는 것이 가장 무난합니다.

(실습 예문)

장충용 과장님! (❶ 시작 단계)

어제 일과 관련해서 잠깐 드릴 말씀이 있습니다. (❷ 용건 제시 단계)

어제 많이 당황하셨을 줄 압니다. 제가 잠깐 착오를 하는 바람에 장충용 과장님을 어렵게 하고 말았습니다. 모두 제 탓입니다. 죄송합니다. (❸ 사과 단계)

오늘 오전에 제가 여러 곳에 전화를 걸어 어제 자리를 함께하셨던 분들이 오해하는 일이 없도록 자초지종을 잘 설명해 드렸습니다. (❹ 보충 단계)

앞으로는 그런 일이 다시는 발생하지 않도록 주의하겠습니다. 제 잘못인데도 넓은 아량으로 감싸주신 장충용 과장님께 감사드립니다. (❺ 마무리 단계)

사과 스피치는 쌍방향 커뮤니케이션이 가능하기에 5단계 조직 방법을 적용해서 대화 상황을 조직할 수 있는데, 사과 스피치의 대화 실습 예문은 다음과 같습니다.

 사과 스피치의 대화 실습 예문

(상황)

김 대리는 자신의 의사 표현을 부드럽게 전하지 못하는 결점이 있습니다. 오늘도 전체 회의 시간에 사장님과 여러 사람이 있는 가운데 남정소 부장님의 의견을 거침없이 반박하는 바람에 대선배인 남정소 부장님이 무척 당황하는 일이 있었습니다.

물론 회사의 발전을 위해 자신과 다른 의견이 있다면 조심스럽게 내놓는 것이야 상관없겠지만, 말은 정말 "아 다르고 어 다르다."[2]라는 얘기도 있듯이 누가 봐도 김 대리의 발언은 정도가 심했습니다. 무척이나 마음이 상해 있는 남정소 부장님께 김 대리가 자신의 미안한 마음을 더 늦기 전에 전하려고 합니다.

2　**실용 Tip** "아 다르고 어 다르다."

　이 속담은 표현의 중요성을 강조한 말입니다. 즉 같은 상황이라도 어떻게 표현하는가에 따라 다른 결과를 가져오게 됩니다.
　예를 들면 의사가 똑같은 암을 발견하고도 "안타깝게도 암이 발견되었습니다."라는 미숙한 표현으로 암에 걸린 환자에게 절망의 메시지를 전달하기도 하고, "다행입니다. 암이 조기에 발견되었습니다."라는 능숙한 표현으로 희망의 메시지를 전달하는 사람이 있습니다.
　또 다른 예를 살펴보자면, 정육점에 가서 어떤 사람은 "철수야, 고기 한 근 줘라."라고 말하고, 어떤 사람은 "김 서방, 고기 한 근 주시게나."라고 말했더니 정육점 주인은 김 서방이라고 부른 사람에게 고기를 더 크게 썰어 주었답니다.
　그래서 이름을 부른 사람이 아니 왜 같은 고기 한 근인데 저 사람 것이 더 크냐고 따지자 정육점 주인은 "손님 것은 철수가 썰어준 것이고, 저분 것은 김 서방이 썰어준 것이기 때문이지요."라고 대답했답니다. 정말 "아 다르고 어 다르다."의 좋은 예문이 아닌가 생각합니다.

(실습 예문)

❶ 시작 단계

갑: 남 부장님!

을: 왜 그런가? 김 대리!

❷ 용건 제시 단계

갑: 잠시 드릴 말씀이 있습니다.

을: 지금 바쁘네. 긴 얘기라면 다음에 하세.

갑: 아니 잠깐이면 됩니다. 부장님!

을: 그럼 용건만 얘기해 보게.

❸ 사과 단계

갑: 회의 중에 제가 부장님의 의견에 반박하듯이 말을 해서 부장님께서 불쾌하지는 않으셨을지 염려가 됩니다. 본의 아니게 실례를 범한 것 같아서 정말 죄송합니다.

을: 그래. 자네 표현이 좀 공격적인 투라서 나도 좀 당황하긴 했었네.

❹ 보충 단계

갑 : 부장님, 저는 의견을 말할 때 긴장이 너무 돼서 좀 거칠게 표현되는 경우가 많습니다. 실제 마음은 그렇지 않은데 심장이 두근거리고 불안하면 괜히 격앙된 투로 말이 나오는 것 같습니다. 정말 죄송합니다.

을 : 음. 그런 고민이 있었구먼.

❺ 마무리 단계

갑 : 부장님, 앞으로는 실례를 범하는 일이 없도록 하겠습니다. 그리고 스피치도 열심히 배워 부드럽게 의사 표현하는 방법도 익히겠습니다.

을 : 그래. 자신의 의사를 표현하는 것도 평소 훈련이 필요하다네.

갑 : 알겠습니다. 부장님! 그리고 저를 이해해 주셔서 정말 감사합니다.

을 : 알겠네. 함께 잘 해보세.

(9) 자기주장* 스피치

자기주장 스피치란 상대방 행동으로 말미암아 나에게 미치는 영향, 즉 현재 자신이 처한 느낌이나 감정을 '나 메시지'로 당당하게 표현하는 스피치를 가리킵니다.

자기주장 스피치 역시 5단계 조직 방법을 적용해서 내용을 조직할 수 있는데, 이에 대한 내용 조직 프레임은 다음 [표 9]와 같습니다.

실용 Tip

***자기주장**

자기주장은 자기도 존중하고 상대방도 존중하면서 솔직하고 당당한 자세로 상대방에게 자기의 뜻을 전달하기 때문에 인간관계에 도움을 줍니다. 자기주장은 자신에게는 자신감을 갖게 하는 행동이자 목표 지향적인 행동이며 자신과 타인의 권리를 동시에 존중하는 현명한 행동이라고 할 수 있습니다.

[표 9] 자기주장 스피치의 내용 조직 프레임

① 시작 단계   ② 상대의 행동 표현 단계   ③ 받은 영향 표현 단계
④ 감정 표현 단계   ⑤ 마무리 단계

자기주장 스피치의 구체적인 내용 조직 방법

자기주장 스피치의 경우는 원만한 표현이 되지 못하면 상대방으로부터 오해나 반감을 살 우려가 있으므로 특히 내용 면에서 신중할 필요가 있습니다. 또한, 같은 내용이라도 배열 순서에 따라 상대방에게 미치는 영향이 다르므로 내용 조직 방법이 더욱 중요한 겁니다. 특정한 상황을 설정해서 단계별 예를 살펴보겠습니다.

(상황) 회사 생활을 함께하는 동료 제동이가 늘 청소도 안 하면서 사무실을 지저분하게 사용합니다. 회사에서 생활해야 하는 나는 지저분한 사무실을 보면서 속이 많이 상합니다. 제동이가 야속하고 얄밉습니다.

❶ 시작 단계

첫 번째 순서는 자기소개를 할 수도 있고, 아는 사이라면 상대의 이름을 부를 수도 있는 단계입니다. 이때는 자신의 감정이 흥분되지 않게 차분함을 유지할 필요가 있습니다. 격앙된 분위기가 되지 않도록 유의해야 합니다.

예시) 제동아!

위의 예시는 친구의 이름을 부르고 있지만, 관계를 더욱 친숙하게 만드는 의미로 "친구야!"라는 관계적 표현도 좋습니다. 낯선 타인과의 관계에서는 "선생님, 사

장님, 사모님" 등과 같이 상대방을 존중하는 마음을 담아 호칭하는 것이 상대방으로 하여금 반감을 누그러뜨리는 데 더욱 효과적입니다.

❷ 상대의 행동 표현 단계

두 번째 순서는 상대의 행동을 구체적으로 표현해 주는 단계입니다. 이때는 "버릇 없이, 교양 없이" 등의 상대방에 대한 비난과 질책의 감정적 언어 표현*을 자제하면서 상대방의 객관적인 행동만을 말해줍니다.

실용 Tip

*감정적 언어 표현

"쩨쩨하게, 야비하게, 치사하게" 등 상대의 감정을 자극하는 언어 표현은 자신의 언어 표현 사전에서 삭제해 버려야 합니다. 왜냐하면, 한쪽이 이러한 '감정 자극어'를 사용하면 다른 쪽도 되받아 더 큰 '감정 자극어'를 보내며 악순환에 빠지게 되고 싸움은 걷잡을 수 없게 되기 때문입니다.

예시) 네가 어질러 놓은 것을 치우지 않고 그냥 퇴근하니까,

위의 예시는 자신에게 불쾌함을 느끼게 하는 상대방의 행동을 중립적이고 구체적으로 표현하고 있습니다. 횟수나 빈도를 과장되게 표현하는 것은 갈등의 씨앗이 될 수 있음도 유념합니다. 만일 "네가 항상 어질러 놓은 것을 치우지 않고 그냥 퇴근하니까"라는 식으로 표현한다면 상대방은 "내가 언제 항상 그랬어?"라는 방어적인 태도를 보이게 될 겁니다.

❸ 받은 영향 표현 단계

세 번째 순서는 상대방의 행동이 나에게 미치는 영향을 구체적으로 표현해 주는 단계입니다. 내가 상대의 행동으로 말미암아 어떤 영향을 받게 됐는지 명확하고 구체적으로 말해줍니다.

예시) 결국엔 내가 힘들게 청소해야 하고,

위의 예시는 상대방이 어지럽힌 것을 내가 청소해야 하는 불만을 객관적으로 담담히 말하고 있습니다. "내가 너의 종도 아닌데, 네가 어지럽힌 것을 내가 청소해야 하고"라는 투의 감정 섞인 표현은 금물입니다.

❹ 감정 표현 단계

네 번째 순서는 그 영향으로 말미암아 현재 처한 자신의 감정이나 느낌을 얘기해주는 단계입니다. "표현하지 않은 감정은 수그러들지 않는다."라는 말이 있습니다. 타인에 대해 나쁜 감정을 속내에만 넣고 참고 있으면 본인에게도 고통이며 나쁜 감정은 더욱 커지게 됩니다. 격앙된 표현은 삼가되 차분한 어조로 자신의 감정을 솔직히 말하도록 합니다.

예시) 그래서 난 화가 나고 속상하다.

위의 예시는 자신의 감정을 군더더기 없이, 즉 상대방의 감정을 자극하는 표현 없이 솔직하게 표현하고 있습니다. "돌아 버리겠어, 때려 주고 싶었어, 뚜껑 열리거든." 식의 품위 없는 언어는 지양하도록 합니다. "그래서 난 짜증이 많이 났었어, 그래서 난 가슴이 너무 답답했었어, 그래서 난 정말 우울했었어." 등의 표현이 바람직합니다.

❺ 마무리 단계

다섯 번째 순서는 자신의 주장을 '나' 메시지*로 당당히 하면서 마무리하는 단계입니다. 상대방에 대한 명령이나 강요가 아닌 자신의 바람을 분명히 말하는 겁니다. 누가 누군가를 억지로 바꾸려고 하면 상호 간의 수평 관계가 깨어지고 결국은 결별로 이어지게 됩니다.

실용 Tip

*'나' 메시지(I-Message)

'나' 메시지(I-Message)란 고든(Gordon, 1975)이 제시한 대화법 가운데 하나로 그 초점을 자신에게 두는 겁니다.

즉 문제가 된 상대의 행동으로 말미암아 자신이 어떠한 감정 상태에 빠져 있으며, 어떠한 영향을 받고 있는지를 나타내면서 '~해 주었으면 좋겠다.'라는 식으로 상대가 아닌 나 자신에게 초점을 두어 말하는 겁니다.

다시 말해서 상대의 행동 변화를 위해 '어떻게 하라.' 식의 강요가 아니라 '~해 주었으면 좋겠다.'라는 방식으로 자신의 의견을 표현하는 선에서 마무리하는 부드러운 표현 방법입니다.

예시) 앞으로는 우리 서로 사무실을 깨끗하게 썼으면 좋겠다. 제동아!

위의 예시는 "좋겠다."라는 끝맺음 말을 하고 있습니다. 만일 "해라."라는 식의 명령조 표현을 썼다면 또 다른 갈등이 생길 수 있을 겁니다. "앞으로 네가 이렇게 좀 해주면 정말 고맙겠다, 앞으로 네가 이렇게 하길 진심으로 부탁한다." 등의 표현이 원만한 마무리 표현입니다.

앞에서 제시했던 자기주장 스피치에 대한 5단계 예시의 전체 흐름을 살펴보기 위해 자기주장 스피치를 하나의 실습 예문으로 제시하면 다음과 같습니다.

자기주장 스피치에 대한 실습 예문

자기주장을 잘못하다 보면 뜻하지 않게 싸움으로 번질 우려가 있습니다. 하지만 우유부단한 태도로는 상대에게 자신의 주장을 제대로 펼칠 수가 없습니다. 자기주장 스피치에 대한 사례를 들면 다음과 같습니다.

(상황)

　학생들이 많이 지나다니는 길목에서 어떤 아저씨가 줄담배를 피우면서 꽁초를 학생들을 향해 함부로 버리고, 게다가 부엌칼을 들고 사과를 깎는 위협적인 행동을 합니다. 학원에 다니는 우리 애들은 물론 동네 아이들까지 아저씨가 무서워 학원에 다니지 않겠다고 합니다.

　입시 공부로 신경 써야 할 일이 많은 학생이 그 아저씨로 말미암아 스트레스를 받고 있다는 사실이 속상하고 화가 납니다. 아저씨의 행동을 저지시켜야 합니다.

(안내 지침)

　시작 단계에서는 예의를 갖춰 말문을 열도록 합니다. 상대의 행동 표현은 객관적인 사실에 국한하도록 합니다. 즉 감정 섞인 가시가 돋친 말로 상대방의 감정을 자극하지 않도록 유념해야 합니다. 마무리에서는 다시금 분명한 어조로 자신의 주장을 반복하는 것이 좋습니다.

(실습 예문)

　저기, 선생님~ 잠깐 뵐까요? 저는 학원에 간 아들을 기다리는 학부모입니다. (❶ 시작 단계)

　선생님께서 학생들이 많이 지나다니는 길목에서 줄담배를 계속 피우면서 꽁초도 학생들을 향해 함부로 버리시는 걸 봤습니다. 더군다나 이렇게 부엌칼을 들고 사과를 깎으시는 모습도 볼 수 있었습니다. (❷ 상대의 행동 표현 단계)

　우리 애들은 물론 이웃집 애들까지도 아저씨가 무서워 학원에 다니지 않겠다고 떼를 쓰고 있습니다. (❸ 받은 영향 표현 단계)

　선생님의 처지를 이해하려고도 애를 많이 썼지만 어쨌든 입시 공부로 신경 써야 할 일이 많은 학생이 선생님으로부터 스트레스를 받고 있다는 사실에 속상하고 화가 나기도 합니다. (❹ 감정 표현 단계)

　앞으로 애들이 무서워하지 않도록 해 주셨으면 좋겠습니다. (❺ 마무리 단계)

자기주장 스피치의 대화 실습 예문

자기주장 스피치는 쌍방향 커뮤니케이션이 가능하기에 5단계 조직 방법을 적용해서 대화 상황을 조직할 수 있는데, 자기주장 스피치의 대화 실습 예문은 다음과 같습니다.

(상황)

회사 생활을 함께하는 후배 직원 김 대리가 늘 음악을 크게 틀어 놓고 일을 합니다. 회사에서 함께 생활해야 하는 나는 큰 음악 소리 때문에 일이 안되고 정신이 산만해져서 너무 화가 나고 속상한 마음이 듭니다. 김 대리로 말미암아 마음이 언짢고 속상합니다.

(실습 예문)

❶ 시작 단계
 갑: 김 대리, 잠깐 얘기 좀 할까?
 을: 네, 이 과장님~ 무슨 일이신가요?

❷ 상대의 행동 표현 단계
 갑: 김 대리는 늘 음악을 크게 틀어 놓고 일을 해야 일이 잘되나? (친근 조로)
 을: 네, 주로 그런 편입니다. 제 취미가 음악 감상이거든요.

❸ 받은 영향 표현 단계
 갑: 그런데 큰 음악 소리 때문에 내가 업무에 집중할 수가 없다네.
 을: 아, 그랬나요?

❹ 감정 표현 단계

갑: 참고 있으려니까 일이 안되고 정신이 산만해져서 너무 화가 나고 속상한 마음이 들었네.

을: 그러셨군요. 정말 몰랐습니다. 죄송합니다.

❺ 마무리 단계

갑: 앞으로는 볼륨을 낮추든지 이어폰을 활용하면 좋겠네.

을: 알겠습니다. 앞으로는 업무에 방해되지 않도록 주의하겠습니다.

(10) 토론 스피치

오늘날 우리는 토론의 시대, 토론의 사회를 살아가고 있습니다. 토론 스피치에 대한 스킬은 토론의 시대, 토론의 사회를 주도적으로 살아갈 수 있는 중요한 수단이요, 무기인 셈입니다.

토론 스피치 역시 5단계 조직 방법을 적용해서 내용을 조직할 수 있는데, 이에 대한 내용 조직 프레임은 다음 [표 10]과 같습니다.

[표 10] 토론 스피치의 내용 조직 프레임

① 시작 단계(경청, 확인 단계)
② 맞장구 단계(동의할 부분 동의 단계)
③ 자기 의견 주장 단계(상대와 다른 의견 제시 단계)
④ 보충 단계(다른 의견 근거 제시 단계)
⑤ 마무리 단계(자기 의견 강조 단계)

토론 스피치의 구체적인 내용 조직 방법

(상황) 병원에서 이뤄진 환자와 의사와의 상담 내용은 또 다른 피해를 막기 위해 비밀은 지켜지지 않아도 괜찮은 것인가? 아니면 반드시 비밀로 지켜져야 하는가? 함께 토론해 봅시다.

❶ 시작 단계

첫 번째 순서는 상대의 말을 경청하는 단계입니다. 토론에서 가장 중요한 것 중의 하나가 경청입니다. 서로 자기 말만 하려는 분위기는 토론의 의미를 상실케 합니다. 그리고 경청한 것 중에서 혼동되는 부분이 있으면 다시 반복해 주면서 제대로 들었는지 확인하는 단계입니다.

예시) 네, 정신과 환자가 의사와 상담할 때 살인하고 싶다고 말했다면 담당 의사는 이 사실을 경찰에게 알려야 한다는 말씀이시군요.

위의 예시는 상대방의 주장을 간략히 정리해서 다시 표현하며 자신이 제대로 들었는지, 상대방의 주장이 내가 받아들인 것과 일치하는지를 확인하고 있습니다. "선생님의 말씀은 이러이러해야 한다는 말씀이시죠?" 혹은 "선생님의 주장은 이러이러한 것이라고 제가 이해했는데 맞습니까?" 등의 표현을 활용할 수도 있습니다.

❷ 맞장구 단계

두 번째 순서는 상대의 말을 경청하다가 동의할 부분은 맞장구를 치는 단계입니다. 상대방의 모든 말을 반대하고 반박해서는 올바른 토론이 될 수 없습니다. 인정할 것은 인정해 주고 받아들일 부분은 받아들여 주는 오픈 마인드가 필요합니다.

예시) 그럴 수도 있겠네요. 그런 점은 저도 공감합니다.

위의 예시는 공감할 부분은 공감하고 인정할 부분은 인정해 주자는 토론자로서의 올바른 태도를 보여주고 있습니다. 이런 표현은 상대방으로 하여금 원만한 자세로 토론에 임하도록 하는 데 이바지합니다.

또 다른 표현들을 예로 들어 본다면 "그런 얘기를 저도 들었습니다, 저도 그렇게 생각해 본 적이 있습니다, 그 부분은 저도 그렇다고 생각합니다, 그 부분은 일리 있는 말씀입니다." 등의 표현이 있습니다.

❸ 자기 의견 주장 단계

세 번째 순서는 상대와 다른 의견을 말하는 단계입니다. 자신의 의견과 주장을 말할 때는 될 수 있으면 논리적으로 조리 있게 내용을 전개하면서 함축적으로 표현하도록 합니다. 이때는 이성적인 설득뿐만 아니라 감성적인 설득도 병행되도록 합니다.

예시) 그렇지만 정신과 환자는 담당 의사를 믿고 자신의 심경을 솔직하게 털어놓은 것인데, 비밀이 지켜지지 않는다면 환자들은 마음을 털어놓고 얘기할 만한 곳이 없어지지 않겠습니까? 의사는 환자의 비밀을 지켜 줘야 합니다.

위의 예시는 "그렇지만"이란 문구를 사용해서 상대와는 다른 본인의 견해를 밝히고 있습니다. "그렇지만"이란 표현은 분위기를 부드럽게 만듭니다. 만일 "선생님이 틀린 부분은" 또는 "선생님의 주장 중에서 잘못된 부분은"이라는 지적과 비판적인 표현으로 말을 풀어나간다면 상대방은 더욱더 방어적이 될 겁니다.

완곡하면서도 부드러운 표현을 몇 가지 더 예를 들어 보면 "선생님, 다른 관점에서 살펴볼 필요도 있을 것 같은데요." 또는 "선생님, 제 처지에서 생각해 본 점을 말씀드려 본다면" 등의 표현도 있고, "만일 이런 경우라면 어떨까요?"라고 질문을 통해 상대방을 다른 관점에서 생각할 수 있도록 유도하는 것도 좋습니다.

❹ 보충 단계

네 번째 순서는 상대와 다른 의견의 근거를 제시하는 단계입니다. 효과적인 토론이 되려면 근거 없는 억지 주장이 돼서는 안 됩니다. 반드시 그에 따른 근거를 제시해서 상대방이 수긍할 수 있도록 해야 합니다.

> 예시) 어떤 사람이라도 자신의 비밀을 지켜주지 않는 의사에게 자신의 치명적 증상이나 문제점을 말하고자 하는 이는 없을 겁니다. 비밀 유지가 되지 않는 한 아무도 의사를 찾지 않게 되겠죠.

위의 예시는 서술적인 표현으로 주장을 보충하고 있지만, 준비된 경우는 관련 통계 자료나 사실적 정보를 담은 신문 기사, 학자들의 연구 결과 등을 근거로 제시한다면 훨씬 설득력 있는 주장이 될 겁니다.

❺ 마무리 단계

다섯 번째 순서는 자기 의견을 강조하면서 마무리하는 단계입니다. 다시 말하면 자기주장의 결론이라고 할 수 있습니다. 이때 유의점은 하나의 주장은 일관된 주장으로 깔끔하게 매듭지어져야 합니다. 즉 또 다른 것과 섞어서 논지를 흐리게 해서는 안 됩니다.

> 예시) 병원에서 이뤄진 환자와 의사와의 상담 내용은 비밀로 지켜져야 합니다. 환자들이 의사를 깊이 신뢰하고 자신의 모든 것을 털어놓을 수 있을 때 의사들도 올바른 진단이 가능할 것이며 그에 따른 올바른 처방이 가능할 겁니다.

위의 예시는 자신의 주장을 정리해서 분명하게 언급하고 있습니다. 때에 따라 마무리 단계 첫 부분에 "결론적으로 말씀드린다면, 지금까지 살펴본 바와 같이, 다시 한 번 정리해 본다면, 제 주장을 요약해서 말씀드린다면" 등의 논의 전환의 말을 활용해 마무리를 시도하는 것도 좋은 방법이 됩니다. 왜냐하면, 토론의 상대방이나 청중에게 지금부터 하려고 하는 말이 핵심적인 결론 메시지임을 예고해 주는 효과가 있기 때문입니다.

앞에서 제시했던 토론 스피치에 대한 5단계 예시의 전체 흐름을 살펴보기 위해 토론 스피치를 하나의 실습 예문으로 제시하면 다음과 같습니다.

토론 스피치에 대한 실습 예문

(상황)

　체벌에 대해 일부에서는 학생들의 수업 분위기를 바로 잡고 기강을 세우기 위해서 꼭 필요하다는 긍정적인 반응을 보입니다. 하지만 체벌은 폭력이라며 '사랑의 매'라는 표현으로 폭력이 미화돼서는 안 된다는 부정적인 의견도 보입니다. 이렇게 의견이 분분한 체벌, 필요한가? 아니면 사라져야 하는가? 함께 토론해 봅시다.

(안내 지침)

　체벌에 대한 논쟁은 의견이 분분합니다. 그래서 좋은 토론의 주제가 될 수

있습니다. 찬반양론 모두 일리가 있을 것임은 분명합니다. 하지만 토론은 상대방의 논리적 허점을 공격하고 자신의 견해를 논리적으로 근거를 들어가면서 주장해 나가는 겁니다.

그러기 위해서는 먼저 경청을 하며 상대의 주장이 무엇인지 정확하게 파악하는 것이 중요합니다. 논쟁이라 할지라도 동의할 부분은 동의해 주고 맞장구를 쳐주는 예의를 잃지 않으면서 자신의 의견을 강조해 나가는 것이 좋은 토론으로 이끄는 길입니다.

(실습 예문)

학생들 수업 분위기를 바로 잡고 기강을 세우기 위해서는 어쩔 수 없이 체벌이 꼭 필요하다는 말씀이시죠? (❶ 시작 단계(경청 확인 단계))

물론 많은 학생을 지도 관리해야 하는 현장의 어려움은 저도 어느 정도 공감할 수 있을 것 같습니다. (❷ 맞장구 단계(동의할 부분 동의 단계))

그렇다고 해도 일종의 또 다른 폭력인 체벌이 정당화될 수는 없다고 생각합니다. (❸ 자기 의견 주장 단계(상대와 다른 의견 제시 단계))

체벌 말고도 다른 지도나 훈육 방법이 많이 있습니다. 어떻게 보면 교육자로서 자신이 편해지고자 선택하는 가장 쉬운 방법이 체벌이라고 할 수 있겠습니다. 체벌로 말미암아 심리적인 상처를 입은 학생들이 얼마나 많습니까?

(❹ 보충 단계(다른 의견 근거 제시 단계))

체벌은 폭력입니다. '사랑의 매'라는 표현으로 폭력이 미화될 수는 없을 겁니다. 학생들을 폭력으로 억압하는 지도 방식은 이제 그만두고 우리는 모두 인내심을 갖고 사랑과 격려·칭찬하는 방식으로 훈육 방법을 바꿔야 할 겁니다.

(❺ 마무리 단계(자기 의견 강조 단계))

토론 스피치는 쌍방향 커뮤니케이션이 가능하기에 5단계 조직 방법을 적용해서 대화 상황을 조직할 수 있는데, 토론 스피치의 대화 실습 예문은 다음과 같습니다.

토론 스피치의 대화 실습 예문

(상황)

'연말 특별 상여금을 현금이 아닌 회사의 신제품으로 지급하도록 해야 한다.'라는 의견을 놓고 토론을 벌입니다. '연말 특별 상여금을 회사의 신제품으로 지급하는 것이 여러모로 효과적이다.'라는 주장에 맞서 연말 특별 상여금을 회사의 신제품으로 받았을 때 생겨나는 부작용에 대해 의견을 내놓으면서 열띤 토론을 펼칩니다. 어떤 방법이 현명한 방법일까요? 함께 토론해 봅시다.

(실습 예문)

❶ 시작 단계(경청 확인 단계)
　갑 : 연말 특별 상여금을 우리 회사 신제품으로 지급하도록 해야 합니다. 그러면 신제품을 우리 사원들이 직접 체험해 볼 수 있으니까 신제품의 장·단점을 확실히 파악할 수 있게 될 겁니다.
　을 : 다시 말하면 연말 특별 상여금을 현금 대신 신제품으로 대체하자는 말씀이시죠?

❷ 맞장구 단계(동의할 부분 동의 단계)
　갑 : 그렇습니다.
　을 : 신제품을 우리 사원들이 직접 체험해 봄으로써 우리 신제품의 장·단점을 확실히 파악할 수 있게 될 것이란 점은 저도 적극적으로 공감합니다.

❸ 자기 의견 주장 단계(상대와 다른 의견 제시 단계)
　갑 : 제 의견에 공감해 주시니 감사합니다.

을: 그렇습니다만 그에 따른 문제점이 있습니다.

갑: 무슨 문제가 있다는 거죠?

을: 현금이 필요한 직원은 어떻게 하실지 생각해 보셨습니까?

갑: 음, 현금이 필요한 직원이라⋯. 그런 사람은 받은 제품을 아는 사람에게 팔면 되지 않을까요?

을: 글쎄요. 아는 사람이라고 해서 기존에 쓰던 것도 있는데 바로 사 줄까요?

갑: 듣고 보니 그렇군요.

을: 그러다 보니 받은 제품을 무리하게 현금으로 바꾸려는 과정에서 정상가보다 훨씬 낮은 금액으로 우리의 신제품이 시장으로 팔려나가게 되는 일을 걱정하지 않을 수 없습니다.

갑: 그 얘기를 듣고 보니 그럴 수 있겠네요.

❹ 보충 단계(다른 의견 근거 제시 단계)

을: 만일 신제품이 싼값으로 시장에 팔려나가게 된다면 우리 회사 제품의 가격 구조가 혼선을 빚게 되고 이미지도 실추될 겁니다.

갑: 아, 그런 부작용이 있을 수 있겠군요. 그렇다면 다른 좋은 방법은 없을까요?

❺ 마무리 단계(자기 의견 강조 단계)

을: 그렇다면 직원들에게 선택하도록 하는 것이 효과적일 겁니다. 현금으로 받기를 원하면 현금으로, 신제품으로 받기를 원하면 신제품으로 지급해 주는 겁니다.

갑: 네, 굿 아이디어. 그러면 되겠군요.

(11) 지적 스피치

상대방에게 무엇인가를 효과적으로 지적하기 위해 칭찬해 주거나 격려해 주는 스피치를 가리켜 '지적(指摘)* 스피치'라고 합니다.

지적 스피치 역시 5단계 조직 방법을 적용해서 내용을 조직할 수 있는데, 이에 대한 내용 조직 프레임은 다음 [표 11]과 같습니다.

실용 Tip

*지적(指摘)

'지적한다.'라는 단어가 부정적인 일에 쓰일 경우도 많고, 이 '지적 스피치' 또한, 부정적으로 사용될 경우도 많은데 그런 경우는 논외로 하고, 여기에서는 '발전을 위한 지적'이라는 긍정적인 경우로만 한정해서 다루고자 합니다.

[표 11] 지적 스피치의 내용 조직 프레임

| ① 시작 단계 | ② 칭찬 단계 | ③ 지적 단계 |
| ④ 다시 칭찬 혹은 격려 단계 | ⑤ 마무리 단계 | |

 지적 스피치의 구체적인 내용 조직 방법

❶ 시작 단계

첫 번째 순서는 다정하게 상대의 이름을 부르는 단계입니다. 지적한답시고 강압적인 분위기로 상대방을 부르면 상대방은 미리부터 겁을 집어먹고 마음의 문을 닫아 버린 채 방어하려고만 할 겁니다.

예시) 송재호 선생님!

지적 스피치의 호칭은 송재호 씨보다는 위의 예시에서처럼 "송재호 선생님!"이란 표현이 시작 단계에서는 더욱 적합합니다.

❷ 칭찬 단계

두 번째 순서는 마음을 여는 단계로 효과적인 지적이 될 수 있도록 상대의 마음을 칭찬으로 여는 단계입니다. 가능하면 지적해야 할 사람에게서 칭찬 거리를 세 가지 이상 찾아 칭찬합니다.

고래도 춤추게 한다는 칭찬은 우리의 마음을 열게 하지만 지적이나 비난은 마음의 문을 닫게 합니다. 따라서 지적하기 전에 먼저 칭찬할 것을 권하는 겁니다.

예시) 요즘 어학 공부를 열심히 하고 계시다는 얘기를 들었는데, 잘 돼 가십니까? 항상 열정적으로 다방면에 관심을 두고 도전하는 모습이 참 보기 좋네요.

위의 예시는 상대방이 어학 공부를 열심히 하는 것에 대한 열정과 도전을 칭찬하고 있습니다. 칭찬은 "공부하는 모습이 멋지십니다." 혹은 "열정적인 모습이 보기 좋습니다." 등의 말처럼 직접적인 표현을 할 수도 있지만, 위의 예시와 같이 "어학 공부를 열심히 하고 계시다는 얘기를 들었는데"라는 표현처럼 들어서 알게 됐다는 식의 간접적 인지를 활용해 칭찬할 수도 있습니다.

후자의 표현이 좀 더 다양하게 활용될 수 있습니다. 즉 "미인이라고 들었는데 직접 뵈니까 미스 코리아보다 더 예쁘신 것 같네요." 또는 "회장님께서 부장님의 성격이 좋다고 말씀하시는 것을 들었는데, 오늘 자리를 함께하고 보니 김 부장님은 정말 멋진 분이시라는 것을 느꼈습니다."와 같이 표현할 수도 있습니다.

❸ 지적 단계

세 번째 순서는 잘못을 일깨워 주는 단계로 지적 사항을 상대에게 마음의 상처가 되지 않도록 최대한 부드럽게 전해서 잘못을 일깨워 주는 단계입니다. 이왕이면 콕 집어 지적해 주기보다는 스스로 느낄 수 있게끔 분위기를 형성해 주는 것이 바람직합니다.

예시) 그런데 한 번에 여러 가지 계획을 무리하게 세우게 되면 아무래도 지키기 어려워지지 않을까요? 퇴근 후 시간을 이용해서 중국어와 영어 두 가지를 한꺼번에 마스터하겠다는 것은 다소 무리가 따를 것 같습니다. 두 가지를 동시에 마스터하는 계획보다는 업무상 더욱 시급한 중국어부터 집중적으로 공부해 보시면 어떨까요?

위의 예시는 상대방에게 지적하면서도 기분 나쁘지 않게 완곡한 어법을 구사하고 있습니다. 특히 다양한 지적 방식 중에서도 위의 사례처럼 "한 번에 여러 가지 계획을 무리하게 세우게 되면 아무래도 지키기 어려워지지 않을까요?"라는 의문문 형식의 표현은 상대방에게 생각할 여지를 주면서 부드럽게 대화를 이끌어 나가는 좋은 방식이 됩니다.

그리고 권유하는 부분도 마찬가지입니다. "중국어부터 공부하세요. 그게 훨씬 효과적이에요."라고 말하는 것보다는 "더욱 시급한 중국어부터 집중적으로 공부해 보시면 어떨까요?"라는 표현이 좋습니다.

❹ 다시 칭찬 혹은 격려 단계

네 번째 순서는 상대의 마음을 다시 어루만져 줘서 분발하게 하는 단계입니다. 지적으로만 그치면 상대는 의기소침해질 수 있습니다. 이어서 칭찬과 격려를 덧붙여 주는 것이 좋습니다. 즉 샌드위치 화법*을 적용하는 것이 효과적입니다.

실용 Tip

＊샌드위치 화법

이 화법은 (칭찬의 말)+(지적의 말)+(격려의 말)처럼 지적을 가운데 두고 칭찬을 먼저 한 다음 끝에 격려의 말을 하는 겁니다. 그렇게 하면 듣는 사람이 반발하지 않고 잘 받아들이게 되는 장점이 있습니다.

예시) 바쁜 일정 속에서도 자기 발전을 위해 끊임없이 노력하려는 그 열정이면 좋은 성과를 분명히 얻게 될 겁니다. 먼저 한 가지를 성공적으로 이루고 나면 자신감이 생겨서 다른 것은 더욱 잘되겠지요.

위의 예시는 앞에서 칭찬한 노력과 열정을 다시 한 번 칭찬하고 있습니다. 지적 스피치를 할 때 다시 칭찬과 격려를 하는 경우는 새로운 칭찬 거리를 구체적으로 끄집어내어 칭찬하는 것이 아닙니다.

위의 예시처럼 잘될 것이라는 긍정적 전망을 담은 격려와 칭찬이 더 무난합니다. 왜냐하면, 구체적인 지적을 한 다음의 칭찬은 일상적인 칭찬과 달리 지적으로 인해 상처를 입었을지 모를 상대방의 마음을 어루만져주고 분발하게 하는 것이 목적이기 때문입니다. "잘될 거예요, 잘되고 말고요, 잘해내실 거예요, 잘될 거라고 저는 확신해요." 등의 표현들을 활용할 수 있습니다.

❺ 마무리 단계

다섯 번째 순서는 희망적인 말로 마무리하는 단계입니다. 지적의 의미는 상대방을 골탕먹이고 기죽이려는 것이 아니라 상대방의 발전을 위한 겁니다. 그러므로 긍정적인 발전을 바라는 마음을 담아 응원과 격려가 깃든 말로 마무리합니다.

예시) 힘내셔서 즐거운 마음으로 외국어를 정복해 나가시길 바랍니다. 찌아요우! (加油 : 중국어로 '파이팅!')

위의 예시에서는 중국어로 파이팅을 외치면서 상대방을 격려해 주고 있습니다. 마무리에서의 활기찬 응원 구호는 분위기를 역동적으로 만들어 주고 상대방에게 힘을 줍니다. "아자 아자, 파이팅, 아자 아자 파이팅" 등의 표현도 할 수 있습니다.

앞에서 제시했던 지적 스피치에 대한 5단계 예시의 전체 흐름을 살펴보기 위해 지적 스피치를 하나의 실습 예문으로 제시하면 다음과 같습니다.

 지적 스피치에 대한 실습 예문

(상황)

영철이는 공부를 잘하는 우등생입니다. 하지만 친구들과 교류하는 데는 너무나 소홀해서 교우 관계에서 서투른 점이 많습니다. 아버님은 영철이의 이런 점이 너무나 걱정됩니다.

그래서 아버님은 아들 영철에게 공부도 중요하지만, 친구와 잘 어울려 지냈으면 좋겠다는 메시지를 전하려고 합니다. 쿠션 언어*로 상대의 기분·감정을 충분히 고려해 가며 얘기를 시도하려는 아버님의 자상한 모습을 볼 수 있습니다.

 **실용 Tip**

*쿠션 언어

'쿠션'이란 우리의 생활에서 꼭 있어야 하는 것은 아니지만, 있게 되면 실생활에서 유용하게 사용되는 생활 소품입니다. 따라서 우리가 주고받는 대화에서도 쿠션처럼 사용하지 않아도 되지만, 사용한다면 상대를 배려하는 마음이 언어로 전달돼 부드럽게 자신의 의사를 표현할 수 있습니다.

쿠션 언어의 예를 들면, '실례합니다만, 번거로우시겠지만, 바쁘시겠습니다만' 등과 같은 하려고 하는 말 이전의 충격 완화의 말이나 상대의 마음을 여는 칭찬·격려·배려의 말입니다.

〈안내 지침〉

"면도를 할 때는 비누칠을 먼저 하라."라는 말이 있습니다. 지적하기 전에 먼저 부드러운 커뮤니케이션을 시작하는 것이 좋습니다. 부드러운 어조로 시작하고 칭찬을 한 다음 다시 차분하고 부드러운 어조로 상대방의 문제점을 짚어주는 것이 좋습니다. 또한, 지적이 끝난 다음에는 상대방이 불쾌해 하거나 기죽지 않도록 다시 칭찬과 격려를 해주는 것이 효과적입니다.

〈실습 예문〉

영철아, 아빠하고 잠깐 데이트 좀 할까? (❶ 시작 단계)

요즘 공부하느라고 고생이 많지? 열심히 공부하는 모습을 보니 참 보기가 좋구나. (❷ 칭찬 단계)

그런데 친구들과 함께하는 데도 관심을 좀 더 두면 좋겠다는 생각이 드는구나. 공부하다 쌓인 스트레스를 친구들과 함께 풀 수도 있고 서로 도움을 주고받을 수도 있잖아! (❸ 지적 단계)

지금은 친구들이 공부 잘하는 영철이로 많이 기억하지만, 아마 앞으로는 함께하고 싶은 멋진 친구 영철이로 생각하는 친구들도 많아질 거로 생각해. 넌 성격도 좋으니까! (❹ 다시 칭찬 혹은 격려 단계)

영철아, 힘내고 앞으로 친구들도 많이 데리고 오렴. (❺ 마무리 단계)

지적 스피치는 쌍방향 커뮤니케이션이 가능하기에 5단계 조직 방법을 적용해서 대화 상황을 조직할 수 있는데, 지적 스피치의 대화 실습 예문은 다음과 같습니다.

지적 스피치의 대화 실습 예문

(상황)

　김 대리는 야근을 자주 합니다. 힘들다 보니 야근할 때 사무실에서 술판을 벌이기도 합니다. 그런데 술판을 벌이고 나서는 치울 줄을 모릅니다.

　그러던 어느 날 김 대리가 술자리로 어지럽혀 놓은 사무실을 청소 아주머니가 치우는 모습을 사장님이 봤습니다. 김 대리에게 바로 꾸중을 하자니 사기가 저하될 것 같고 그냥 넘기자니 그것도 곤란할 것 같다는 생각이 듭니다.

　어떻게 하면 사장님으로서 김 대리의 사기를 꺾지 않으면서도 행동의 변화를 끌어내는 지적을 할 수 있을까요? 그 비결은 샌드위치 화법을 활용한 효과적인 지적 스피치를 하는 겁니다.

(실습 예문)

❶ 시작 단계

　갑: 김 대리, 잠깐 나 좀 보세.
　을: 네, 사장님.

❷ 칭찬 단계

　갑: 요즘 프로젝트 건으로 야근하느라 고생이 많지? 수고가 많네.
　을: 아닙니다. 사장님.

❸ 지적 단계

　갑: 그런데 김 대리. 야근을 마치고 난 자리에 술병이 나뒹굴고, 먹다 남은 안주가 곳곳에 널려 있는 것을 청소 아주머니가 치우는 것을 봤네. 야근하면서 스트레스도 많이 받으니까 가끔은 술 한잔 할 수도 있겠지만,

사무실에서 술 마시면서 야근한다는 것은 다시 생각해 주길 바라네. 앞으로는 술 생각나면 일 마치고 주점에서 마시도록 하면 더 좋지 않을까 생각되네!

을 : 죄송합니다. 사장님, 시정하도록 하겠습니다.

❹ 다시 칭찬 혹은 격려 단계

갑 : 자네가 우리 회사의 인재이고 누구보다도 정말 열심히 일하는 것을 나도 잘 알고 있네.

을 : 감사합니다. 더욱 열심히 일하겠습니다.

❺ 마무리 단계

갑 : 앞으로 계속 열심히 일해 주게. 이번 건만 마치면 내가 좋은 곳으로 함께

가서 멋지게 한 잔 사도록 하겠네.

을: 알겠습니다. 사장님, 감사합니다.

(12) 부탁 스피치

부탁은 어떤 사람에게 어떤 일을 해 달라고, 또는 하게 해 달라고 청하거나 맡기는 겁니다.

우리가 세상을 살아가다 보면 다른 사람에게 부탁해야 하는 경우가 생깁니다. 이처럼 부탁을 할 때 상대방이 거절하지 않고 들어 달라고 청하는 스피치를 부탁 스피치라고 합니다.

부탁 스피치 역시 5단계 조직 방법을 적용해서 내용을 조직할 수 있는데, 이에 대한 내용 조직 프레임은 다음 [표 12]와 같습니다.

[표 12] 부탁 스피치의 내용 조직 프레임

① 시작 단계	② 스몰토크 단계	③ 부탁 단계
④ 보충 단계	⑤ 마무리 단계	

 부탁 스피치의 구체적인 내용 조직 방법

❶ 시작 단계

첫 번째 순서는 인사와 함께 자기소개를 하는 단계입니다. 상대의 도움을 요청하는 것이니만큼 상대 입장을 고려해 말할 분위기인지 상황을 잘 살필 필요가 있습니다.

예시) 안녕하세요? 철수 어머님, 영희 엄마예요.[3]

위의 예시는 부탁을 인사로 시작하고 있습니다. 부탁의 상황에서는 더욱 예의를 차려야 합니다. "철수 어머님, 부탁할 게 있는데요."라며 자기 욕심에 급급한 시작은 부탁하는 사람으로서 예의가 아닙니다. 상대방이 자신을 분명하게 알지 못하는 경우는 좀 더 구체적으로 "안녕하세요? 철수 어머님, 저는 아래층 503호에 사는 영희 엄마예요."라고 좀 더 구체적으로 밝히는 것이 좋습니다.

❷ 스몰토크 단계

두 번째 순서는 스몰토크로 분위기를 부드럽게 만드는 단계입니다. 자기 용건만 말하는 인정머리 없는 사람의 부탁을 들어주고 싶은 이는 없을 겁니다. 즉 말할 분위기를 조성해야 합니다. 따라서 상대방이 나의 말을 들어 줄 수 있는 상황이 될 때까지 기다리는 센스가 필요합니다. 상대방이 찾아온 용건이 무엇인지 물어준다면 그때가 바로 말할 상황입니다.

예시) 저번 학부모 모임 때 뵙고 그동안 뵙질 못했네요. 잘 지내시죠?

위의 예시는 최근 학부모 모임 때 만났었던 인연을 말하면서 안부를 묻고 있습니다.

---

3 **실용 Tip** '~에요'와 '~예요'의 구분

'~에요'와 '~예요'에 대해 많은 분들이 혼동하시는데, '~에요'와 '~예요'는 따로 있는 말이 아닙니다.
'~에요'는 설명·의문·명령·청유의 뜻을 나타내는 종결 어미로서 '이다, 아니다'의 어간 뒤에 붙어 쓰이므로 '책이에요, 아니에요.'와 같이 쓰입니다. 다만 받침이 없는 체언 '어디, 거' 등 뒤에는 서술격 조사 어간 '이'가 붙고 그 뒤에 어미 '~에요'가 붙은 '~이에요'의 준말 '예요'가 쓰이므로 '어디예요, 갈 거예요.'와 같이 쓰게 됩니다.
실용적 차원에서의 또 다른 구별법은 앞말의 마지막 소리가 자음(받침이 있는 말)일 때와 모음(받침이 없는 말)일 때의 차이입니다.
먼저 자음(책, 학생 등과 같이 받침이 있는 말)일 때는 '~이에요'를, 모음(엄마, 어디, 거, '이'로 끝나는 한 단어 원숭이와 태환이 등과 같이 받침이 없는 말)일 때는 '~이에요'가 줄어든 말인 '~예요'를 사용합니다.
단, 이때 '아니에요'는 제외됩니다. 왜냐하면, '아니에요'는 '아니~'라는 형용사의 어간에 '~에요'라는 어미가 결합한 것이기 때문입니다.

"요즘 어떻게 지내세요?, 잘 지내시죠?" 등의 가벼운 안부 묻기가 무난한 표현입니다. 혹은 "철수는 이번 중간고사 잘 쳤나요?" 또는 "철수는 요즘 공부 잘하고 있지요?" 이밖에도 "철수는 요즘 어때요?" 등의 자녀에 관련한 안부 묻기도 친밀한 분위기를 만드는 데 좋습니다.

❸ 부탁 단계

세 번째 순서는 정중하게 부탁하는 단계입니다.

부탁은 돌려서 말하지 말고 직접적이고 구체적으로 말합니다. 이때는 말뿐 아니라 태도도 중요합니다. 말투·표정·자세도 공손하고 단정하게 해야 합니다.

예시) 다름이 아니라 철수가 지도받았던 영어 선생님 소개를 좀 부탁하려고요.

위의 예시는 철수가 지도받았던 영어 선생님 소개를 받고자 하는 부탁을 분명히 하고 있습니다. 만일 장황하게 "요즘 글로벌 시대잖아요. 외국어만큼은 잘해야 하는 세상이잖아요. 그런데 영희가 영어를 못해서 고민인데요. 작년에는 동네 학원에 보냈는데" 하는 식으로 구구절절 말을 늘어놓게 되면 상대방은 핵심을 못 잡고 혼동하게 됩니다.

또한, 시간도 많이 허비됩니다. 위의 예시를 다른 말로 바꿔 본다면 "영희에게 영어 개인 지도를 받게 하고 싶은데, 철수 영어 과외 선생님께 배우게 할까 해서 소개 좀 받으려고요."하는 표현도 좋습니다.

❹ 보충 단계

네 번째 순서는 부탁하는 이유를 설명하는 단계입니다. 왜냐하면, 부탁하는 이유를 잘 설명해 주어야만 상대방이 공감하면서 그 부탁에 응하고 싶은 마음이 생길 수 있기 때문입니다. 이때 부탁하는 이유는 될 수 있으면 핵심만을 간결하게 말하는 것이 좋습니다.

> 예시) 우리 영희도 철수만큼 영어를 잘했으면 좋겠는데 그러질 못해 늘 걱정이에요. 그래서 보충적으로 영어 과외를 받아야 할 것 같아서요.

위의 예시는 철수가 영어를 잘한다는 칭찬을 한 다음 자신이 부탁하게 된 이유를 설명하고 있습니다. 이처럼 부탁은 상대방에 대한 배려가 담겨 있을 때 더 좋은 결과를 가져오게 됩니다. "영어 잘하는 철수가 매우 부럽네요. 우리 영희도 좋은 선생님께 지도를 받으면 좀 나아질까 해서요."라고 표현할 수도 있습니다.

❺ 마무리 단계

다섯 번째 순서는 예의를 지키면서 잘 마무리하는 단계입니다. 좋은 마무리는 앞으로의 좋은 만남을 기약해 줍니다. 상대방이 승낙해 줬을 때는 고맙다는 감사의 표현을 해주고, 거절했을 때는 마음에 부담을 주어 미안하다는 뜻을 전달합니다.

예시) 고마워요, 철수 어머님. 다음에 점심 함께해요.

위의 예시는 상대가 부탁을 들어준 경우입니다. 고맙다는 표현과 함께 다음에 점심을 대접하겠다는 말로 마무리하고 있습니다. 만일 들어주지 않은 경우라면 "괜히 제가 어려운 부탁을 해서 철수 어머님을 곤란하게 한 건 아닌지 모르겠어요." 하며 상대방을 배려하는 표현으로 갈무리합니다.

앞에서 제시했던 부탁 스피치에 대한 5단계 예시의 전체 흐름을 살펴보기 위해 부탁 스피치를 하나의 실습 예문으로 제시하면 다음과 같습니다.

부탁 스피치에 대한 실습 예문

(상황)

어제 이사왔는데 액자 정리를 하다 보니 지금 벽에 있는 나사를 빼내야 합니다. 그런데 집안을 아무리 뒤져도 드라이버는 보이지 않습니다. 이웃에게 드라이버를 빌려달라는 부탁을 해 봅시다.

(안내 지침)

이사를 어제 왔으므로 옆집과 그리 친한 사이는 아닐 겁니다. 따라서 시작 단계에서 자신이 누군지를 반드시 밝혀야 합니다. 그리고 스몰토크 단계에서 간단한 인사를 하고 나서 부탁을 시도하는 것이 좋습니다. 마무리는 감사로 끝맺음합니다.

(실습 예문)

안녕하세요? 옆집 307호에 어제 새로 이사 온 길동이 엄마예요.

(❶ 시작 단계)

이사한다고 바빠서 인사도 못 드렸네요. (❷ 스몰토크 단계)

다름이 아니라 혹시 드라이버 갖고 계시면 빌릴까 해서 왔습니다.

(❸ 부탁 단계)

지금 나사를 빼야 하는데 짐 정리가 안 돼서 드라이버를 아무리 찾아도 찾을 수가 없네요. (❹ 보충 단계)

감사합니다. 금방 쓰고 갖다 드리겠습니다. (❺ 마무리 단계)

부탁 스피치는 쌍방향 커뮤니케이션이 가능하기에 5단계 조직 방법을 적용해서 대화 상황을 조직할 수 있는데, 부탁 스피치의 대화 실습 예문은 다음과 같습니다.

 부탁 스피치에 대한 대화 실습 예문

(상황)

낙동 건설 박 과장이 자기 회사의 체험관에 전시할 제품을 거래처를 통해 무료로 지원받고자 합니다. 어떻게 부탁하는 것이 승낙도 얻어내고 상대의 기분도 상하지 않게 할 수 있을까요?

(실습 예문)

❶ 시작 단계

갑: 안녕하세요? 사장님, 낙동 건설과장 박명수입니다.

을: 아, 반갑네. 박 과장!

❷ 스몰토크 단계

갑: 저번 골프 회동 때 함께하고 오늘 다시 뵙습니다. 사업은 잘되시죠?

을: 그래. 염려 덕분에 그런대로 잘 되는 편이네.

❸ 부탁 단계

갑: 사장님, 이번 우리 회사에서 체험관을 건립할 계획입니다.

을: 그래? 좋은 소식이구먼.

갑: 사장님, 체험관에 많은 제품을 전시해야 합니다. 그래서 드리는 말씀입니다만, 사장님께서 무상으로 제품 몇 가지를 후원해 주셨으면 해서요.

을: 무상으로 말인가?

❹ 보충 단계

갑: 예, 사장님~ 사장님께서도 아시다시피 체험관에 전시하시면 제품 홍보 효과도 클 것으로 보입니다. 긍정적으로 검토해 주시면 고맙겠습니다.

을: 그래. 알았네. 많이는 못 하고 서너 가지 정도 출연하도록 하지.

❺ 마무리 단계

갑: 사장님, 정말 고맙습니다. 체험관 개관식 때 꼭 초청 드리겠습니다.
을: 알았네. 그럼, 수고하게.

실용 Talk

1. 부탁할 때 필요한 표현
① 부장님이라면 이해해 주시리라 믿고 부탁하러 왔습니다.
② 바쁘신 분이니까 부탁하는 겁니다. 한가한 사람에게는 아예 부탁할 생각도 하지 않았을 겁니다.
③ 이 부탁 들어줄 사람은 자네밖에 없어!
④ 부장님께서 좋다고 하신다면 모두 뒤에서 따를 겁니다. 만일 부장님께서 외면하신다면 이것은 무리라고 생각합니다. 이 문제는 부장님께 달렸습니다.
⑤ 간단하게 승낙하지 않는 신중한 분이니까 제가 이렇게 부탁하는 겁니다.

2. 부탁 요령
① 부탁할 대상으로 상대방이 적절할지 숙고해 봅니다.
② 부탁할 말을 정리해 봅니다.
③ 긍정적으로 생각합니다.
④ 상대방에게 얘기할 적절한 상황을 찾거나 만듭니다.
⑤ 말을 돌려서 얘기하지 말고 직접 정중하게 부탁합니다.
⑥ 말할 때는 말투·표정·자세도 공손하고 단정하게 합니다.
⑦ 승낙하면 감사의 뜻을 표합니다.
⑧ 거절하면 마음에 부담을 줘서 미안하다는 뜻을 전합니다.

3. 부탁할 때의 유의 사항
① 나의 부탁을 상대는 거절할 권리가 있다는 것을 마음으로 인정해야 합니다.
② 부탁할 내용을 찬찬히 설명은 하지만, 서로의 관계를 들먹이며 심리적 압박을 해서는 안 될 겁니다.
③ 한 번 거절한 경우에 계속 부탁한다는 것은 강요나 다름없습니다.

④ 상대가 거절한 때에도 상대방의 마음이 편할 수 있도록 하는 배려가 필요합니다.
⑤ 상대가 거절을 하는 경우에도 나의 마음이 속상하지 않게 미리 마음을 비워 두는 것이 좋습니다.

(13) 갈등* 해결 스피치

삶은 갈등의 연속입니다. 갈등 없이 삶을 살아갈 수 있다면 좋으련만 그렇게는 되지 않습니다. 이처럼 갈등이 생겼을 때 그 갈등을 풀기 위해 하게 되는 스피치를 가리켜 갈등 해결 스피치라고 합니다.

갈등 해결 스피치 역시 5단계 조직 방법을 적용해서 내용을 조직할 수 있는데, 이에 대한 내용 조직 프레임은 다음 [표 13]과 같습니다.

실용 Tip

***갈등(葛藤)**

'칡과 등나무'라는 뜻입니다. 다시 말해서 개인이나 집단 사이에 목표나 이해관계가 달라서 적대시하거나 불화를 일으키는 상태를 가리킵니다.

갈등 해결 스피치는 이러한 갈등이 생겼을 때 갈등 당사자 모두에게 필요한 스피치입니다.

우선 상대의 얘기를 잘 듣고 상대가 원하는 것이 무엇인가를 파악하여 확인하고 나서 갈등 해결을 위해 적극적으로 노력해야 합니다.

왜냐하면, 갈등 해결의 때를 놓치거나 갈등 해결이 되지 않는다면 아예 마음의 문을 닫아 버리는 상황에 다다르게 되기 때문입니다.

따라서 스피치는 표현하는 것이며, 갈등 해결의 실마리는 표현하는 데서 시작됨을 유념합시다.

[표 13] 갈등 해결 스피치의 내용 조직 프레임

① 시작 단계(반영적 경청)
② 요약 확인 단계(내가 제대로 이해했는지 상대에게 확인)
③ 인정 단계(인정할 부분을 찾고 인정할 것은 인정)
④ 질문 단계(인정을 못 하는 부분에는 질문)
⑤ 마무리 단계

 갈등 해결 스피치의 구체적인 내용 조직 방법

(상황) 공장 생산팀과 본사 영업팀과의 갈등이 심합니다. 알고 보면 그 이유가 다 있게 마련인데, 공장 생산팀과 영업팀은 왜 갈등 상황이 벌어졌는지 함께 살펴봅시다.

❶ 시작 단계(반영적 경청)

첫 번째 순서는 갈등의 원인이 어디에서 빚어졌는가를 알고자 상대의 말을 경청하는 단계입니다. 상대의 의중을 제대로 파악하지 않고서는 해결의 실마리를 찾을 수 없습니다. 열린 마음과 자세로 상대방의 말을 먼저 경청해야 합니다.

예시) 지금 공장 생산 팀과 본사 영업팀과의 갈등이 심합니다. 공장장님께서 먼저 생산 팀의 불만 사항을 말씀해 주시면 좋겠습니다.

위의 예시는 회사 내의 팀 간 불만을 갈등 원인으로 제기하면서 의견을 말하도록 하고 있습니다. 갈등 해결은 당사자들이 자신들의 의견을 제대로 털어놓을 수 있도록 해야 원활한 커뮤니케이션이 오가면서 해결의 방향으로 나아가게 됩니다. 갈등의 원인에 대한 의견마저 분분한 경우에는 위의 예시 앞에 "제가 보기에는, 제가 생각하기에는,

지금까지 제가 살펴본 바로는" 등의 표현을 집어넣는 것도 좋습니다.

❷ 요약 확인 단계(내가 제대로 이해했는지 상대에게 확인)

두 번째 순서는 내가 풀어 가야 할 문제 해결 방향이 어디인가를 파악하고자 상대가 한 말을 다시 되풀이 요약함으로써 확인하고 들어가는 단계입니다. 상대의 말을 반복해 주는 것은 정확한 커뮤니케이션을 위해서도 필요하지만, 상대에게 자신의 말을 성의 있게 들어주고 있다는 긍정적인 감정을 형성하게 하는 면에서도 유익합니다.

> **예시)** 공장장님께서는 영업팀이 주문된 상품 출고 마감일을 너무 촉박하게 넣는다는 것이죠?

위의 예시는 의견을 개진한 공장장의 주장을 간략히 요약하고 있습니다. 요약 확인 단계의 시작 말은 "공장장님께서는, 공장장님의 주장을 요약해 보면, 공장장님의 견해를 간단히 정리해 본다면, 공장장님께서 말씀하신 내용의 요지는" 등으로 표현할 수 있습니다.

❸ 인정 단계(인정할 부분을 찾고 인정할 것은 인정)

세 번째 순서는 내가 인정할 부분은 인정하고 들어가는 단계입니다. 자기 고집만 고수하고 상대방의 모든 점을 반대한다면 갈등은 해결될 수 없습니다. 상대방의 주장 중에서 수긍할 수 있는 부분은 인정해 줘야 합니다. 이때 분위기는 평화적으로 반전됩니다.

> **예시)** 공장 생산 팀의 고충은 알았습니다. 납품 기일이 급하니까 생산 팀들이 매일 같이 야근해야 하고 많이 힘들다는 것이죠.

위의 예시는 공장 생산 팀의 고충을 인정하고 공감하는 표현입니다. 상대방의 말에 공감해 주는 다른 표현으로는 "그런 어려움이 있었군요, 그런 상황에서는 정말 고생이 많으셨겠습니다, 그렇게 힘든 상황이신 줄 잘 몰랐습니다, 그런 고충이 있으셨군요." 등이 있습니다.

❹ 질문 단계(인정을 못 하는 부분에는 질문)

네 번째 순서는 문제 해결을 위해 인정 못 하는 부분에는 질문으로 상대에게 그렇지 않다는 것을 알리는 단계입니다. 인정하지 못 하는 것을 바로 반박하고 상대를 밀어붙여서는 원만한 갈등 해결이 어렵습니다. 이럴 때는 강한 주장보다 질문을 통해 좀 더 완곡한 분위기로 끌고 갈 필요가 있습니다.

예시) 그런데 공장장님, 영업팀이 공장 생산 팀을 일부러 힘들게 하려고 납품 기일을 급하게 넣는 것은 아니라는 건 충분히 이해하시죠?

위의 예시는 인정을 못 하는 부분에 대해 질문을 하고 있습니다. 만일 "영업팀의 입장에서도 한 번 생각해 봤어야죠." 또는 "영업팀이 생산 팀 괴롭히려고 일부러 납품 기일을 급하게 넣은 것은 아니잖아요." 하는 식의 강한 주장은 상대방으로 하여금 반감을 불러일으킬 수 있고 갈등이 오히려 심화될 수 있습니다.

완곡한 다른 표현을 좀 더 살펴본다면 "그런데 공장장님, 다른 측면에서도 한 번 함께 생각해 볼 필요가 있을 것 같습니다." 혹은 "공장장님 말씀을 듣고 나니까 충분히 이해가 됐습니다. 역시 대화가 중요한 것 같습니다. 이제는 영업팀의 의견을 들어 볼 차례가 된 것 같군요." 등의 표현이 있습니다.

❺ 마무리 단계(해결책 모색)

다섯 번째 순서는 갈등에 대한 해결책*을 모색하는 단계입니다. 해결책은 내 처지에서만 살펴볼 것이 아니라 역지사지의 마인드로 상대방의 입장도 고려한 해결책이 돼야만 타협점을 찾을 수 있고, 상호 만족하는 대안이 도출될 수 있습니다.

실용 Tip

*갈등에 대한 해결책

갈등이 생겼을 때는 사람을 미워하지 말고 차분하게 열린 마음으로 문제에 초점을 맞추고 평화로운 대화를 나누면 갈등을 원만히 해결해 나갈 수 있습니다.

예시) 영업팀은 주문을 하나라도 더 받아야 우리 회사가 잘 되니까 나름대로 열심히 한다고 하는데, 상호 간의 대화나 충분한 설명 없이 납품 기일을 맞추라고 종용만 하는 분위기가 공장 생산 팀의 불만을 많이 사게 된 것 같습니다. 그리고 납기 조정과 생산 팀 사기 진작을 위한 방안도 오늘 함께 토의해 보면 좋을 것 같습니다.

위의 예시는 서로 갈등을 빚게 된 원인을 정리해서 설명하며 이를 해결할 방안을 함께 토의하자는 제안으로 마무리하고 있습니다. 갈등의 마무리는 "오늘 서로의 의견을 경청하면서 서로가 더욱 이해하는 자리가 된 것 같습니다." 또는 "함께 의논해 나가면 충분히 해결될 것으로 믿습니다." 등의 긍정적인 표현이 첨가되는 것이 좋습니다.

앞에서 제시했던 갈등 해결 스피치에 대한 5단계 예시의 전체 흐름을 살펴보기 위해 갈등 해결 스피치를 하나의 실습 예문으로 제시하면 다음과 같습니다.

 갈등 해결 스피치에 대한 실습 예문

(상황)

주차 문제로 집주인과 세입자가 갈등을 겪고 있습니다.
"집주인 님, 왜 저 주차장에 항상 집주인 님만 차를 댑니까? 힘없고 돈 없는 세입자는 차도 못 댄다는 겁니까?"

(안내 지침)

주차 문제로 말미암아 다툼은 어디에서나 빈번히 발생합니다. 생활 속 갈등 상황 중 수시로 일어나는 현상입니다. 이때 상대방의 공격에 흥분해 맞받아친다면 갈등이 싸움으로 번질 겁니다.

말하기 전에 먼저 듣기로 시작해야 합니다. 상대방의 말을 경청하고 상대방에게 재차 내용을 확인한 다음 인정할 부분은 인정하고, 인정 못 하는 부분은 질문을 통해 다시금 확인합니다. 그런 다음 해결책을 모색해 보는 것이 지혜롭고 효과적인 갈등 해결이 됩니다.

(실습 예문)

아, 뭔가 속상한 일이 있으셨군요. (❶ 시작 단계(반영적 경청))

세입자 님의 말씀이 제가 세입자 님의 차를 못 대게하고, 제 차만 계속 댔다는 얘기가 맞습니까? (❷ 요약 확인 단계(내가 제대로 이해했는지 상대에게 확인))

그래요. 근래에 제가 차를 샀고, 그리고 퇴근이 세입자 님보다 빨라서 저 주차장에는 늘 제가 차를 대곤 했습니다.

(❸ 인정 단계(인정할 부분을 찾고 인정할 것은 인정))

그런데 세입자 님에게 제가 세입자니까 차를 대지 말라거나 무시하는 투로 말씀드린 적은 없는 것 같은데 그렇지 않나요? 세입자 님?

(❹ 질문 단계(인정을 못 하는 부분에는 질문))

제가 최근에 차를 뽑았고, 또 일찍 퇴근하면서 여기 주차장에 저만 계속 차를 세우다 보니까 세입자 님이 불편하고 서운했나 봅니다. 그렇죠? 그런데 얘기로 차분히 풀어가면서 방법을 찾으면 될 텐데 갑자기 흥분하셔서 말씀하시

니까 너무 당황스럽고 저도 속상합니다. 좋아요. 모처럼 이렇게 한자리했으니까 이런저런 얘기 나누면서 좋은 방법을 한 번 찾아봅시다.

(❺ 마무리 단계(해결책 모색))

갈등 해결 스피치는 쌍방향 커뮤니케이션이 가능하기에 5단계 조직 방법을 적용해서 대화 상황을 조직할 수 있는데, 갈등 해결 스피치의 대화 실습 예문은 다음과 같습니다.

 갈등 해결 스피치의 대화 실습 예문

(상황)

아내와 남편은 서로 사랑하더라도 갈등이 생기기 마련입니다. 왜냐하면, 서로의 생각이 다르기 때문입니다. 아내는 아내대로, 남편은 남편대로 할 말이 있습니다. 갈등이 생겼을 때 어떻게 하는 것이 현명한 커뮤니케이션 방법인지 함께 살펴봅시다.

(실습 예문)

❶ 시작 단계(반영적 경청)
   갑: 여보, 안색이 안 좋아 보이는데 무슨 일 있어요?
   을: 몰라서 물어요? 휴가라고 모두 들로 산으로, 가족들 데리고 국외여행까지 나가는데 우리는 이게 뭐냐고요?

❷ 요약 확인 단계(내가 제대로 이해했는지 상대에게 확인)
   갑: 휴가 때도 내가 출근해서 당신이 화난 것이군요.
   을: 그렇죠. 어떤 아내가 이런 상황에서 화 안 나겠어요?

❸ 인정 단계(인정할 부분을 찾고 인정할 것은 인정)

갑 : 맞아요. 당신 말처럼 내가 너무 일에만 신경 쓰고 당신과 가족들에게 소홀했어요. 미안해요.

을 : 알고라도 있다니 다행이네요.

❹ 질문 단계(인정을 못 하는 부분에는 질문)

갑 : 여보, 내일까지는 어렵고 모레부터 나흘간은 시간이 날 것 같은데 그때 함께 가족 여행을 떠나면 어떨까요?

을 : 좋아요. 정말 그럴 수 있는 거죠?

❺ 마무리 단계(해결책 모색)

갑 : 그럼, 여보~ 국외여행은 못 가더라도 내가 친구 중에 여행사 하는 녀석이 있으니까 제주도 여행을 예약하도록 하겠소 인제 그만 기분 풀구려.

을 : 알았어요. 약속 꼭 지켜줘야 해요.

실용 Talk

갈등 상황에서의 유의 사항 15가지

① 감정에 휘둘리지 말고 침착함을 유지해야 합니다.
② 상대방이 잘못이란 선입견을 품고 대하지 말아야 합니다.
③ 갈등을 회피하거나, 너무 오래 내버려두지 말아야 합니다.
④ 자기도 존중하면서 상대도 존중하는 태도로 임해야 합니다.
⑤ 자신이 원하는 것이 무엇인지 분명히 알아야 합니다.
⑥ 서로 간의 입장을 고집하지 말고 역지사지해야 합니다.
⑦ 문제의 핵심에서 벗어나지 말아야 합니다.
⑧ 지나간 일까지 들먹이지 말고 '지금, 여기'에 대해서만 말해야 합니다.
⑨ 상대방의 인격을 공격하지 말고, 문제에 초점을 맞추려고 해야 합니다.
⑩ 자신이 받은 피해나 손실을 과장하지 말아야 합니다.

⑪ 문제를 해결하는 데 집중하며 승부를 내려고 하지 말아야 합니다.
⑫ 상대방의 말을 도중에 끊지 말고 잘 경청해야 합니다.
⑬ 서로가 흥분해 있고 화가 난 경우는 잠시 정지해야 합니다.
⑭ 서로에게 도움이 되는 새로운 대안을 개발하도록 노력해야 합니다.
⑮ 서로 억지를 부리지 말고, 객관적으로 타당한 주장을 하도록 해야 합니다.

우리에게 생긴 문제는 문제 자체보다도 그것을 우리가 어떻게 받아들이느냐에 달려있습니다. 갈등도 마찬가지입니다. 갈등도 예방할 수 있으면 더 좋겠지만, 갈등은 언제나 생기기 마련입니다. 갈등이 빚어지는 자체가 나쁜 것이 아니라 갈등을 우리가 어떻게 슬기롭게 풀어나가느냐가 중요한 겁니다.

(14) 판매 스피치

판매 활동을 할 때 사용되는 스피치를 가리켜 판매 스피치라고 합니다.

판매 스피치 역시 5단계 조직 방법을 적용해서 내용을 조직할 수 있는데, 이에 대한 내용 조직 프레임은 다음 [표 14]와 같습니다.

[표 14] 판매 스피치의 내용 조직 프레임

| ① 시작 단계 | ② 중요성 강조 단계 | ③ 상품 소개 단계 |
| ④ 구매 유도 단계 | ⑤ 마무리 단계 | |

 판매 스피치의 구체적인 내용 조직 방법

❶ 시작 단계

첫 번째 순서는 소속과 이름을 밝히고 상품 소개에 대한 양해를 구하는 단계입니다. 소속과 이름을 밝힘으로써 청중의 신뢰를 얻고, 양해를 구함으로써 예의를 갖춥니다.

예시) 안녕하십니까? 활력 안마기 김흥수입니다. 고객님, 바쁘시겠지만 잠깐만 제 말씀에 귀를 기울여주시면 감사하겠습니다.

위의 예시는 안마기 판매원의 판매 스피치입니다. 이름 앞에 "활력 안마기"라는 수식어를 붙임으로써 본인의 업무를 상대방에게 먼저 명쾌히 전달하고 있습니다. 판매에 앞서 "고객님, 바쁘시겠지만"이란 표현으로 양해를 구하고 있고, "귀를 기울여 주시길 바랍니다."라는 배려 담긴 표현을 구사하고 있습니다.

예시 이외에도 예를 갖추는 표현은 "고객님, 바쁘신 줄 알지만, 잠깐만 제 얘기를 들어주시면 정말 고맙겠습니다." 또는 "고객님, 실례인 줄 알지만, 고객님께도 도움이 되는 정보라고 생각해서 찾아뵙게 됐습니다."라는 표현 등이 있습니다.

❷ 중요성 강조 단계

두 번째 순서는 판매 상품의 중요성(필요성)을 강조하면서 구체적인 상품 소개 단계로 진입하기 위한 준비 단계입니다. 고객은 자신에게 필요하다는 생각이 들어야만 설명에 귀를 기울일 것이기 때문입니다.

> 예시) 피가 잘 돌지 않고, 근육이 자주 뭉치면 온갖 질병이 찾아옵니다.
> 고객님처럼 중년의 나이에는 더더욱 근육을 잘 풀어주는 것이 중요합니다. 그럴 때 가장 필요한 것이 바로 안마입니다.
> 하지만 자녀들에게 안마 부탁하기도 미안하시죠?
> 걱정하지 마십시오. 우리 회사 신제품 활력 안마기가 있으니까요.

위의 예시는 혈액 순환의 중요성과 혈액 순환과 안마의 상관관계를 설명하면서 해결책으로 자신의 제품을 자연스럽게 연결하고 있습니다. 시작부터 상품 설명만 늘어놓는다면 고객은 외면하게 될 겁니다. 중요성의 강조도 고객의 입장에서 이뤄져야 합니다.

고객의 직업이나 나이 등을 고려해 "고객님처럼 전문직에 종사하시는 분들께는, 고객님처럼 목을 많이 쓰시는 분들께는, 고객님과 같이 컴퓨터를 오래도록 쓰시는 전문가들께는" 등의 표현을 구사하는 것이 좋습니다.

❸ 상품 소개 단계

세 번째 순서는 상품 소개 단계로 상품의 특징과 장점 등을 소개하는 단계입니다. 상품을 소개할 때는 회사 상황이 아닌 소비자 관점에서 구매 의욕이 솟아나게 내용을 구성해야 효과적입니다. 많은 내용보다는 몇 가지로 요약하도록 합니다.

> 예시) 활력 안마기는
> 1) 손으로 받는 안마와 거의 흡사합니다.

2) 전기료가 하루 5시간 사용했을 때 한 달에 만 원밖에 들지 않습니다.

3) 고장이 별로 없는 편이지만 A/S는 3년간 무상 수리해 드립니다.

위의 예시는 활력 안마기의 특징을 세 가지로 요약하고 있습니다. 열 가지, 스무 가지 특징을 설명한다면 고객은 끝까지 들으려 하지 않을 겁니다. "저희 제품의 장점 세 가지만 말씀드리겠습니다."라고 말한다면 고객은 '그 정도는 들어줄 수 있지 뭐.' 하고 일단 들어 보기나 할 겁니다.

❹ 구매 유도 단계

네 번째 순서는 판매 상품이 좋은 상품임을 재강조하면서 구매를 유도하는 단계입니다. 소비자 대부분은 구매를 앞두고 망설이게 됩니다. 망설임을 떨치고 구매로 이어질 수 있도록 마음을 움직일 제안을 제시해서 구매를 유도합니다.

예시) 이번엔 특별가로 30% 할인 행사를 하니까 좋은 기회 놓치지 마시길 바랍니다.

위의 예시는 30% 할인을 통해 구매 유도를 하고 있습니다. 구매 유도는 구체적인 것이 좋습니다. "30% 할인, 1+1, 선물 증정, 무이자 할부, 한정 판매*" 등 많은 구매 유도 전략이 있으나 무엇보다도 고객이 무엇을 가장 원하는지 잘 파악하고 그에 따른 알맞은 접근 방법을 채택하는 것이 중요합니다.

실용 Tip

*한정(限定) 판매

사람들은 한정 판매에 열을 올립니다. 즉 "얼마 남지 않았습니다." 혹은 "딱 10분만 세일합니다."와 같은 말에 혹하기에 십상입니다. 반대로 "여기 좀 보세요. 폭

탄 세일중입니다."와 같은 무한정 판매에는 별다른 감흥이나 긴장감을 느끼지 못합니다.

한정(限定)이 가진 이러한 가치 상승의 법칙을 심리학에서는 '희귀성의 법칙'이라고 합니다.

❺ 마무리 단계

다섯 번째 순서는 마무리 단계로 구매 신청을 적극적으로 유도하는 단계입니다. 약간의 푸시 전략*이 어느 정도 필요합니다. 지금 바로 구매할 수 있도록 독려합니다.

실용 Tip

*푸시 전략의 활용

상품의 설명을 다 마치고 난 다음 "고객님, 어떻게 하시겠습니까?"라고 하는 것보다는 약간의 푸시 전략을 활용해서 "고객님, 결제는 카드로 하실 건가요? 아니면 현금으로 하실 건가요?"라고 한다면 거래 성사가 이루어질 확률이 더 높다고 할 수 있습니다.

만일 공인중개사가 집에 대한 설명을 모두 마친 상황에서 고객이 계약할까 말까 망설이고 있다면 역시 "고객님, 어떻게 하시겠습니까?"가 아닌 "계약은 어느 분 명의로 하시겠습니까?"라는 식의 표현으로 행동을 독려할 수 있습니다.

그리고 아내가 남편에게 친정에 가자고 얘기할 때도 "여보, 친정에는 언제 가는 것이 좋을까요?"라는 표현보다는 "이번 주 일요일에 갈까요? 다음 주 일요일에 갈까요?"의 표현이 더 효과적이라는 겁니다.

왜냐하면, 남편이 선택할 수 있는 기회를 제공해 주었기 때문입니다. 이처럼 푸시 전략이라 할 수 있는 선택시키기는 효과적인 설득 수단이 될 수 있습니다.

예시) 고객님, 구매를 원하시면 지금 바로 신청하시죠. 카드 결제도 됩니다. 감사합니다.

위의 예시는 '다음에'가 아닌 '지금 바로'라는 문구를 사용해서 구매 신청을 유도하고 있습니다. 또는 "자, 이건 구매 청약서입니다. 표시된 부분에만 간단하게 기재하시면 되겠습니다."라는 식의 표현으로 행동을 독려하는 방법도 좋습니다.

앞에서 제시했던 판매 스피치에 대한 5단계 예시의 전체 흐름을 살펴보기 위해 판매 스피치를 하나의 실습 예문으로 제시하면 다음과 같습니다.

 판매 스피치에 대한 실습 예문

(상황)

김정주 씨는 리더스 스피치 과정을 수강하는 수강생입니다. 또한, 매년 연매출 1위의 실적을 내는 미미화장품의 영업 챔피언입니다. 그 비결은 고객을 앉아서 기다리는 것이 아니라, 고객이 있는 곳을 찾아다니는 서비스를 몸소 실천하고 있는데 있습니다. 오늘도 적극적으로 쉬는 시간을 활용해서 같은 수강생 짝꿍에게 미미화장품의 신제품 '애프터 베이케이션'을 소개하려고 합니다.

(안내 지침)

판매 스피치가 성공하려면 수요자를 대상으로 스피치를 해야 함은 당연할 겁니다. 왜냐하면, 물건이 필요치 않은 고객에게 강매하려 한다면 결과가 좋을 리 없기 때문입니다. 하지만 수요층이라도 효과적인 내용 전개를 하지 못한다면 판매는 요원해지게 될 겁니다.

따라서 판매가 성공적으로 이뤄질 수 있도록 시작 단계에서부터 상품 설명을 자연스럽게 끌어낼 만한 화제로 대화를 유도해 나가는 것이 중요합니다. 그런 다음 고객에게 상품의 필요성을 일깨우고, 구체적인 제품의 특징이나 효용을 소개하는 것이 바람직합니다.

(실습 예문)

서현 씨, 차 한잔 하면서 잠깐 얘기 좀 나눠요. (❶ 시작 단계)

휴가는 잘 다녀오셨나요? 휴가철이 지나고 나면 특히 여성분들은 기미나 주근깨 등 화이트닝에 관심이 많죠. 간단하면서도 빠르고 신속한 효과를 보이는 화이트닝 제품이 정말 절실해지는 때입니다. 자외선에 노출이 많이 되셨기 때문에 이때 관리를 잘해 주셔야 합니다.

미미화장품에서 신제품이 나왔는데 이게 바로 그 '애프터 베이케이션'이에요. (❷ 중요성 강조 단계)

특징 1) 미미화장품의 '애프터 베이케이션'은 스프레이 타입의 화이트닝 제품으로 남녀노소 상관없이 특히 여성들은 메이크업하신 상태에서 그대로 얼굴에 간편하게 뿌려 주시기만 하면 되거든요.

특징 2) 2~3일 후면 얼굴이 환해지는 것을 육안으로 느끼실 수 있을 만큼 효과가 빨라요.

특징 3) 가격은 5만 원이에요. 그런데 현재는 10만 원에 세 세트를 드리는 이벤트 행사를 진행 중이에요. (❸ 상품 소개 단계)

'애프터 베이케이션'을 써 보신 많은 분이 정말 만족해하시고 확실하고 빠른 미백 효과에 대해 하나같이 칭찬을 아끼지 않고 계신답니다. 이번에는 특히 세 세트를 받게 되니까 두고두고 쓰셔도 좋겠지만, 하나는 본인이 쓰고 나머지는 다른 분께 선물하셔도 좋겠죠.

서현 씨, 좋은 상품을 저렴하게 살 수 있는 절호의 기회입니다. 고민하지 마시고 지금 바로 사용해 보세요. (❹ 구매 유도 단계)

지금 바로 신청하세요. 정말 만족하실 거예요.

감사합니다. (❺ 마무리 단계)

판매 스피치는 쌍방향 커뮤니케이션이 가능하기에 5단계 조직 방법을 적용해서 대화 상황을 조직할 수 있는데, 판매 스피치의 대화 실습 예문은 다음과 같습니다.

 판매 스피치의 대화 실습 예문

(상황)

부항을 판매하는 김갑돌 씨는 오늘 고교 선배인 박을돌 씨를 찾아가서 부항을 판매하려고 합니다. 어떻게 하면 부항을 성공적으로 판매할 수 있을까요?

(실습 예문)

❶ 시작 단계

갑 : 선배님, 안녕하십니까? 어제 전화 드렸던 한강 고교 32기 김갑돌입니다.

을 : 아, 김갑돌. 어제 전화했던 친구로군.
갑 : 네, 그렇습니다. 선배님, 바쁘실 텐데 시간 내 주셔서 정말 감사드립니다.
을 : 요즘은 그렇게 바쁘진 않아. 경기가 안 좋아서.

❷ 중요성 강조 단계
갑 : 요즘 경기가 정말 안 좋죠. 이럴 때일수록 무엇보다도 건강을 잘 챙기셔야 할 것 같습니다.
을 : 맞아. 나이가 드니까 쉽게 피로해지고 이곳저곳 불편한 데가 많이 생기네.
갑 : 선배님. 민간요법 중에서 부작용 없고 다양하게 건강에 도움이 되는 정말 좋은 게 있습니다.
을 : 그런 게 있어? 그게 뭐지?
갑 : 바로 이겁니다. 부항이라는 건데요. 선배님, 혹시 보신 적 있으세요?
을 : 알긴 아네만. 이게 그리 좋은가?
갑 : 네, 정말 좋습니다. 우리 가족들과 친지들은 모두 사용하고 계십니다. 피곤할 때든 결릴 때든 정말 효과적입니다.
을 : 그래? 그런데 흉터가 남던데.
갑 : 아닙니다. 그건 그만큼 몸이 안 좋다는 증거인데요. 며칠 지나면 금방 없어집니다.
을 : 그래?

❸ 상품 소개 단계
갑 : 현재 몇몇 회사에서 부항을 내놓고 있지만, 흡입구 고장도 잦고 혼자 부항을 붙이는 것은 어렵습니다. 그래서 누군가가 해줘야만 하는데 우리 회사 제품은 자동 흡입기가 있어서 혼자서도 부항을 붙일 수 있습니다. 그리고 고장률도 거의 없고 만일 문제가 있으면 3년 안에 발생한 하자는 무조건 신품으로 교환해 드립니다.

을: 그래? 그럼 비싸겠군.

갑: 일반 부항보다 비쌀 것 같지만, 이번 달은 특별 할인가로 제공되기 때문에 정말 좋은 기회입니다.

을: 얼마나 하지?

❹ 구매 유도 단계

갑: 원래는 한 세트에 16만 원 하는데 이번 달에는 1+1행사를 해서 16만 원에 두 세트를 받아 보실 수 있습니다.

을: 그래? 그럼 정말 싼 건가?

갑: 싸고 말고요. 제가 후배로서 존경하는 선배님께 적극적으로 권해 드리는 겁니다.

을: 그래?

❺ 마무리 단계

갑 : 지금 구매하시죠. 하나는 선배님이 쓰시고 또 다른 하나는 다른 분께 선물하셔도 좋겠네요.

을 : 음. 그렇게 해도 좋겠군.

갑 : 그런데 카드 결제가 될까? 현금은 지금 찾아와야 하는데.

을 : 되[4]고 말고요. 그럼 두 세트 구매하시는 걸로 하겠습니다.

갑 : 알았네. 써보고 좋으면 다른 사람들에게 소개도 해주지.

(15) 거절 스피치

상대방의 요청·제안·부탁 등을 거절할 때 사용하는 스피치를 가리켜 거절 스피치라고 합니다. 그런데 이 거절 스피치를 구사할 때 주의해야 할 점은 상대방의 제안을 거절하되 가능한 한 상대가 상처를 받지 않고 또한, 기분이 나빠지지 않도록 효과적으로 거절하는 방법이 중요하다는 겁니다.

거절 스피치 역시 5단계 조직 방법을 적용해서 내용을 조직할 수 있는데, 이에 대한 내용 조직 프레임은 다음 [표 15]와 같습니다.

[표 15] 거절 스피치의 내용 조직 프레임

① 시작 단계	② 긍정적 수용 단계	③ 거절 단계
④ 이유 설명 단계	⑤ 입장 표현 단계	

---

4 **실용 Tip** '되'와 '돼'의 구분법

'돼'는 '되어'의 준말입니다. 따라서 '되어'를 넣고 말이 통하면 '돼'를 쓰고, 아니면 '되'를 적용합니다.

실용적인 차원에서의 또 다른 구별법은 '하'를 넣고 말이 어울리면 '되'를 쓰고, '해'를 넣고 말이 어울리면 '돼'를 적용합니다. 즉 '하고 말고요.'가 어울리는 표현이므로 '되고 말고요.'를 적용하는 것이 맞습니다.

거절 스피치의 구체적인 내용 조직 방법

❶ 시작 단계

첫 번째 순서는 상대의 이름과 호칭어를 부드럽고 정중하게 불러서 상대방을 인정해주는 단계입니다. 이때의 유의점은 공손한 태도와 부드럽고도 정중한 어조로 말해야 한다는 겁니다.

예시) 김칠호 선생님! (부드럽고도 정중하게)

위의 예시는 "안 돼요."라고 바로 거절의 말을 하지 않고 상대방을 부드럽고 정중하게 부르면서 시작하고 있습니다. 이는 상대방의 심정을 상하게 해서 마찰이 생길 우려를 방지하는 쿠션의 역할을 해줍니다. 거절의 뉘앙스를 미리 가볍게 풍기는 어법을 구사하려면 '그런데'를 활용해 "그런데, 김칠호 선생님!"으로 부를 수 있습니다.

❷ 긍정적 수용 단계

두 번째 순서는 상대의 말을 최대한 긍정적으로 받아 주는 단계입니다. 즉 이발사가 면도하기 전에 비누칠을 먼저 하듯이 거절을 바로 하기보다는 먼저 상대의 말을 긍정적으로 수용해 줍니다.

> 예시) ① 김칠호 선생님의 어려운 형편은 잘 알겠네요.
> ② **한 잔하러 가자고 끈질기게 권유할 때**: 고맙습니다. (그러나 오늘은 사정이 좋지 않습니다.)
> ③ **연고 판매를 요구할 때**: 선생님 말씀은 고맙게 잘 들었습니다. (그런데 저는 그걸 살 만한 형편이 안 됩니다.)

위의 예시는 거절하기 전에 상대방의 처지를 이해하고 있음을 표현하면서 배려하는 마음을 전하고 있습니다. "잘 알겠습니다, 그랬었군요, 아~ 그렇군요, 무슨 말씀인지는 잘 이해하겠습니다." 등의 표현을 활용하는 것도 좋은 방법입니다.

❸ 거절 단계

세 번째 순서는 자신의 의사인 거절 표현을 명확히 하는 단계입니다.

즉 분명하게 거절하는 겁니다. 자신의 처한 상황 설명을 통해 거절한다는 의사 표시를 분명히 밝힙니다. 거절하기가 미안해서 우물쭈물 의사 표현을 미루다가 더 곤란한 상황이 생길 수도 있기 때문입니다. 따라서 거절은 미안한 마음을 담아서 부드럽게, 가능한 한 느린 속도로 천천히 말하는 것이 좋습니다.

> 예시) 하지만 도와드리지 못해서 정말 죄송하네요.

위의 예시는 상대방의 입장은 충분히 이해하지만, 내 처지에서는 부탁을 들어드리기가 정말 어렵다는 표현입니다. 장황하지 않게 자기 뜻을 분명히 표현하고 있습니다.

거절의 표현으로는 "도와드리고 싶지만 저로서는[5] 어쩔 수 없네요, 해 드리기가 정말 곤란한 상황입니다, 제가 할 수 있는 일은 아닌 것 같습니다, 저로서는 그렇게 해 드리기가 어렵습니다." 등의 표현들이 있습니다.

❹ 이유 설명 단계

네 번째 순서는 거절해야 하는 구체적인 이유를 부연 설명하는 단계입니다. 거절의 이유를 설명할 때 위로의 마음을 담아 전달하면 상대방은 거절당해도 기분 나빠하지 않습니다.

예시) 저희도 지금 몇 달짜리 미수 어음만 잔뜩 받아 놓아서 형편이 어렵네요.

위의 예시는 상대방이 수긍할 수 있게 자신의 형편을 간단하지만, 구체적으로 전하고 있습니다. 때로는 구체적이지 않은 거절이 유용할 때가 있습니다. 집요한 스타일의 상대방*이라면 "그럼 제가 그 어음을 알아서 처리하도록 하겠습니다."라는 식으로 나올 수 있기 때문입니다. 이 경우는 "저희도 요즘 자금 문제 때문에 큰 압박을 받고 있습니다."라는 정도가 적절합니다.

---

[5] **실용 Tip** '로서'와 '로써'의 구분

'자격·지위·신분'을 나타낼 때는 자격격 조사인 '~로서'를 쓰고, '재료·원료·도구·수단·시간을 셈할 때 넣는 한계'를 뜻하면 기구격 조사인 '로써'를 씁니다. 즉 앞에 오는 말이 뒤에 오는 말에 따르는 '자격'일 때에는 '로서'를 쓰고, '~로써'의 앞에 오는 말이 뒤에 오는 말의 수단이나 방법일 때는 '로써'를 씁니다.

실용적인 차원에서의 또 다른 구별법은 '~로써'의 앞에 오는 말이 수단을 의미하기 때문에, 대개의 경우 '~(을/를) 갖고'로 바꿔 써서 말이 되면 '~로써', 그렇지 않으면 '~로서'를 쓰면 됩니다.

따라서 위의 예문 "도와드리고 싶지만 저로서는 어쩔 수 없네요."에서 '저로서는'은 '~로써' 즉 '저를 갖고는'의 뜻보다는 '~로서' 즉 '저의 자격으로는'의 뜻으로 쓰인 경우이므로 '저로서는'이 옳은 표현입니다.

실용 Tip

***집요한 스타일의 상대방이 요청하는 경우**

상대방이 비합리적으로 집요하게 요청하는 경우 상대방을 공격하거나 질책하게 되면 갈등 상황으로 빠지게 됩니다. 이런 때 상대방을 자극하는 말을 하지 않고서 자신의 의사를 관철하기 좋은 방법이 '고장 난 레코드 기법'입니다.

'고장 난 레코드 기법'은 간단합니다. 자신의 중심 메시지, 여기서는 "도와드리지 못해서 정말 죄송하네요."라는 메시지를 자신의 말 속에 지속적·반복적으로 집어넣는 겁니다.

대화나 교섭·협상은 상대방에 따라 다른 접근 방법이 필요한 경우가 많으나 '고장 난 레코드 기법'은 상대방의 특성에 크게 상관없이 누구에게나 자신의 소신을 지킬 수 있는 효과적인 방법입니다. 또한, 쓸데없는 논쟁을 피하면서 자신의 주장을 지킬 수 있습니다. 누구도 고장 난 레코드와 논쟁을 벌이려 하진 않을 테니까요.

❺ 입장 표현 단계

다섯 번째 순서는 부탁을 못 들어주는 마음 상태를 표현하는 단계입니다. 냉정한 거절은 앞으로의 관계에도 악영향을 미칩니다. 따라서 미안한 마음을 담아 "죄송합니다, 미안합니다."와 같은 말로 마무리합니다.

예시) ① "죄송합니다, 미안합니다."
　　　② "김칠호 선생님, 미안해요."

위의 예시는 "죄송합니다, 미안합니다."로 마지막 태도를 결정하고 있습니다. 좀 더 미안한 마음과 정성을 담는다면 "도와드리지 못해서 정말 죄송합니다."라는 표현도 좋습니다.

앞에서 제시했던 거절 스피치에 대한 5단계 예시의 전체 흐름을 살펴보기 위해 거절 스피치를 하나의 실습 예문으로 제시하면 다음과 같습니다.

거절 스피치에 대한 실습 예문

(상황)

고교 동창인 김 과장과 정 과장의 대화입니다. 김 과장이 급한 이유를 대며 내일 갚는다고 하면서 정 과장에게 돈을 꿔 달라고 부탁합니다. 그러나 정 과장은 형편도 좋지 않지만, 김 과장과 돈거래를 할 마음이 없습니다.

(안내 지침)

거절할 때 중요한 것은 단호하게 거절하되 태도는 부드럽고 정중하게 해야 한다는 겁니다. 그럼에도 불구하고 한마디로 냉정하게 거절한다면 상대방과의 사이는 앞으로 안 좋아질 우려가 있습니다. 따라서 긍정적 수용 단계를 거치고 거절하는 것이 좋습니다. 그런 다음 이유를 간단히 설명하고 미안한 입장을 표현하는 것으로 마무리합니다.

(실습 예문)

김 과장! (부드럽고도 정중하게) (❶ 시작 단계)
모처럼 만에 자네가 하는 부탁인데 내가 들어주고 싶은 마음은 간절하네!
　　　　　　　　　　　　　　　　　　　　　(❷ 긍정적 수용 단계)
그런데 지금은 내가 빌려줄 형편이 못 된다네. 급한 것 같은데 자네에겐 정말 미안하네. (❸ 거절 단계)
김 과장, 나도 사실 요즘 형편이 좋질 않거든. (❹ 이유 설명 단계)
김 과장, 미안해. (❺ 입장 표현 단계)

거절 스피치는 쌍방향 커뮤니케이션이 가능하기에 5단계 조직 방법을 적용해서 대화 상황을 조직할 수 있는데, 거절 스피치의 대화 실습 예문은 다음과 같습니다.

거절 스피치의 대화 실습 예문

(상황)

    고교 동창생 김갑돌과 정을돌과의 대화 내용입니다. 을돌이가 갑돌이에게 동창회 회장의 자리를 맡아 달라고 권유합니다. 그러나 갑돌이는 아직 마음의 준비도 안 돼 있는 상태입니다.

    그래서 갑돌이는 회장을 할 수 없는 적절한 이유를 들어 회장직 수행은 곤란하다는 말을 하려고 합니다. 과연 갑돌이는 어떻게 을돌이의 기분을 최대한 상하지 않게 하면서 거절할 수 있을까요?

(실습 예문)

❶ 시작 단계

    을 : 그래서 이번엔 자네가 동창회 회장을 꼭 맡아 줘야 하네.
    갑 : 허 참. 능력 없는 사람에게 회장이라니 어쨌든 잘 봐줘서 고맙네.

❷ 긍정적 수용 단계

    을 : 꼭 맡아주는 거지?
    갑 : 동창회는 자네도 알다시피 내가 정말 어떤 모임보다도 마음을 두는 모임이야.

❸ 거절 단계

    을 : 그래, 나도 알지. 그러니 자네가 맡아 줘야 하는 거지.
    갑 : 하지만 이번에는 내가 회장을 맡을 수는 없네.

❹ 이유 설명 단계

    을 : 아니, 어째서 못 하겠다는 건가?

갑: 알다시피 우리 동창회는 선후배 간의 연대가 강하고 질서도 엄격하지 않나? 이번엔 우리 기수 차례가 아니라 우리보다 한 해 앞선 기수의 선배님 중에서 회장을 맡는 것이 바람직하다고 생각하네.

❺ 입장 표현 단계

을: 자네 생각은 알겠지만, 이렇게 달려왔는데 아쉬운 마음이 드네.

갑: 미안하네. 그리고 나를 이렇게 잘 봐줘서 다시 한 번 자네에게 고맙다는 말을 전하고 싶네.

(16) 화난 고객 상대 스피치

고객은 왕이라는 말이 있듯이 자유민주주의와 자본주의 사회에서 고객의 위상은 사실 왕처럼 막강할 수도 있습니다. 그러한 고객이 화를 내거나 항의를 해올 때 사용하는 스피치를 가리켜 '화난 고객 상대 스피치'라고 합니다.

화난 고객 상대 스피치 역시 5단계 조직 방법을 적용해서 내용을 조직할 수 있는데, 이에 대한 내용 조직 프레임은 다음 [표 16]과 같습니다.

[표 16] 화난 고객 상대 스피치의 내용 조직 프레임

① 시작 단계　　② 사과 단계　　③ 진정시키기 단계
④ 다시 사과 단계　　⑤ 마무리 단계

  화난 고객 상대 스피치의 구체적인 내용 조직 방법

❶ 시작 단계

첫 번째 순서는 화가 난 상대의 말을 공감*하면서 경청하는 단계입니다. 화난 고객에게 설명부터 하려는 것은 불에 기름을 붓는 격입니다. 일단 화나고 속상한 고객의 말을 공감하면서 들어야 합니다. 왜냐하면, 고객은 자신이 불만을 말할 때 직원이 공감하며 들어 주는 것만으로도 어느 정도 화가 누그러지기 때문입니다.

 실용 Tip

*'공감'의 의미

'공감'의 의미는 상대의 감정·의견·주장 따위에 대해 자기도 마음으로부터 정말 '그렇구나, 그렇겠구나.' 하고 느끼는 겁니다.

따라서 화난 고객 상대 스피치의 첫 번째 순서는 화난 고객을 이해시키기 위한 상황 설명이 아닙니다. 화난 고객의 가슴 속으로 들어가 공감하는 겁니다.

즉 자기도 마음으로부터 화난 고객의 거울이 돼서 정말 '그렇구나, 그렇겠구나.' 하고 함께 느끼는 겁니다.

예시) 그런 일이 있으셨군요. 속이 많이 상하셨겠습니다.

위의 예시에서처럼 "그런 일이 있으셨군요."라는 표현은 앞부분에 감탄사를 활용해 "아~ 그랬었군요." 또는 "어머~ 그런 일이 있으셨군요."처럼 좀 더 적극적으로 표현할 수도 있습니다. 그리고 "속이 많이 상하셨겠습니다."는 "아마 저라도 속이 많이 상했을 것 같습니다."의 표현도 좋습니다.

❷ 사과 단계

두 번째 순서는 경청으로 상황 파악이 됐으면 화가 난 상대에게 정중하게 사과하는 단계입니다. 실수한 점에 대해 고객이 느끼도록 진심으로 사과의 표시를 해야 합니다. 이때는 말투와 표정뿐만이 아니라 몸으로도 정중히 사과의 표현을 하는 것이 필요합니다. 왜냐하면, 진심을 표현할 때에는 비언어적인 요소가 정말 중요하기 때문입니다.

따라서 사과의 인사를 할 때는 고개만이 아니라 허리를 숙여 2~3초 머무른 후에 허리를 펴는 인사를 합니다. 특히 이의제기에 대해 사과할 때는 45~60도의 정중한 인사가 좋습니다. 일단 고객의 화가 다소 가라앉아야 대화가 시작될 수 있으니까요.

예시) 손님, 정말 죄송합니다.

위의 예시는 "정말"을 넣어 죄송함을 표현하고 있습니다. 다른 표현을 들어 본다면 "손님, 고개 숙여 사죄드립니다." 또는 "손님께 뭐라 드릴 말씀이 없을 정도로 죄송합니다." 등이 있습니다.

❸ 진정시키기 단계

세 번째 순서는 화난 고객을 다음과 같은 3단계로 진정시키는 단계입니다. 진정시키는 단계는 1단계 : 질문, 2단계 : 고객의 반응, 3단계 : 불만 처리의 순으로 하도록 합니다.

1) 1단계 : 질문

고객의 의사를 최우선으로 한다는 입장에서 어떻게 하면 좋을지 고객에게 의견을 묻습니다.

예시) 손님, 어떻게 처리해 드리면 좋을까요? ('이렇게 해 드리면 되겠습니까?' 가 아님을 유념해야 합니다.)

2) 2단계 : 고객의 반응

고객의 의사를 듣고 수용 가능하다면 즉각 해결을 위한 행동으로 옮깁니다.

예시) 예, 알겠습니다. 바로 처리해 드리겠습니다.

3) 3단계 : 불만 처리*

신속한 처리와 결과를 확인해 줍니다.

실용 Tip

*고객의 불만은 정보

"고객의 불만은 정보"라는 얘기가 있을 정도로 고객의 불만을 주의 깊게 경청해서 잘 처리한다면 기업에도 이익이 된다는 말입니다.

대표적인 예가 바로 '오래 쓰는 샤프심'입니다. 즉 '샤프심을 오래 쓸 수 없다.'는 고객의 불만을 통해 '오래 쓰는 샤프심'을 만들어 새로운 정보를 창출하게 된 겁니다.

따라서 불만 고객은 불만이 해결될 경우 소비자의 긍정적 감정이 강화되기 때문에 오히려 그 기업의 충성 고객이 될 확률이 높다고 합니다.

불만을 표현하는 고객의 감정을 토닥여 줄 수 있는 작지만, 시의 적절한 응대가 충성 고객을 만드는 비법임을 유념해야 합니다.

예시) 손님, 일 처리가 완료됐습니다.

위의 예시는 진정시키기의 화법 프로세스를 잘 보여주고 있습니다. 만일 고객의 요구 중 들어줄 수 없는 것이 있는 경우라면, "고객님의 요구 중에 무리한 부분이 있는데요."라고 표현하는 것은 적절하지 않습니다. 일단 "네, 알겠습니다."라고 말한 다음 "고객님께서 원하시는 대로[6] 잘 처리해 드리겠습니다. 그런데 저희가 해 드릴 수 없는 부분이 하나가 있습니다."라는 표현을 한 뒤 설명을 덧붙이는 것이 효과적입니다.

❹ 다시 사과 단계

네 번째 순서는 화난 고객에게 재차 정중히 사과하는 단계입니다. 한 번의 사과로 그치는 것보다 다시 한 번 사과하면서 앞으로 다시는 불미스러운 일이 발생하지 않도록 하겠다는 다짐의 말을 곁들이는 것이 효과적입니다.

예시) 다시는 이런 실수가 없도록 온 정성을 쏟겠습니다.

위의 예시와 같은 의미의 다른 표현을 살펴본다면 "앞으로 이런 일이 또 발생하지 않도록 유념하겠습니다." 또는 "앞으로는 절대 이런 불편이 없도록 하겠습니다." 등이 있습니다.

❺ 마무리 단계

다섯 번째 순서는 화난 고객*에게 물건의 사용에 이상이 없는지 확인하고자, 고객

---

[6] **실용 Tip** '대로'와 '데로'의 구분
 '대로'는 어미 '~는' 뒤에 쓰이고, '어떤 상태나 행동이 나타나는 그 즉시'라는 뜻을 갖고 있는 의존 명사입니다. 예를 들면 "'말하는 대로 된다.'라는 말이 있잖아!"
 '데로'는 '곳'이나 '장소'의 뜻을 나타내는 의존 명사인 '데'와 방향을 나타내는 부사격 조사 '로'가 합쳐진 형태입니다. 예를 들면 "밝은 데로 가자."와 같이 쓰입니다.

감동을 위해 전화로도 정중히 사과하는 단계입니다. 이 단계를 잘 극복하면 오히려 화가 변하여 복이 될 수도 있습니다.

실용 Tip

*화가 난 손님을 진정시키지 못했을 때

화가 난 손님을 진정시키려고 나름대로 애를 썼는데도 진정을 못 시켰을 때 다음과 같은 세 가지를 바꿔 봅니다. 그 하나는 '얼굴'이고, 또 하나는 '장소'이며, 마지막 하나는 '시간'입니다.

이 방법은 화가 난 손님뿐 아니라 모든 설득 스피치에 적용할 수 있는 유용한 방법입니다.

다시 말해서 얼굴을 바꾼다는 것은 내가 아닌 다른 사람이 화가 난 손님을 진정시키고 설득해 보는 겁니다. 그리고 장소를 바꾼다는 것은 이곳이 아니라 다른 곳으로의 이동을 뜻합니다. 마지막으로 시간을 바꾼다는 것은 오늘 지금이 안 된다면 다음에 다른 기회를 찾아 화가 난 손님을 진정시키고 설득해 본다는 겁니다.

예시) 사용상의 불편함은 없으십니까? 그럼, 행복한 하루 보내시길 바랍니다.
상담원 이현영이었습니다.

위의 예시는 불편 사항을 질문한 뒤 인사와 함께 간단히 자신을 알리고 있습니다. 마무리 단계에서는 또다시 이전의 실수한 점을 언급할 필요는 없습니다. 고객에게 나쁜 기억을 다시금 떠올리게 하기 때문입니다. "좋은 하루 보내시길 바랍니다[7], 즐

---

7 **실용 Tip** "좋은 하루 되세요."는 부적절한 표현

"좋은 하루 되세요, 즐거운 하루 되세요, 행복한 하루 되세요."라고 인사하는 분들을 많이 볼 수 있습니다. 그러나 이러한 표현은 영어 투의 표현으로 옳은 표현이 아닙니다. 왜냐하면, '하루'는 '사람'이 아니기 때문입니다.

다시 말해서 "좋은 사람 되세요, 멋진 사람 되세요, 착한 사람 되세요."는 어울리는 표현이지만 "좋은 하루 되세요."는 어울리지 않습니다. 따라서 "좋은 하루 되세요."의 표현 대신 "좋은 하루 보내세요, 좋은 하루 보내시길 바랍니다, 좋은 하루 보내시길 기원합니다." 등의 표현으로 바꿔 표현해야 적절한 표현이 됩니다.

거운 하루 보내시길 바랍니다, 행복한 하루 보내시길 바랍니다."라는 인사가 더 적절합니다.

앞에서 제시했던 화난 고객 상대 스피치에 대한 5단계 예시의 전체 흐름을 살펴보기 위해 화난 고객 상대 스피치를 하나의 실습 예문으로 제시하면 다음과 같습니다.

 화난 고객 상대 스피치의 실습 예문

(상황)

유해경 씨는 휴대 전화기 두나 텔레콤의 고충 처리를 담당하는 부서의 팀장을 맡고 있습니다. 이 일을 7년째 하고 있지만, 어려울 때가 많다고 합니다. 화난 고객 상대 스피치는 우선 고객의 말을 잘 듣고 고객이 무엇을 진정으로 원하는지 파악하는 일입니다.

이 고객은 무엇 때문에 화가 났을까요? 요점은 이사했는데 아직도 이전 주소로 우편물이 배달되고 있다는 겁니다. 진짜 문제는 제때에 고지서를 받지 못해 과태료를 두 번씩이나 물게 돼 억울하다는 내용입니다. 유해경 팀장은 이 상황을 어떻게 해결해 나갈까요?

(안내 지침)

시작 단계는 고객의 상황을 이해하면서 공감하는 겁니다. 그리고 정중히 사과합니다. 1차 사과가 끝나면 바로 고객이 무엇을 바라는지 질문을 통해 알아본 다음 문제를 신속히 해결해서 고객의 마음을 진정시키도록 합니다. 그리고 다시 사과하고 혹시 다른 문제는 없는지 질문하고, 감사의 인사와 자신의 이름을 밝히면서 마무리하도록 합니다.

(실습 예문)

고객님, 그랬었군요. 정말 저라도* 화가 났겠습니다. (**①** 시작 단계)

고객님, 회사를 대신해서 정말 사과드립니다. (**②** 사과 단계)

고객님, 저희가 어떻게 하면 좋을까요?

예, 알겠습니다. 신속하게 해결해 드리겠습니다.

고객님, 이제 해결됐습니다. (**③** 진정시키기 단계)

앞으로는 이런 실수가 절대 없도록 하겠습니다. (**④** 다시 사과 단계)

고객님, 다른 문제는 혹시 없으셨나요? 네, 감사합니다. 그럼, 행복한 하루 보내시길 바랍니다. 상담원 유해경이었습니다. (**⑤** 마무리 단계)

> **실용 Tip**
>
> ***'저라도' 화법**
>
> 일명 '저라도' 화법은 상대의 마음을 이해하고 공감해 주는 효과가 탁월한 기법입니다. 예를 들면, 아픔을 호소하는 분에게는 "저라도 아프면 못 견디죠!", 물건 값이 비싸다고 하소연하는 사람에게는 "저라도 비싸면 못 사죠!"와 같은 식으로 활용합니다.

화난 고객 상대 스피치는 쌍방향 커뮤니케이션이 가능하기에 5단계 조직 방법을 적용해서 대화 상황을 조직할 수 있는데, 화난 고객 상대 스피치의 대화 실습 예문은 다음과 같습니다.

 화난 고객 상대 스피치의 대화 실습 예문

(상황)

안병희 씨는 레인보우 홈쇼핑의 고충 처리를 담당하는 부서의 팀장을 맡고 있습니다. 레인보우 홈쇼핑은 옷을 만들고 판매 배달까지 하는 회사입니다. 안병희 씨와 통화하려고 하는 이 고객은 무엇 때문에 화가 났을까요?

사흘 전에 주문했던 옷이 집으로 배달됐는데, 새 옷에 얼룩이 묻어 있다는 겁니다. 이 사실을 고충 처리부서의 직원에게 얘기했더니 절대 그럴 리가 없다며 우리 회사 책임이 아니라는 말에 손님은 화가 많이 나 있는 상태입니다. 책임자를 바꿔 달라는 말에 안병희 팀장이 전화를 받게 된 상황입니다.

(실습 예문)

❶ 시작 단계

　갑: 그런 일이 있으셨군요. 속이 많이 상하셨겠습니다.

을: 당신이 나 같아도 속상할 일이겠죠?

❷ 사과 단계

갑: 그렇습니다. 손님, 직원들을 대신해서 제가 정중히 사과드리겠습니다. 정말 죄송합니다.

을: 알아주니 다행이군요.

❸ 진정시키기 단계

1) 1단계: 질문

갑: 손님, 어떻게 처리해 드리면 좋을까요?

을: 얼룩진 것은 세탁이 아니라 새것으로 바꿔 주시고 무료로 배송해 주세요.

2) 2단계: 고객의 반응

갑: 예, 알겠습니다. 바로 처리해 드리겠습니다.

을: 네, 지금 바로 해결해 주세요.

3) 3단계: 불만 처리

갑: 손님, 일 처리가 완료됐습니다. 내일까지 고객님 댁으로 새 제품이 도착하도록 했습니다. 물론 택배비도 저희가 부담하도록 조치했습니다.

을: 좋아요.

❹ 다시 사과 단계

갑: 번거롭게 해 드려 다시 한 번 사과드립니다. 그리고 다시는 이런 실수가 없도록 온 정성을 쏟겠습니다.

을: 진작 이렇게 일 처리를 해 줬더라면 화낼 일도 아닌데…. 어쨌든 이제야 마음이 좀 풀리네요.

❺ 마무리 단계

(다음 날 전화 통화)

갑: 고객님, 새 상품 잘 받으셨는지요?

을: 네, 잘 받았습니다.

갑: 혹시 다른 문제점은 없으십니까?

을: 네, 없습니다.

갑: 그럼, 행복한 하루 보내시길 바랍니다. 상담원 안병희였습니다.

을: 고맙습니다. 수고하세요.

마음 전달 스피치(7종)

　5단계 마음 전달 스피치의 프로그램은 7가지로 구성했습니다. 즉 시 활용 스피치, 환송 스피치, 이별 스피치, 신년회 스피치, 송년회 스피치, 선물 받기 스피치, 선물 주기 스피치입니다.

(17) 시 활용 스피치　　　　　　　　　　　　　　(도움말 : 김철회)

　시 활용 스피치는 갑자기 스피치를 요청받았을 때 즉흥적으로, 또는 임기응변식으로 시를 삽입해서 스피치 텍스트를 조직하는 방법입니다.

　스피치의 격률이 시사하는 바와 같이 스피치는 필요한 시간에 필요한 장소에서 필요한 메시지를 필요한 만큼만 표현해야 비로소 잘했다는 칭찬을 들을 수 있습니다.

　그러나 상황에 잘 어울리는 스피치를 구사한다는 것은 사실 그렇게 쉬운 일이 아닙니다. 따라서 갑자기 스피치를 해 달라는 요청을 받았을 경우나 즉흥 스피치를 해야 하는 상황에 부닥쳤을 때는 그 스피치의 상황과 어울리는 의미를 함축하는 시 텍스트를 적극적으로 활용해서 스피치를 하는 것이 매우 효과적입니다.

　시 활용 스피치 역시 5단계 조직 방법을 적용해서 내용을 조직할 수 있는데, 이에 대한 내용 조직 프레임은 다음 [표 17]과 같습니다.

[표 17] 시 활용 스피치의 내용 조직 프레임

① 시작 단계　　② 축하 또는 감사 단계　　③ 시에 대한 소개 단계
④ 시 낭송 단계　　⑤ 마무리 단계

시 활용 스피치의 구체적인 내용 조직 방법

　시 활용 스피치의 경우 아무런 내용 절차도 없이 시를 바로 낭송하게 되면 청중이 상황을 잘 이해하지 못하거나 시 활용 스피치의 효과를 저하하게 됩니다. 시낭송의 의미를 더욱 살릴 수 있도록 적절한 배열 순서에 따라 시 낭송 스피치가 실행돼야 효과를 극대화할 수 있습니다. 특정한 상황 하나를 설정해서 살펴보면 다음과 같습니다.

　(상황) 박 교수는 말을 잘한다는 소리를 듣습니다. 따라서 어느 자리나 가게 되면 예고도 없이 한 말씀 해 달라고 하는 요청을 많이 받습니다. 다음은 팔순잔치에서 갑자기 축사를 부탁받았을 때의 시를 활용한 스피치입니다. 시를 활용한 5단계 내용 조직 방법에 대해 살펴봅시다.

❶ 시작 단계

　첫 번째 순서는 "안녕하십니까?" 또는 "반갑습니다."로 시작하는 단계입니다. 시작 단계의 말 표현은 분위기, 청중, 낭송할 시 등과 잘 어울릴 수 있도록 해야 합니다.

　예시) 안녕하십니까? 박경현입니다.

　위의 예시처럼 간단하게 인사를 할 수도 있지만, 시 활용 스피치를 살짝 예고하듯

이름 앞에 "가슴이 따뜻한 남자, 시처럼 아름답게 살고 싶은 남자" 등의 수식어를 붙여 보는 것도 좋은 방법입니다.

❷ 축하 또는 감사 단계

두 번째 순서는 분위기와 상황에 따른 축하 또는 감사 인사를 하는 단계입니다. 자신이 행사의 주인공일 때는 감사의 말을, 자신이 내빈으로 참석했을 때는 축하의 말을 하는 단계입니다. 축하와 감사의 메시지를 전한 다음 그 토대 위에서 시 낭송이 됐을 때, 시는 한층 더 청중의 공감을 끌어낼 수 있습니다.

> 예시) 오늘의 주인공 김정우 선생님의 80번째 맞이하신 생신을 진심으로 축하합니다. 이런 말이 있습니다. "돈을 잃은 것은 조금 잃은 것이요. 명예를 잃은 것은 많이 잃은 것이요. 건강을 잃은 것은 모두를 잃은 것이다." 정말 오늘 건강한 모습으로 팔순을 맞이하신 김정우 선생님의 멋진 모습을 대하니 이 말이 제 마음에 더욱 소중하게 다가옵니다.
>
> 요즘 9988이란 얘기도 있듯이 여기 이 자리에 모이신 여러분 모두가 99세까지 88(팔팔)하게 청춘으로 사셨으면 좋겠습니다. 지금의 제 마음을 잘 대변해 주는 좋은 시가 있습니다. 그 시를 여러분께 낭송해 드리는 것으로써 제 축사를 대신하고자 합니다.

위의 예시는 시 낭송에 앞서 축하와 축원의 메시지를 전하고 있습니다. 마지막 시 낭송을 예고하는 말로 "시를 여러분께 낭송해 드리는 것으로써 제 축사를 대신하고자 합니다." 이외에도 "제가 오늘 전하고자 하는 나머지 축하의 마음은 시에 담아 표현하도록 하겠습니다." 또는 "한 편의 시로 다시 한 번 오늘 이 자리를 축원하고자 합니다." 등의 표현도 좋습니다.

❸ 시에 대한 소개 단계

세 번째 순서는 시를 소개하는 단계입니다. 청중이 시 낭송을 감상할 준비가 안 된 경우는 시 낭송의 효과가 떨어집니다. 시에 대한 소개가 있었을 때 청중은 그 시를 더 잘 이해하게 되고 더욱 시에 매료되게 됩니다.

예시) 제가 여러분께 낭송해 드릴 시의 제목은 '청춘'입니다. 이 시는 여러분이 잘 아시는 바와 같이 사무엘 울만의 시입니다.

그는 1840년 독일 슈투트가르트에서 출생했는데, 1851년 미국으로 이주해서 1900년까지 교육 사업과 사회 활동에 업적을 남겼습니다. 1901년 흑인을 위해 울만 스쿨을 세우는 등 지도자로서, 정의를 신봉하고 평화를 사랑하며 학대받는 이들을 위해 헌신한 인물입니다.

맥아더 장군이 태평양 전쟁 당시 일본에 패주했을 때 맥아더 장군의 집무실에는 루스벨트 당시 대통령과 이 시가 걸려 있었다고 합니다. 일본

장교가 이를 입수해 간 후 일본의 기업가들을 통해 점차 널리 알려지게 됐습니다. 이 시는 김대중 대통령을 비롯한 세계 유명 인사들이 애송했던 시입니다. 그럼 그의 시 '청춘'을 낭송해 보도록 하겠습니다. (혹시 외우질 못해서 보고 읽어야 할 상황이라면 낭독을 해도 괜찮습니다.)

위의 예시는 시인 사무엘 울만에 대해 비교적 상세히 설명하고 있습니다. 그러나 만일 시를 지은 시인에 대해 소개할 시간이 충분하지 않은 경우에는 "제가 낭송할 시는 사무엘 울만의 '청춘'이란 시입니다."와 같이 간략히 이름만 언급해도 좋습니다.

❹ 시 낭송 단계

네 번째 순서는 '준비된 시'를 낭송하는 단계입니다. 시를 낭송할 때는 호흡을 안정되게 하고 공명 있는 목소리로 발음을 명료하게 합니다. 또한, 지나치게 과장된 어조로 부자연스러운 표현이 되지 않도록 주의합니다. 시어의 느낌을 잘 살려서 분위기에 맞는 자연스러운 표현이 좋습니다.

청춘(青春)

사무엘 울만

청춘이란
인생의 어떤 한 시기가 아니라
어떤 마음가짐을 뜻하나니

장밋빛 볼, 붉은 입술, 강인한 육신을 뜻하지 않고
풍부한 상상력과, 왕성한 감수성과, 의지력과 그리고
인생의 깊은 샘에서 솟아나는 참신함을 뜻하나니

생활을 위한 소심성을 초월하는 용기

> 안이함의 집착을 초월하는 모험심
> 청춘이란 그 탁월한 정신력을 뜻하나니
> 때로는 스무 살의 청년보다 예순 살의 노인이 더 청춘일 수 있네
>
> 우리는 누구나 세월만으로 늙어가지 않고
> 이상을 잃어버릴 때 비로소 늙어가나니
>
> 세월은 살결에 주름을 만들지만, 열정을 상실할 때 영혼은 주름지고
> 근심·두려움·자신감 상실은 기백을 죽이고 정신을 타락시키네
>
> 그대가 젊어 있는 한 예순이건 열여섯이건 모든 인간의 가슴속에는
> 경이로움의 동경과 아이처럼 왕성한 미래의 탐구심과
> 인생이라는 게임에 대한 즐거움이 있는 법
>
> 그대의 가슴 나의 가슴 한가운데는 이심전심의 무선국이 있어
> 인간과 신, 그 모든 것으로부터 오는 메시지를 받아들이네
> 아름다움과 희망과 기쁨과 용기와 힘의 메시지를
> 그대가 젊어 있는 한
>
> 그대가 기개를 잃고,
> 정신이 냉소주의의 눈과 비관주의의 얼음으로 덮일 때
> 그대는 스무 살이라도 늙은이이네
>
> 그러나 그대의 기개가 낙관주의의 파도를 잡고 있는 한
> 그대는 여든 살로도 청춘의 이름으로 죽을 수 있네

❺ 마무리 단계

다섯 번째 순서는 "감사합니다."로 마무리 인사를 하는 단계입니다. 시 낭송의 마무리는 마치 징소리처럼 하라는 말이 있습니다. 즉 여운이 남아야 한다는 겁니다. 따라서 간략한 것이 최상입니다. 그래야만 시를 통한 청중의 감흥이 여운을 남기면서 오랫동안 감동을 간직할 수 있게 합니다.

예시) 여러분, 어떻게 들으셨습니까?

우리 모두 건강하게 행복한 삶을 살아야겠습니다. 오늘의 주인공 김정우 선생님의 생신을 다시 한 번 진심으로 축하하고 만수무강하시길 기원하면서 이것으로 여러분께 드리는 축하의 말씀을 마칩니다. 감사합니다.

위의 예시에서는 시 낭송 후 다시 한 번 소감과 축하의 인사로 마무리하고 있습니다. 분위기나 상황에 따라 다시 축하의 인사를 할 것 없이 간단하게 "감사합니다."로 끝맺는 것도 좋은 방법입니다.

앞에서 제시했던 시 활용 스피치에 대한 5단계 예시의 전체 흐름을 살펴보기 위해 시 활용 스피치를 하나의 실습 예문으로 제시하면 다음과 같습니다.

시 활용 스피치에 대한 실습 예문 1

형식적인 문구의 나열보다 한 편의 시가 분위기를 더욱 살릴 수 있습니다. 또한, 마음을 함축적으로 전하는 최고의 수단 중의 하나가 시일 겁니다. 하지만 바로 시 낭송으로 들어가면 분위기가 어색할 수 있습니다. 축하 또는 감사 단계를 거치는 것이 좋습니다. 이에 대한 예를 들어보면 다음과 같습니다.

(상황)

신현호 씨는 학교 다닐 때부터 줄곧 말을 잘했습니다. 그 영향 때문인지 지금도 스피치계에서 알아주는 명강사로 활동 중입니다. 어느 날 동창 모임에서 사회자가 갑자기 한마디 해 달라고 하는 상황에서의 시를 활용한 스피치입니다. 동창 모임에서는 어떻게 내용 조직을 해 나가면 효과적인 스피치가 될 수 있을까요?

〈안내 지침〉

    인사와 축하 또는 감사의 단계를 거친 후 시 낭송으로 들어갑니다. 시 활용 스피치에서 가장 중요하게 생각할 것은 시의 선정입니다. 즉 상황에 맞는 시의 선정이 무엇보다 중요하다고 할 수 있습니다.

    그리고 앞에서도 언급한 바와 같이 시를 낭송할 때는 호흡을 안정되게 하고 공명 있는 목소리로 발음을 명료하게 합니다. 또한, 지나치게 과장된 어조로 부자연스러운 표현이 되지 않도록 주의합니다. 시 낭송의 마무리는 마치 징소리처럼 하라는 말이 있듯이 간략하게 하는 것이 최상입니다.

〈실습 예문〉

    안녕하십니까? 신현호입니다. (❶ 시작 단계)

    우선 오늘의 동창 모임을 주선하고자 애를 많이 써 주신 김성정 회장님을 비롯한 서형일 총무님 그리고 바쁘신 중에 자리를 함께 해주신 동창 여러분께도 심심한 감사의 말씀을 드립니다.

    참으로 가까운 얼굴들을 대하면서 공식적으로 무슨 말을 이렇게 계속한다는 것은 정말 어색합니다. 그런 면에서 볼 땐 우습기도 하고, 동창회만큼 서먹서먹하고 거북스러운 파티도 없을 겁니다. 그러나 기분은 만점, 대단히 유쾌한 모임입니다.

    사장도 박사도 장관도 여기선 통하지 않습니다. 동창회에서는 차별이란 것이 있을 수 없습니다.

    왜냐하면, 우리는 함께 있는 것만으로도 그냥 좋은 친구들이기 때문입니다.

    지금의 제 마음을 잘 대변해 주는 좋은 시가 한 수 있습니다. 그 시를 여러분께 낭송해 드리는 것으로써 제 말씀을 마치고자 합니다. (❷ 축하 또는 감사 단계)

    제가 여러분께 낭송해 드릴 시의 제목은 용혜원 님의 '함께 있으면 좋은 사람'입니다.

    그럼 그의 시 '함께 있으면 좋은 사람'을 낭송해 보겠습니다.

                                       (❸ 시에 대한 소개 단계)

함께 있으면 좋은 사람

용혜원

그대를 만나던 날
느낌이 참 좋았습니다.

착한 눈빛, 해맑은 웃음
한마디, 한마디의 말에도
따뜻한 배려가 담겨 있어
잠시 동안 함께 있었는데
오래 사귄 친구처럼
마음이 편안했습니다.

내가 하는 말들을
웃는 얼굴로 잘 들어주고
어떤 격식이나 체면 차림 없이

있는 그대로 보여주는
솔직하고 담백함이
참으로 좋았습니다.

그대가 내 마음을 읽어주는 것 같아
둥지를 잃은 새가
새 보금자리를 찾은 것만 같았습니다.
짧은 만남이지만
기쁘고 즐거웠습니다.
오랜만에 마음을 함께
나누고 싶은 사람을 만났습니다.

사랑하는 사람에게
장미꽃 한 다발을 받은 것보다
더 행복했습니다.

그대는 함께 있으면 있을수록
더 좋은 사람입니다.

(❹ 시 낭송* 단계)

실용 Tip

*시 낭송

시를 낭송할 때는 원고를 안 보고 하는 것이 원칙이지만, 그래도 만약의 경우를 대비해서 알아보기 쉽게 적당한 크기의 원고를 준비해 둡니다. 준비와 연습할 시간이 충분하다면 원고를 전혀 안 보고 암기해서 시를 표현하는 것이 가장 좋습니다.

여러분, 어떻게 들으셨습니까?

우리는 모두 함께 있으면 있을수록 더 좋은 친구들입니다. 오늘의 동창 모임을 계기로 우리는 진정으로 하나가 돼야겠습니다.

오늘의 동창 모임을 매우 기쁘게 생각하고 끝나는 시간까지 모두 즐겁게 지내시길 바라면서 이것으로 여러분께 드리는 제 말씀을 마칩니다.

감사합니다. (❺ 마무리 단계)

시 활용 스피치에 대한 실습 예문 2

(상황)

이번에는 송승철 씨가 결혼식 피로연의 자리에서 갑자기 축사를 부탁받았을 때의 시를 활용한 스피치입니다. 과연 송승철 씨는 결혼식 피로연의 자리에서 어떤 시를 선정해서 어떻게 시를 활용한 스피치를 풀어나가는지 함께 살펴보겠습니다.

(실습 예문)

안녕하십니까? 송승철입니다. (❶ 시작 단계)

오늘의 주인공 신랑 김도형 군과 신부 김혜진 양의 결혼을 진심으로 축하합니다. 그리고 두 분의 아름다운 사랑이 영원히 이어지길 바랍니다.

지금의 제 마음을 잘 대변해 주는 좋은 시가 있습니다. 제가 오늘 전하고자 하는 나머지 축하의 마음은 이 시에 담아 표현하도록 하겠습니다.

(❷ 축하 또는 감사 단계)

제가 여러분께 낭송해 드릴 시의 제목은 '오직 드릴 것은 사랑뿐이리'입니다. 이 시는 여러분께서 잘 아시는 미국을 대표하는 시인이자 배우인 '마야 앙겔루'의 시입니다. 그는 우리에게 영화 '뿌리'의 주인공 쿤타킨테의 할머니로 더 많이 알려진 시인이기도 합니다.

1993년 1월 2일 미국 클린턴 대통령의 취임식장에서 그의 자작시 '아침의 맥박'을 낭송함으로써 우리에게 더욱 유명해진 시인입니다. 그는 또한, '새장의 새가 왜 우는지 나는 알지요.'의 작가이기도 합니다. 그럼 그의 시 '오직 드릴 것은 사랑뿐이리'를 낭송해 보겠습니다. (❸ 시에 대한 소개 단계)

오직 드릴 것은 사랑뿐이리

마야 앙겔루

꽃은 피어도 소리가 없고
새는 울어도 눈물이 없고
사랑은 불타도 연기가 없더라.

장미가 좋아서 꺾었더니 가시가 있고
친구가 좋아서 사귀었더니 이별이 있고
세상이 좋아서 태어났더니 죽음이 있더라.

나 시인이라면 그대에게 한 편의 시를 드리겠지만
나 목동이라면 그대에게 한 잔의 우유를 드리겠지만
나 가진 것 없는 가난한 자이기에
오직 드릴 것은 사랑뿐이리.

(❹ 시 낭송 단계)

여러분!

시련과 아픔이 우리에게 밀물처럼 밀려오고 절망이 폭풍으로 닥칠 때 우리는 그것을 사랑의 힘으로 이겨내야 합니다.

신랑 김도형 군과 신부 김혜진 양의 결혼을 다시 한 번 진심으로 축하합니다. 그리고 두 분의 사랑이 영원히 지속되길 기원하면서 이것으로 제 축사를 마칩니다. 감사합니다. (❺ 마무리 단계('감사합니다.'만으로 표현하고, 다른 말은 생략할 수 있습니다.))

 시 활용 스피치에 대한 실습 예문 3

(상황)

이번에는 이형수 씨가 부부 동반 모임에서 갑자기 한마디 해 달라는 부탁을 받았을 때의 시 활용 스피치입니다. 과연 이형수 씨는 부부 동반 모임에서 어떤 시를 선정해서 어떻게 시를 활용한 스피치를 풀어나가는지 함께 살펴보겠습니다.

(실습 예문)

안녕하십니까? 이형수입니다. (❶ 시작 단계)

우선 오늘의 부부 동반 모임을 주선하고자 애를 많이 써 주신 김수철 회장님을 비롯한 김선중 총무님 그리고 바쁘신 중에 자리를 함께 해주신 회원 여러분께도 심심한 감사의 말씀을 드립니다.

오늘은 특별히 부부 동반 모임이 있는 날입니다. 회원님들이 맡은바 자기 일을 성실히 해주셔서 사업에 성공하시고 또한, 우리 모임을 위해 정열적으로 활동해 주신 점 등에 대해 이 자리를 빌려 깊은 감사의 말씀을 드립니다.

여러분, 이 자리에는 우리가 감사해야 할 분들이 많이 와 계시죠? 그렇습니다. 우리가 이렇게 모임을 위해 열심히 활동할 수 있도록 뒷받침을 묵묵히 잘 해주신 부인들께 뜨거운 감사의 박수를 보내 주시길 바랍니다.

여러분, 잉꼬부부라는 말이 있지요? 우리 모두 다정한 잉꼬처럼 한평생 서로 이해하고 사랑하면서 살아야겠습니다. 왜냐하면, 우리 인생이 어떻게 보면 긴 듯하지만, 또 어찌 보면 대단히 짧은 인생이기 때문입니다.

지금의 제 마음을 잘 대변해 주는 좋은 시가 있습니다. 이 한 편의 시로 다시 한 번 오늘 이 자리를 축원하고자 합니다. (❷ 축하 또는 감사 단계)

제가 여러분께 낭송해 드릴 시의 제목은 '긴 세월 짧은 인생'입니다. 가수 최백호 씨가 시의 내용이 좋아서 노래로도 만들어서 부른 시입니다.

그러나 안타깝게도 작가가 미상입니다. 그럼 멋진 시 '긴 세월 짧은 인생'을 낭송해 보도록 하겠습니다. (❸ 시에 대한 소개 단계)

긴 세월 짧은 인생

작자 미상

나 떠나고 당신 남으면
험한 이 세상 어찌 살아갈래
나 남고 당신 떠나면
나 혼자 어찌 살아갈까

손 꼭 잡고 도란도란 같이 가는 길
살며 사랑하며 용서하며 살자꾸나

돌아보면 긴 세월 짧은 인생이거늘
남은 세월 헤어보니

사랑만 하기에도
부족한 것 같은데

(❹ 시 낭송 단계)

여러분, 어떻게 들으셨습니까?
시의 제목처럼 우리가 사는 인생은 긴 세월 짧은 인생입니다.
우리 모두 손 꼭 잡고 서로 사랑하면서 행복하게 살아야겠습니다.
감사합니다. (❺ 마무리 단계('감사합니다.'만으로 표현하고, 다른 말은 생략할 수 있습니다.))

시 활용 스피치에 대한 실습 예문 4

(상황)

이번에는 계용훈 씨가 졸업(또는 입학)을 축하하는 모임에서 갑자기 한마디 해 달라는 요청을 받았을 때의 시 활용 스피치입니다. 과연 계용훈 씨는 졸업 (또는 입학)을 축하하는 모임에서 어떤 시를 선정해서 어떻게 시를 활용한 스피치를 풀어나가는지 함께 살펴보겠습니다.

(실습 예문)

안녕하십니까? 계용훈입니다. (❶ 시작 단계)

오늘 졸업을 한 여러분께 우선 진심으로 축하의 말씀을 드립니다. 졸업에는 또 다른 시작의 의미가 있다고 합니다.

여러분!

삶은 길다고 하지만 언제나 짧은 겁니다. 새로이 무엇인가 하기에는 너무 짧습니다. 따라서 우리가 무엇인가 하려고 마음을 먹었다면 지금 바로 시작해야 합니다. 왜냐하면, 인생은 정말 짧기 때문입니다.

지금의 제 마음을 잘 대변해 주는 좋은 시가 있습니다. 그 시를 여러분께 낭송해 드리는 것으로써 제 축사를 마치고자 합니다. (❷ 축하 또는 감사 단계)

제가 여러분께 낭송해 드릴 시의 제목은 '우리 선조들의 짧은 인생'입니다. 이 시는 1996년 여성으로서는 최초로 노벨문학상을 받은 폴란드의 여류 시인 '비슬라바 쉼보르스카'의 대표적인 시입니다.

그럼, 그의 시 '우리 선조들의 짧은 인생'을 낭송해 보도록 하겠습니다.

(❸ 시에 대한 소개 단계)

우리 선조들의 짧은 인생

비슬라바 쉼보르스카

… (중략) …
사는 동안
무엇인가 해보려고 한다면
서둘러야 했다.
해가 지기 전에
첫눈이 내리기 전에

… (중략) …
아버지의 눈 아래에서 아들이 자란다.
할아버지의 눈동자에서
손자가 태어난다.
그런데 그들은
나이를 세지 않았다.

… (중략) …
악이 승리할 때 선은 숨는다.
선이 나타날 때는 악은 숨어서 기다린다.
어느 것도 다른 것을 억압할 수는 없다.
영원히 돌아올 수 없는 먼 곳으로 서로 밀어낼 수 없다.
그러기에 기쁨이 있더라도
이면에는 불안이 있고
절망 속에서도
항상 조용한 희망은 있는 것이다.
삶은 길다고 하지만
언제나 짧은 것이다.
새로이 무엇인가 하기에는 너무 짧다.

(❹ 시 낭송 단계)

여러분, 어떻게 들으셨습니까?

여러분, 무엇인가 하려고 한다면 지금 바로 시작하십시오.

감사합니다. (❺ 마무리 단계('감사합니다.'만으로 표현하고, 다른 말은 생략할 수 있습니다.))

실용 Talk

모임의 마무리에서 활용하면 좋은 시 : 정채봉 님의 시 '만남' 활용

만남에는 다음과 같은 네 가지 종류의 만남이 있다고 합니다.

첫째는 지우개와 같은 만남입니다.
만나고 나서 돌아서자마자 곧바로 잊혀버리는 만남이지요.

두 번째는 꽃봉오리와 같은 만남입니다.
만날 때는 꽃처럼 화사하고 즐겁지만 헤어지고 나서는 지고 난 꽃잎처럼 지저분해져 버리는 만남이지요.

셋째는 건전지와 같은 만남입니다.
재충전이 있어야 만남이 지속되고 돈독해지는 왠지[1] 씁쓸해지는 만남이지요.

마지막 네 번째는 손수건과 같은 만남입니다.
힘이 들 때는 땀을 닦아 주고 슬플 때는 눈물을 닦아 주는 가장 아름다운 만남입니다.

우리 모두 서로 땀과 눈물을 닦아 주는 손수건처럼 소중한 만남이길 기원하면서 오늘 모임(행사·수업 등)을 모두 마치도록 하겠습니다.

감사합니다.

---

[1] **실용 Tip** '왠'과 '웬'의 차이와 구분

'왠'과 '웬'을 혼동하는 원인은 뜻이 다른 두 낱말의 발음이 비슷하기 때문입니다. 사전의 풀이를 보면 '왜'는 '어째서, 무슨 이유로'를 뜻하는 부사로 '왠지'는 '왜인지'의 준말입니다. 따라서 우리 국어에서 '왠'이라는 글자가 들어가는 단어는 '왠지'하나 뿐입니다.

그렇지만, '웬'은 '어찌 된·어떠한·어떤'을 뜻하는 관형사입니다. 따라서 '웬일·웬걸·웬만큼·웬만치·웬만하다…' 등등 모두 '웬'으로 적어주시면 됩니다.

**실용적 차원에서의 또 다른 구별법은 '어떤'으로 바꿀 수 있는 말에는 '웬'을, '무슨 까닭인지'로 바꿀 수 있는 말에는 '왠지'를 씁니다.

(18) 환송 스피치

회자정리(會者定離)라는 불교 용어가 있듯이 사람이 만났으면 언젠가는 반드시 헤어짐이 있게 마련입니다. 헤어지는 자리, 즉 이별하는 자리에 가면 이별의 정서를 서로 나누는 환송 행사가 있습니다. 이렇듯 환송 행사 자리에서 사용되는 스피치가 바로 환송 스피치입니다.

환송 스피치 역시 5단계 조직 방법을 적용해서 내용을 조직할 수 있는데, 이에 대한 내용 조직 프레임은 다음 [표 18]과 같습니다.

[표 18] 환송 스피치의 내용 조직 프레임

① 시작 단계	② 환송 행사 취지 설명 단계	③ 환송 소감 표현 단계
④ 보충 단계	⑤ 마무리 단계	

환송 스피치의 구체적인 내용 조직 방법

(상황) 김영호 대위는 평소 송갑현 중령님을 많이 따르며 존경했습니다. 그러다 보니 오늘 퇴역하는 송갑현 중령님의 환송식 사회 보기도 자청해서 이뤄졌습니다. 김 대위가 송갑현 중령님과의 이별을 아쉬워하면서 행하는 환송 스피치입니다.

❶ 시작 단계

첫 번째 순서는 인사와 자기소개를 하는 단계입니다. 환송회의 사회자는 환송회의 분위기를 책임지는 사람입니다. 따라서 사회자는 이별의 안타까운 마음이 듬뿍 느껴질 수 있도록 첫 인사 톤을 잡도록 합니다.

예시) 안녕하십니까? 오늘 송갑현 중령님 환송회 사회를 맡은 대위 김영호입니다.

위의 예시는 사회자가 인사를 통해 환송회의 주인공과 자신을 동시에 소개하고 있습니다. "여러분, 반갑습니다. 오늘 사회를 맡은 대위 김영호입니다. 먼저 송갑현 중령님의 환송식에 많이 참석해 주신 내빈 여러분, 감사합니다."라는 표현도 무난합니다.

❷ 환송 행사 취지 설명 단계

두 번째 순서는 모임의 취지를 밝히는 단계입니다.

청중에게 모임이 개최되게 된 이유와 의미를 밝혀야 모임의 취지에 걸맞은 분위기가 형성될 수 있습니다.

예시) 내일이면 송갑현 중령님께서 그동안 청춘과 열정을 바쳤던 우리 군 조직을 떠나 사회인이 되십니다.

위에 예시된 내용을 달리 표현해 보면 "여러분, 바로 내일이 송갑현 중령님의 전역일입니다. 청춘과 열정을 바쳐 군 복무를 해 오신 송갑현 중령님을 위해 오늘 우리는 한자리에 모였습니다."라고 표현할 수도 있습니다.

❸ 환송 소감 표현 단계

세 번째 순서는 주인공과의 이별에 대해 아쉬움을 표현하는 단계입니다. 이때 시간적 구성법을 활용해서 과거의 추억, 현재의 느낌, 미래의 발전 방향 등을 표현해 나가면 효과적입니다.

왜냐하면, 이 시간적 내용 구성 방법은 말하는 이와 듣는 이 모두 편리하게 말할 수 있고 들어서 이해하기도 쉽기 때문입니다.

예시) 어려운 훈련과 고비 때마다 따뜻하게 격려해 주시고 힘이 돼 주셨던 송갑현 중령님! (과거 즐거웠던 추억)

오늘 환송회 자리에 함께하신 송갑현 중령님이 마치 친 형님처럼 느껴집니다. (현재의 느낌)

송갑현 중령님은 이제 퇴역하시지만, 앞으로도 우리 국가와 지역사회를 위해 많은 일을 하실 것이라고 저희는 믿습니다. (미래의 발전 방향)

위의 예시는 과거·현재·미래의 구성으로 환송의 따뜻한 마음을 전하고 있습니다. 특히 과거의 경우는 "혹한기 훈련을 마치고 송 중령님과 눈밭에서 축구 시합을 했던 기억은 아직도 뇌리에서 지워지지 않습니다. 그리고 경기 마치고 집에서 손수 끓여 오신 어묵탕은 정말 별미였습니다."라는 식으로 함께했던 재미난 에피소드를 곁들이는 것도 좋습니다.

❹ 보충 단계

네 번째 순서는 격려와 성공을 기원하는 단계입니다. 이 단계는 환송 스피치의 백미라고 할 수 있습니다. 긍정적이고 낙관적인 미래상을 나타내는 멋진 수사를 곁들이는 것이 좋습니다. 음성 표현은 다소 활기차고 밝은 톤이 효과적입니다.

> **예시)** 한 번 선배님이면 영원한 선배님이라고 저희는 생각합니다. 앞으로도 삶의 지혜와 조언이 필요할 때면 언제든 실례 무릅쓰고 여쭙겠습니다. 그리고 우리 송갑현 선배님의 새로운 시작에 행운과 은총이 가득하시길 진심으로 기원합니다.

위의 예시는 앞으로도 선배님과 계속 인연을 유지할 것이라는 후배가 지녀야 할 마음과 주인공이신 선배님의 미래에 대한 기원을 담고 있습니다. 앞으로 다시 보기 어려운 경우가 아니라면 "앞으로도 계속 자주 뵙길 바랍니다." 또는 "가끔 놀러 오십시오." 이밖에도 "좋은 일 있을 때마다 초대하겠습니다." 등의 표현으로 끝이 아님을 전하는 표현도 좋습니다.

❺ 마무리 단계

다섯 번째 순서는 끝인사로 마무리하는 단계입니다. 끝인사는 간략하게 하되 감사와 기원이 담긴 내용이 가장 무난합니다. 상황에 따라 힘찬 박수로써 역동적인 분위기로 마무리하는 것도 좋은 방법 중의 하나입니다.

> **예시)** 송갑현 중령님, 정말 감사합니다. 늘 건강하시고 가족과 더 행복한 삶을 보내시길 기원합니다. 여러분, 송갑현 중령님의 희망찬 새 출발을 위해

우리 모두 큰 박수를 보내 드릴까요?

위의 예시는 감사와 기원을 한 후 큰 박수로 마무리하고 있습니다. 박수로 마무리하는 경우 "여러분, 송갑현 중령님의 앞날에 건강과 행복이 가득하시길 바라는 마음으로 큰 박수를 보냅시다." 또는 "여러분, 송갑현 중령님께서 앞으로도 건강하시고 좋은 일 가득하시라는 기원을 담아 큰 박수를 보내주십시오." 등의 표현이 있습니다.

앞에서 제시했던 환송 스피치에 대한 5단계 예시의 전체 흐름을 살펴보기 위해 환송 스피치를 하나의 실습 예문으로 제시하면 다음과 같습니다.

환송 스피치에 대한 실습 예문

(상황)

　이태현 씨가 평소 봉사와 사랑을 몸소 실천하신 박용규 선생님의 환송식 사회를 맡았습니다. 다음 달 국제단체로 자리를 옮겨 가시게 되는 박용규 선생님의 앞날에 무궁한 발전과 행운이 가득하시길 바라는 마음을 담아 행하는 이태현 씨의 환송 스피치입니다.

(안내 지침)

　환송 스피치는 아쉽고 안타까운 분위기일 수밖에 없지만 그렇다고 눈물바다로 만들 필요는 없습니다. 새로운 출발에 대한 희망과 축원이 있어야 합니다. 시작 단계에서 자기소개를 간략히 한 다음 과거·현재·미래의 소감을 표현하고 앞날의 건승을 기원하는 마무리로 진행하는 것이 효과적인 전개가 됩니다.

(실습 예문)

　안녕하십니까? 존경하는 박용규 선생님의 환송회 사회를 맡은 이태현입니다. (❶ 시작 단계)

　'사랑한다'라는 말 다음으로 세상에서 가장 아름다운 말은 '돕는다'라는 말입니다. 그동안 우리 자원봉사 단체에서 항상 뜨거운 열정과 사랑의 마음으로 누구보다 앞장서서 이 아름다운 말을 실천하신 박용규 선생님께서 다음 달 국제단체로 자리를 옮겨 가시게 됐습니다. (❷ 환송 행사 취지 설명 단계)

　가슴 아픈 현실에 함께 울고, 작은 도움이라도 기꺼운 마음으로 나누며 함께 웃었던 봉사 현장에서의 소중한 시간이 생각납니다. (과거 즐거웠던 추억) 늘 우리에게 든든한 힘이 돼 주신 선생님의 환한 미소를 언제까지나 간직할 겁니다. (현재의 느낌) 이번 기회에 박용규 선생님께서는 우리나라뿐만 아니라 세계 곳곳에서 도움의 손길을 기다리는 사람들에게 한국의 온정을 널리 전하실 수 있을 겁니다. (미래의 발전 방향) (❸ 환송 소감 표현 단계)

멀리 떨어져 있더라도 늘 마음만은 가장 가까운 곳에서 응원하겠습니다. 더 많은 사람에게 사랑과 희망을 나누어 주시고 더불어 그 환한 미소도 세계 곳곳에 전해 주시길 바랍니다. (❹ 보충 단계)

여러분, 박용규 선생님의 앞날에 무궁한 발전과 행운이 가득하시길 바라는 마음을 담은 큰 박수를 부탁합니다. 감사합니다. (❺ 마무리 단계)

(19) 이별 스피치

이별 스피치는 명칭 그대로 이별의 아쉬움을 나누는 자리에서 행해지는 스피치입니다.

이별 스피치 역시 5단계로 내용을 조직할 수 있는데, 이에 대한 내용 조직 프레임은 다음 [표 19]와 같습니다.

[표 19] 이별 스피치의 내용 조직 프레임

① 시작 단계	② 감정 전달 단계	③ 내용 전개 단계
④ 강조 단계	⑤ 마무리 단계	

 이별 스피치의 구체적인 내용 조직 방법

❶ 시작 단계

첫 번째 순서는 상대의 이름을 부르는 단계입니다. 이름을 부를 때는 이별의 아쉬움이 깃든 음성도 중요하지만, 그에 걸맞은 눈빛과 표정이 함께해야 합니다. 왜냐하면,

우리의 몸은 입보다 더 많은 말을 하기 때문입니다.

예시) 신길섭 선생님!

위의 예시는 아쉬움이 담긴 목소리로 상대방을 부르고 있습니다. 이때 표현은 어미를 약간 올리면서 길게 끌어주는 것이 다정한 느낌을 풍기게 합니다.

❷ 감정 전달 단계

두 번째 순서는 이별의 아쉬운 감정을 전달하는 단계입니다. 감정은 표현돼야만 상대방이 알아줄 수 있습니다. 왜냐하면, 상대방은 초능력자가 아니기 때문입니다. 따라서 감정 전달은 이별 스피치에 있어서 가장 중요한 부분입니다.

예시) 짧은 시간이었지만 정이 많이 들었습니다. 뜻깊은 시간을 함께하게 돼서 정말 보람되고 여러 가지로 감사했습니다. 벌써 헤어져야 한다니 정말 아쉽습니다.

이별의 아쉬움에 대한 감정 전달은 위의 예시 이외에도 "오랫동안 정이 많이 들었는데 이렇게 갑자기 헤어지게 되다니 가슴이 텅 비워지는 것 같습니다." 혹은 "만남이 있으면 반드시 이별이 있다는 말도 있지만 정말 아쉽습니다." 등의 표현도 좋습니다.

❸ 내용 전개 단계

세 번째 순서는 내용을 구체적으로 전개해 나가는 단계입니다. 이별 스피치는 과거·현재·미래의 시간적 구성법을 활용해서 내용을 전개해 나가면 효과적입니다. 내용도 부정적인 내용은 될 수 있으면 피하고 긍정적인 내용을 담도록 합니다.

예시) 세미나 중에 2인 1조 발표를 준비하면서 선생님의 재치에 정말 놀라고 즐거웠습니다. 어떻게 프레젠테이션 도중에 노래하실 생각을 하셨습니까? 지금 생각해도 웃음이 솟아납니다. 덕분에 상품까지 받아가고 정말 무척 재미있었습니다. (과거)
그런데 이제 헤어져야 한다니 정말 아쉽습니다. (현재)
선생님의 지금 열정대로라면 앞으로 하시게 될 일도 분명히 크게 성공하실 겁니다. (미래)

위의 예시는 미래 부분에 앞으로 큰 성공을 할 것이란 덕담을 하고 있습니다. "크게 성공하실 겁니다, 꼭 성공하시리라고 믿습니다, 큰 발전이 있으실 겁니다, 분명히 늘 행복하실 거예요." 등의 긍정적인 메시지들이 덕담으로 활용될 수 있습니다.

❹ 강조 단계

네 번째 순서는 이별의 아쉬움을 다시 강조하는 단계입니다. 단순한 강조를 넘어서서 앞으로 다시 만날 희망의 메시지도 덧붙여 주는 것이 좋습니다. 죽음 이외에 영원한 이별은 없기 때문입니다.

> **예시)** 신길섭 선생님, 지금처럼 매일 뵙지는 못하더라도 연락 자주 드리겠습니다. 매년 세미나만큼은 꼭 참석해 주시길 바랍니다.

"매일 뵙지는 못해도 연락 자주 드리겠습니다."라는 위의 예시처럼 다시 만날 희망의 메시지는 이별 스피치에서 중요한 대목입니다. 특히 인터넷망이 전 세계적으로 이어져 있는 이 시대에 단절된 이별은 쉽지 않기 때문입니다. "이메일이나 트위터로 서로 연락 자주 나눠요." 또는 "제 블로그 자주 방문해 주실 거죠?" 등의 표현도 할 수 있습니다.

❺ 마무리 단계

다섯 번째 순서는 건강과 발전을 기원하면서 마무리하는 단계입니다. 앞으로 미래에 대한 응원과 축원의 메시지나 건강과 행복을 기원하는 내용이 무난합니다. 이별의 분위기이지만 마무리 단계의 표현은 발전적인 미래의 의미를 살려 다소 활기차게 표현하는 것이 더 적절합니다.

> **예시)** 늘 건강하시고 하시는 일이 지금보다 더 잘 되시길 응원하겠습니다. 연락드리겠습니다. 감사합니다.

위의 예시는 "감사합니다."로 마무리하고 있지만, 관계나 친밀도에 따라 "사랑해요, 행복하세요, 또 봬요,[2] 다시 뵐 때까지 건강하세요." 등의 표현도 활용할 수 있습니다.

---

2 **실용 Tip** '뵈'와 '봬'의 구분

'봬'는 '뵈어'의 준말입니다. 따라서 '뵈어'를 넣고 말이 통하면 '봬'를 쓰고, 아니면 '뵈'를 적용합니다.
실용적인 차원에서의 또 다른 구별법은 '하'를 넣고 말이 어울리면 '뵈'를 쓰고, 아니면 '해'를 넣고 말이 어울리면 '봬'를 씁니다.

앞에서 제시했던 이별 스피치에 대한 5단계 예시의 전체 흐름을 살펴보기 위해 이별 스피치를 하나의 실습 예문으로 제시하면 다음과 같습니다.

 이별 스피치에 대한 실습 예문

(상황)

최병화 선생님은 경기대학교 평생교육원 스피치 과정을 3기부터 6기까지 연속 4학기를 수료하고, 재학생과 수료생들의 모임인 '스피치와 사람들'이라는 모임에서 중추적인 역할을 맡아 해주신 분입니다. 그런 그가 이민을 하게 됐습니다. 이별의 아쉬움을 담은 최병화 선생님과의 이별 스피치입니다.

(안내 지침)

이별 스피치는 함께 했던 시간을 추억하면서 떠나시는 분의 앞날에 대한 축원을 담은 메시지를 전하는 것이 기본입니다. 아쉬운 마음과 정감 어린 마음이 담긴 어조로 떠나시는 분의 이름을 부르면서 감사와 아쉬움을 담은 감정을 전달하고 과거의 추억과 현재의 안타까운 마음, 미래에 대한 축원을 이어나가는 것이 좋습니다. 그다음은 앞으로의 바람과 감사로 마무리하면 됩니다.

(실습 예문)

최병화 선생님! (❶ 시작 단계)

선생님과 함께 한 시간이 그리 긴 시간은 아니었지만, 정이 많이 들었습니다. 뜻깊은 시간을 함께하게 돼서 정말 즐거웠고 여러 가지로 감사했습니다. 이제 헤어져야 한다니 정말 아쉽습니다. (❷ 감정 전달 단계)

8년 전인가요? '스피치와 사람들'의 무궁한 발전을 위해 워크숍의 필요성을

즉 위의 문장 "또 봬요."에서는 '하요'와 '해요' 중에서 '해요.'가 어울리는 표현이므로 '봬요.'를 적용하는 것이 맞습니다.

강조하면서 앞장서서 워크숍을 추진하셨지요. 그 4기 워크숍 장기 자랑 시간에 선생님이 보여 주신 온몸을 동원한 337박수는 지금 생각해도 재미있고 멋진 모습입니다. 선생님의 숨은 재주에 정말 놀라고 모두가 즐거웠습니다. 지금 생각해도 입가에 미소가 번집니다. (과거)

그런데 이제 최 선생님과 헤어져야 한다니 정말 아쉽습니다. (현재)

선생님의 지금 열정대로라면 앞으로 하시게 될 일도 분명히 크게 성공하실 겁니다. (미래) (❸ 내용 전개 단계)

최병화 선생님, 지금처럼 뵙지는 못하더라도 연락은 자주 드리겠습니다. 매년 봄, 가을 워크숍 중 가을 워크숍만큼은 꼭 참석해 주시길 바랍니다.

(❹ 강조 단계)

늘 건강하시고 하시는 일이 지금보다 더 잘 되시길 응원하겠습니다. 연락드리겠습니다. 감사합니다. (❺ 마무리 단계)

(20) 신년회 스피치

새해를 맞이하게 되면 사람들은 시무식·신년 하례식·단배식 등의 이름으로 한자리에 모여 새해를 맞이한 감회와 기쁨·덕담·희망·포부·목표·열정 등에 대해 메시지를 주고받으면서 신년 한 해를 성공적으로 살겠다는 결의와 각오를 다지곤 합니다.

신년을 맞이해서 개최되는 각종 모임이나 행사에서 사용되는 스피치를 가리켜 신년회 스피치라고 합니다.

신년회 스피치 역시 5단계 조직 방법을 적용해서 내용을 조직할 수 있는데, 이에 대한 내용 조직 프레임은 다음 [표 20]과 같습니다.

[표 20] 신년회 스피치의 내용 조직 프레임

| ① 시작 단계 | ② 메시지 전달 단계 | ③ 핵심 내용 전달 단계 |
| ④ 강조 단계 | ⑤ 마무리 단계 | |

신년회 스피치의 구체적인 내용 조직 방법

❶ 시작 단계

첫 번째 순서는 "안녕하십니까?" 또는 "반갑습니다."로 시작하는 단계입니다. 신년회는 새로운 출발을 의미하는 희망의 분위기이므로 시작 단계부터 활기차게 표현하는 것이 좋습니다.

> 예시) 여러분, 반갑습니다. 최수완입니다.

위의 예시처럼 "여러분, 반갑습니다."라는 단순한 표현 이외에도 "여러분, 새해가 밝았습니다. 안녕하십니까? 최수완입니다." 또는 "신년 첫 모임입니다. 여러분, 반갑습니다. 최수완입니다." 그밖에 "새해 첫날 첫 인사네요. 여러분, 안녕하세요? 최수완입니다." 등이 있습니다.

❷ 메시지 전달 단계

두 번째 순서는 열정·활력·희망에 찬 긍정적인 신년 메시지를 전달하는 단계입니다. 밝음·새로움·희망·열정·의욕 등의 단어들을 활용한 역동적인 메시지가 적절합니다. 부정적인 언급은 되도록 피하는 것이 좋습니다.

> 예시) 희망찬 새해가 밝았습니다. 새해에는 누구나 마음도 새롭고 기분도 새롭습니다. 떠오르는 태양처럼 의욕과 열정이 꿈틀거려집니다.

위의 예시는 희망찬 새해의 역동적인 분위기를 잘 표현하고 있습니다. 이 부분에서는 "2015년* 올해는 청양의 해죠? 모두 청양의 기운을 받아 자신의 분야에서 맹활약을 펼치는 해가 됐으면 좋겠습니다." 또는 "올해는 연초부터 좋은 행사들이 이미 여러 개 예정돼 있습니다. 특별히 잘 될 해일 것 같은 느낌이 듭니다." 등의 긍정적인 표현을 활용하는 것이 효과적입니다.

❸ 핵심 내용 전달 단계**

세 번째 순서는 덕담, 신년도의 과업, 목표 등 핵심 내용을 전달하는 단계입니다. 핵심 메시지는 다양하게 구성할 수 있으나 세 가지*** 정도로 정리해서 표현하면 말하는 이와 청중 모두에게 쉽고 편리한 내용 구성이 됩니다. 내용에는 행복이나 발전적인 내용을 담되 개별이 아닌 함께하는 단합의 의미를 집어넣는 것이 좋습니다.

실용 Tip

*2016년은 원숭이의 해

2016년 올해는 원숭이의 해죠? 모두 재주가 많은 원숭이처럼 활동력과 추진력 있게 자신의 분야에서 맹활약을 펼치는 한 해가 됐으면 좋겠습니다.

실용 Tip

**신년회 스피치의 핵심 내용 전달 단계

특별한 과업이나 강조 사항 등 핵심 내용이 없을 때는 덕담을 전하는 단계로 활용하는 것이 좋습니다.

실용 Tip

***핵심 내용을 전달할 때 가능하면 세 가지로

핵심 내용을 전달할 때 가능하면 세 가지로 많게는 네 가지로 요약·정리해서 얘기하는 것이 가장 좋습니다. 왜냐하면, 한 가지나 두 가지는 너무 단조롭다는 생각이 들고, 다섯 가지가 넘어가면 우리의 기억 구조상 받아들이기가 곤란해지기 때문입니다. 그러나 예를 들어 핵심 요지가 부득이하게 9가지가 됐을 경우는 세 가지씩 묶어주면 효과적입니다.

예시) 여러분은 어떤 새해 계획들을 세우셨는지요?

　　덕담 1) 올 한 해는 세상 곳곳에 평화와 행복이 가득하고,

　　덕담 2) 세상 사람들이 사랑으로 하나 되는, 뜻깊은 한 해가 됐으면 좋겠다는 소망을 해 봅니다.

　　덕담 3) 그리고 우리도 서로 아껴주고 위해주고 도와주면서 함께해서 더욱 행복한 한 해가 되길 바랍시다.

　신년회의 핵심 메시지는 위의 예시 외에도 "모두 새로운 각오로 멋진 한 해를 만들어 봅시다." 또는 "올해 세운 목표를 반드시 달성하는 성공의 한 해가 되도록 우리 모두 함께 열심히 일해 봅시다." 등의 과업이나 목표를 이루자는 의욕과 결의를 다지는 것도 좋습니다.

❹ 강조 단계

네 번째 순서는 전 단계에서 밝혔던 핵심 내용을 요약하고 강조하면서 협조를 요청하는 단계입니다. 내용을 요약하기 어려운 경우는 가장 중요한 것을 반복적으로 언급하면서 바람과 소망을 덧붙여 주면 효과적입니다.

> **예시)** 올 한 해 여러분 모두 건강하시고, 좋은 일들만 가득하시길 기원합니다.

신년이 됐을 때 가장 많이 하는 덕담 두 가지는 '건강'과 '일'일 겁니다. "건강하세요." 또는 "사업 잘 되시길 바랍니다." 등의 덕담이 무난합니다.

위의 예시에서도 건강하시고 좋은 일만 가득하시길 기원하고 있습니다. 그리고 "기원합니다."라는 표현은 "바랍니다, 소망합니다, 기도하겠습니다." 등으로도 표현할 수 있습니다.

❺ 마무리 단계

다섯 번째 순서는 성공과 승리를 기원하는 메시지로 마무리 인사를 하는 단계입니다. 한 해를 시작하는 메시지이므로 역동적이고 활기차게 표현하면서 마무리하는 것이 적절합니다.

> **예시)** 새해에도 우리 모두 열심히 함께해서 승리자가 됩시다. 감사합니다.

위의 예시는 함께해서 승리자가 되자는 단합의 의미도 담고 있습니다. 신년회는 단체나 모임의 행사이므로 함께해 나가자는 화합과 단합의 메시지가 중요합니다.

앞에서 제시했던 신년회 스피치에 대한 5단계 예시의 전체 흐름을 살펴보기 위해 신년회 스피치를 하나의 실습 예문으로 제시하면 다음과 같습니다.

신년회 스피치에 대한 실습 예문

(상황)

　유창렬 씨는 경기대학교 평생교육원 스피치 과정 4기 회장을 역임했고, 현재는 스피치 과정 재학생과 수료생의 모임인 '스피치와 사람들'의 총 동문회 회장을 맡고 있습니다. 회장 유창렬 씨가 스피치와 사람들의 회원들이 모인 자리에서 신년회 스피치를 하려고 합니다.

(안내 지침)

　회장으로서 신년회를 하는 자리는 정말 중요한 상황입니다. 조직 전체의 방향을 잡고 단합을 더욱 다지는 소중한 계기가 되기 때문입니다. 신년회이니만큼 활기찬 인사로 시작하면서 지난해에 대한 추억과 감사의 표현을 한 뒤, 새해의 희망과 계획을 담은 핵심 내용을 전달합니다. 멋진 한 해가 되길 기원하고 감사로 마무리하도록 합니다.

(실습 예문)

　안녕하십니까? 유창렬입니다. (❶ 시작 단계)
　지난해는 스피치와 스피치를 사랑하시는 여러분 덕분에 정말 행복했습니다.
　올 한 해도 스피치와 그리고 스피치를 사랑하시는 여러분과 더불어 행복하리라고 믿어 의심치 않습니다. (❷ 메시지 전달 단계)
　여러분!
　입에서 말이 나오는 사람은 말을 잘하지 못하는 사람이고, 머리에서 말이 나오는 사람은 그래도 좀 나은 사람이며, 가슴에서 말이 나오는 사람이야말로 진정 말을 잘하는 사람이라고 합니다.
　그렇습니다. "대문을 열면 도둑이 들어오지만, 마음의 문을 열면 행운이 들어온다."라는 말도 있지요.

올 한 해도 우리 모두 입을 열기 전에 마음의 문을 활짝 열고, 말과 생각과 감정이 진정으로 통할 수 있는 이심전심의 멋진 스피치를 했으면 좋겠습니다. (❸ 핵심 내용 전달 단계)

그리하여 우리가 모두 의사소통이 잘 되는 한 해, 웃음과 행복이 가득 넘쳐 나는 멋진 한 해가 되길 기원해 봅니다. (❹ 강조 단계)

스피치를 사랑하시는 스피치와 사람들의 회원 여러분!

우리가 함께하면 우리의 소망은 반드시 이뤄질 것이라 믿습니다. 감사합니다. (❺ 마무리 단계)

(21) 송년회 스피치

해마다 연말이 되면 한 해를 결산하는 송년 모임이나 행사들이 여기저기에서 열리게 됩니다. 이처럼 송년 모임이나 행사에서 사용되는 스피치를 가리켜 송년회 스피치라고 합니다.

송년회 스피치 역시 5단계 조직 방법을 적용해서 내용을 조직할 수 있는데, 이에 대한 내용 조직 프레임은 다음 [표 21]과 같습니다.

[표 21] 송년회 스피치의 내용 조직 프레임

| ① 시작 단계 | ② 감사 단계 | ③ 내용 전개 단계 |
| ④ 덕담 단계 | ⑤ 마무리 단계 | |

송년회 스피치의 구체적인 내용 조직 방법

❶ 시작 단계

첫 번째 순서는 인사와 자기소개를 하는 단계입니다. 한 해를 보내면서 어떤 해는 좋은 일이 있기도 하지만, 아쉬움이 남는 한 해인 경우도 있습니다. 첫 인사와 자기소개는 너무 들뜨지도 너무 침울하지도 않게 담담하게 표현하도록 합니다.

예시) 여러분, 반갑습니다. 손정희입니다.

위의 예시는 간단한 첫 인사로 시작을 하고 있습니다. 때로는 "안녕하십니까? 한 해의 끝자락에서 여러분과 함께하게 된 손정희입니다." 또는 "올해의 마지막을 여러분과 함께하게 돼서 행복한 여자 손정희입니다."라는 표현도 좋습니다.

❷ 감사 단계

두 번째 순서는 한 해 동안 이끌어 주고 도움을 주신 분들께 감사하는 단계입니다. 송년 스피치에서 빠져서는 안 될 부분이 바로 감사 단계입니다. 도움과 격려에 대한 감사의 마음을 담아 표현합니다.

예시) 먼저 올 한 해 동안 아낌없이 도와주고 격려해 주신 여러분께 깊은 감사의 말씀을 드립니다.

위의 예시는 한 해 동안 도움을 주신 여러분께 감사의 표현을 하고 있습니다. 다른 감사의 표현을 해 본다면 "여러분 덕분에 올 한 해 동안 잘 지낼 수 있었습니다. 먼저 깊은 감사의 말씀을 드립니다." 또는 "어려운 경기 속에서 제가 올 한 해를 무사히 마무리할 수 있게 된 것은 모두가 여러분 덕분이라고 생각합니다. 이 자리를 빌려 깊은 감사의 마음을 전합니다." 등이 있습니다.

❸ 내용 전개 단계

세 번째 순서는 스피치를 전개해 나가는 단계입니다. 송년회 스피치는 과거·현재·미래의 시간적 구성법을 활용해서 내용을 전개해 나가면 효과적입니다. 신년회 스피치와 마찬가지로 특히 미래를 언급하는 대목은 희망과 발전의 염원을 담은 긍정적인 표현이 적절합니다.

> 예시) 돌이켜보면 올해도 정말 다사다난했습니다. 보람찬 일도 많았고 아쉬운 점도 많았습니다. (과거)
> 안 좋았던 기억들은 모두 잊어버리고, 행복했던 기억들은 추억의 일기장에 고이 간직하면서, (현재)
> 새해에는 모두 더 건강하고 희망찬 모습으로 발전해 나가길 소망합니다.
> (미래)

위의 예시는 시간상으로 내용을 구분해서 표현하고 있습니다. 연설 시간이 짧다면 한 문장으로 표현해 볼 수도 있습니다. "어려웠던 올 한 해를 잘 보낼 수 있었던 것은 무엇보다도 우리 모두의 협력과 단합이 있었기에 가능했다고 생각하고, 새해에도 우리가 서로 힘을 합해 함께 한다면 더 멋지고 성공적인 결실을 볼 것이라고 믿습니다." 라는 표현도 가능합니다.

❹ 덕담 단계

네 번째 순서는 종료 안내와 함께 덕담하는 단계입니다. 종료 안내는 "끝으로, 마지막으로" 등으로 표현할 수 있고, 덕담은 일이나 가정에 대한 축원을 담은 표현이 효과적입니다.

예시) 끝으로 여러분의 가정에 건강과 행운이 가득하시길 기원합니다.

위의 예시는 가정에 대한 축원입니다. 이외에도 "여러분의 사업이 더욱 번창하시길 기원합니다." 또는 "언제나 좋은 일만 가득하시길 기원합니다." 그리고 "늘 건강하시고 매일 행복하시길 기원합니다." 등의 표현도 좋습니다.

❺ 마무리 단계

다섯 번째 순서는 끝인사로 마무리하는 단계입니다. 끝인사는 덕담에서 언급된 내용을 다시금 반복할 필요 없이 간단하게 "감사합니다."로 표현하는 것도 깔끔한 마무리입니다.

예시) 감사합니다.

굳이 좀 더 긴 표현을 해 본다면 "여러분, 한 해 마무리 잘하세요. 감사합니다." 또는 "여러분, 새해 좋은 꿈꾸시길 바랍니다. 감사합니다." 이외에 "여러분, 가족과 함께 행복한 송년 보내시길 바랍니다. 감사합니다." 등의 표현이 있습니다.

앞에서 제시했던 송년회 스피치에 대한 5단계 예시의 전체 흐름을 살펴보기 위해 송년회 스피치를 하나의 실습 예문으로 제시하면 다음과 같습니다.

 송년회 스피치에 대한 실습 예문

(상황)

김정천 씨가 송년회 모임에 참석했는데 갑자기 스피치를 하게 됐습니다. 무슨 말을 어떤 순서로 풀어내는 것이 송년의 의미를 잘 살리면서 더욱 화기애애하고 돈독한 분위기를 만드는 데 효과적일까요?

(안내 지침)

갑자기 스피치를 하게 되면 정말 당황이 될 겁니다. 하지만 단계별 조직 방법을 알고 있으면 이럴 때도 유용하게 쓸 수 있습니다. 인사로 시작한 다음 감사를 표합니다. 그러는 동안 여유를 찾게 되고 내용 전개를 해 나갈 수 있습니다.

전체적인 내용은 미래 지향적이고 발전적이면서 긍정적이어야 합니다. 즉흥 스피치 상황에서도 당황하지 않으려면 송년회에 참석하게 됐을 때 스피치가 약속돼 있지 않더라도 미리 내용을 준비해 가는 것이 좋습니다.

(실습 예문)

안녕하십니까? 김정천입니다. (❶ 시작 단계)

바쁘신 데도 송년회에 참석해 주신 여러분께 깊이 감사드립니다.

(❷ 감사 단계)

오늘은 지나온 날들을 점검하고 잘한 일에 대해서는 모두가 축하해 주고, 잘못한 일에 대해서는 다시 수정하고 보완해서 멋진 미래를 기약해 보는 뜻깊고 의미 있는 날입니다. (❸ 내용 전개 단계)

새해는 글자 그대로 희망과 설렘으로 가득한 새로운 출발의 해입니다. 새 술은 새 부대에 담으라는 성경 말씀도 있듯이 이제 묵은 것은 다 버리고, 새로운 희망과 설렘으로 다가오는 새해를 가득 채워야겠습니다.

아무쪼록 며칠 남지 않은 2015년 알차게 마무리하시고, 2016년 새해에는 만사형통하시고 웃음과 행복이 가득 넘쳐나시길 바랍니다. (❹ 덕담 단계)

우리 모두에게 축복과 행운이 늘 함께 하길 기원하면서 제 송년 인사를 마칩니다. 감사합니다. (❺ 마무리 단계)

실용 Talk

송년회 스피치에 대한 여러 가지 활용 예문

① 안녕하십니까? 김용미입니다.
시작과 끝은 연결돼 있다고 합니다. 오늘의 송년 모임이 우리 모두에게 밝아 오는 새해의 멋진 출발을 가져올 것을 믿어 의심치 않습니다. 아무쪼록 얼마 남지 않은 2015년 잘 마무리하시고, 다가오는 2016년 새해에는 가운이 융성할 수 있는 한 해가 되시길 바라면서, 제 송년사를 마칩니다. 감사합니다.

② 오늘은 즐거운 송년회 날입니다. 지나온 날들을 점검하고 잘한 일에 대해서는 모두가 축하해 주고, 잘못한 일에 대해서는 다시 수정하고 보완해서 멋진 미래를 기약해 보는 뜻깊고 의미 있는 날입니다. 아무쪼록 며칠 남지 않은 2015년 알차게 마무리하시고, 2016년 새해에는 만사형통하시고 웃음과 행복이 가득 넘쳐나시길 기원합니다. 감사합니다.

③ 성경 말씀에 "범사에 감사하라."라는 말이 있듯이 제게는 이 세상 모두가 고맙고 감사합니다. 2015년 한 해를 마무리하는 시점에 회원 여러분과 한자리에 모여 송년의 아쉬움을 달래고, 이렇게 끈끈한 정을 나눌 수 있음에 또한, 깊은 감사를 드립니다. 새해에는 우리 모두에게 더 큰 성장과 발전 · 행복이 함께하는

감사의 한 해가 됐으면 합니다. 감사합니다.

④ 2015년이 저물어 가고 있지만, 2016년 새해가 다가오고 있습니다. 새해는 글자 그대로 희망과 설렘으로 가득한 새로운 출발의 해입니다. 새 술은 새 부대에 담으라는 성경 말씀도 있듯이 이제 묵은 것은 다 버리고, 새로운 희망과 설렘으로 다가오는 새해를 가득 채워야겠습니다.

모든 창조물은 우리의 생각으로 시작되듯이 2016년에는 우리 모두에게 분명히 좋은 일이 가득하리라는 것을 믿어 의심치 않습니다.
아무쪼록 2016년 새해에는 우리 모두에게 축복과 행운이 늘 함께하길 기원하면서 제 송년 인사를 마칩니다. 감사합니다.

(22) 선물 받기 스피치

선물을 받을 때, 또는 선물을 받고 난 후 행하는 스피치를 선물 받기 스피치라고 합니다.

선물 받기 스피치 역시 5단계 조직 방법을 적용해서 내용을 조직할 수 있는데, 이에 대한 내용 조직 프레임은 다음 [표 22]와 같습니다.

[표 22] 선물 받기 스피치의 내용 조직 프레임

| ① 시작 단계 | ② 감사 표현 단계 | ③ 의미 해석 단계 |
| ④ 다시 감사 표현 단계 | ⑤ 마무리 단계 | |

선물 받기 스피치의 구체적인 내용 조직 방법

(상황) 이재민 씨가 사법고시 2차 합격 후 자신을 축하해 주기 위해 모인 친지 여러분과 축하객들에게 행하는 선물 받기 스피치입니다. 그동안 베풀어 주신 은혜를 통해 많은 도움을 받았음을 인정하고 감사의 마음을 전하려고 합니다.

❶ 시작 단계

첫 번째 순서는 인사와 함께 자신을 소개하는 단계입니다. 선물을 받을 때는 자만하지 않고 겸허한 마음으로 임해야 합니다. 이름 앞에 겸허한 마음을 담은 수식어를 곁들여도 효과적입니다.

> **예시)** 안녕하십니까? 과분한 칭찬과 함께 귀한 선물을 받은 이재민입니다.

위의 예시에서는 이름 앞에 수식어를 붙이면서 "과분한"이란 단어를 활용해 겸허한 마음을 표현하고 있습니다. "안녕하십니까? 여러분 덕분에 오늘 영광스러운 이 자리에 서게 된 이재민입니다."라는 표현도 활용할 수 있습니다.

❷ 감사 표현 단계

두 번째 순서는 큰 틀부터 즉 관계자와 협력자에 대해 감사의 표현을 하는 단계입니다. 선물을 받는 사람이 감사의 표현을 빠뜨린다면 선물 받기 스피치의 의미가 퇴색됩니다. 인정을 받고자 하는 욕구는 사람들의 기본 욕구입니다. 베풀어 주신 은혜를 통해 많은 도움을 받았음을 인정하고 고마움을 전해야 합니다. 감사는 모이신 분들에 대한 감사와 선물을 주신 분에 대한 감사가 있습니다.

> **예시)** 우선 제 사법고시 합격을 축하해 주고자 이 자리에 모이신 할아버지·할머니·외할아버지·외할머니·삼촌·외삼촌·아버지·어머니 그 외 모든 친지 여러분께 감사의 말씀을 드립니다.

위의 예시는 가족, 친지 분들을 나열해 가면서 감사의 말씀을 드리고 있습니다. 시상식에서 소감 발표를 하는 수상자들이 고마운 분들의 이름을 한 분씩 거명하는 모습을 자주 볼 수 있는데, 이런 표현은 자칫 중요한 누군가를 빠뜨리게 되면 실례가 되므로 유의해야 합니다. 따라서 모인 청중이 많다면 아예 청중 전체에게 감사하고, 가장 감사할 사람 한 분을 선정해서 짧은 에피소드*와 함께 감사 표현을 하는 것도 모인 청중에게 감동을 주는 좋은 방법이 될 수 있습니다.

❸ 의미 해석 단계**

세 번째 순서는 받은 선물의 의미를 해석하는 단계입니다. 선물의 의미를 해석하는 단계에서도 겸허함을 잃지 않도록 유의하면서 여러분의 덕분임을 언급해 주는 것이 좋습니다. 또한, 앞으로 더욱 열심히 하겠다는 각오를 덧붙여 주는 것도 효과적입니다.

 **실용 Tip**

*짧은 에피소드를 곁들인 감사 표현

우선 제 사법고시 합격을 축하해 주고자 이 자리에 모이신 모든 친지 여러분께 감사의 말씀을 드립니다. 사실 2차 사법고시를 한 달 정도 앞두고서는 자신감이 떨어지고 많이 두려웠습니다. 그래서 잠깐 방황도 했었습니다.

그때 저를 꼭 껴안아 주시면서 "재민아, 난 너를 믿는단다. 넌 틀림없이 잘해낼 수 있어! 재민아, 힘내라!" 하면서 저를 인정해 주고 격려해 주신 그분이 없었다면 아마 오늘의 영광은 없었을 겁니다.

그분은 바로 외할아버지이십니다. 정말 감사드립니다. 여러분, 저희 외할아버지께 큰 감사의 박수를 부탁해도 되겠습니까?

실용 Tip

**선물에 대한 의미 해석

- 시계를 선물로 받았을 때 : 시간을 소중히 생각하며 하루하루를 보람되게 살라고 하는 의미로 감사히 받겠습니다.
- 건강식품을 선물로 받았을 때 : 앞으로 건강한 몸으로 인재 양성에 더욱 매진하라는 의미로 감사히 받겠습니다.

예시) 여러분 모두의 염려와 기대가 있었기에 오늘의 영광이 있다고 생각합니다. 여러분 한 분 한 분의 따뜻한 정성이 담긴 이 선물은 어떠한 경우라도 정의의 편에 서는 훌륭한 법조인이 되라는 의미로 겸허히 받겠습니다. 앞으로 여러분의 기대에 어긋나지 않도록 더욱 열심히 노력하겠습니다.

일반적으로 선물의 의미는 잘했다는 축하와 앞으로 더 잘하라는 격려가 담겨 있습니다. 따라서 위의 예시처럼 잘했다는 부분은 주위에서 도움을 주신 분께 공을 돌리고, 잘하라는 격려는 앞으로 열심히 최선을 다하겠다는 각오로 화답하는 것이 적절합니다.

❹ 다시 감사 표현 단계

네 번째 순서는 모든 분께 다시 감사를 표현하는 단계입니다. 선물 받기 스피치는 감사의 스피치라고 해도 지나치지 않는 표현입니다. 감사의 표현은 한 번에 그치지 않고 다시 한 번 감사의 마음을 표현해 주는 것이 좋습니다.

예시) 그리고 끝까지 자리를 함께해 주신 이 자리에 계신 모든 여러분께 다시 한 번 감사의 말씀을 드립니다.

위의 예시는 감사의 표시를 "끝까지 자리를 함께해 주신 모든 여러분께"라고 표현하고 있습니다. 앞의 2단계에서 특정인들을 거론하면서 감사의 말을 했던 감사 표현과는 다르게 여기 4단계인 다시 감사 표현 단계에서는 "끝까지 자리를 함께해 주신 모든 분께 감사를 드리는 것"과 같은 포괄적인 감사 표현이 적절하고도 바람직한 표현입니다.

❺ 마무리 단계

다섯 번째 순서는 끝인사를 하는 단계입니다. 끝인사는 간단하게 "감사합니다."로 끝맺을 수도 있고, "앞으로 우리 가족의 발전을 위해서도 더욱 노력하겠습니다. 감사합니다."라는 식으로 자신의 각오를 말하면서 감사로 끝맺음할 수도 있습니다. 혹은 "더욱 열심히 하겠습니다. 감사합니다."로 짧게 마무리해도 좋습니다.

예시) 감사합니다.

앞에서 제시했던 선물 받기 스피치에 대한 5단계 예시의 전체 흐름을 살펴보기 위해 선물 받기 스피치를 하나의 실습 예문으로 제시하면 다음과 같습니다.

 선물 받기 스피치에 대한 실습 예문

(상황)

조윤수 씨가 골프 이글 기념으로 기념패를 받고 행하는 선물 받기 스피치입니다. 골프에 입문시켜 주신 고마움과 선물의 감사함을 표현하려고 합니다. 의미를 해석하고 다시 감사를 표현하면서 마무리하려고 합니다.

〈안내 지침〉

　정성 들여 기념패를 만들어주신 분들께 시작 단계에서부터 행복한 마음을 담고 감사의 마음을 표현해 나가는 것이 좋습니다. 단순한 감사에 그치지 않으려면 골프를 통해 얻게 된 여러 혜택을 언급함으로써 의미를 해석하고 다시 감사의 표현으로 마무리하는 것이 효과적입니다.

〈실습 예문〉

　안녕하십니까? 오늘 분에 넘치는 행운을 받게 된 행복한 사람 조윤수입니다.
(❶ 시작 단계)

　골프에 입문시켜주신 것만으로도 고마운데, 오늘 이렇게 이글 기념으로 기념패까지 정성을 모아 제작해 주시니 정말 고마운 마음 전할 길이 없습니다.
(❷ 감사 표현 단계)

　골프는 스포츠이기도 하지만, 저는 여러분과 함께 골프를 하면서 '골프는 마음 나눔'이란 생각이 들었습니다. 골프 모임을 통해서 저는 여러 훌륭하신 선배 동료님들로부터 사업과 인생에 관련한 많은 조언과 가르침을 얻었고, 어려울 때는 위안과 격려의 말씀도 많이 들었습니다. (❸ 의미 해석 단계)

　오늘 자리를 함께해 주시고 좋은 선물을 주신 여러분께 다시 한 번 감사드립니다. (❹ 다시 감사 표현 단계)

　앞으로 골프 실력도 더 향상하고 우리 모임의 발전을 위해서도 더욱 노력하겠습니다. 감사합니다. (❺ 마무리 단계)

(23) 선물 주기 스피치

　선물 주기 스피치 역시 5단계 조직 방법을 적용해서 내용을 조직할 수 있는데, 이에 대한 내용 조직 프레임은 다음 [표 23]과 같습니다.

[표 23] 선물 주기 스피치의 내용 조직 프레임

① 시작 단계　　② 동기와 감사 표현 단계　　③ 설명 단계
④ 안내 단계　　⑤ 마무리 단계

 선물 주기 스피치의 구체적인 내용 조직 방법

❶ 시작 단계

첫 번째 순서는 인사와 함께 자신을 소개하는 단계입니다. 선물 주기 스피치에서는 사회자가 있기 마련입니다. 이때 사회자는 주인공과 자신의 관계를 간략하게 언급하면서 인사 하는 것이 좋습니다.

예시) 안녕하십니까? 저는 오늘의 주인공 이재민 군의 외삼촌, 마음이 따뜻한 남자 김현기입니다.

위의 예시에서는 주인공과의 관계를 언급하면서 자신을 소개하고 있습니다. 이외에도 "안녕하십니까? 오늘 사회를 맡게 된 이재민 군의 외삼촌 김현기입니다." 혹은 "안녕하십니까? 이재민 군의 외삼촌 되는 김현기입니다. 오늘 제가 사회를 맡게 돼서 이렇게 여러분 앞에 서게 됐습니다." 등과 같이 표현할 수도 있습니다.

❷ 동기와 감사 표현 단계

두 번째 순서는 청중에게 모임의 동기를 확인시키고, 참석해 주신 것에 대한 감사의 표현을 하는 단계입니다. 이 단계에서는 모임을 하게 된 취지와 이유를 설명하고 참석해 주신 청중에게 감사의 마음을 전합니다.

1) 모임의 동기

   예시) 오늘 우리는 이재민 군의 사법고시 2차 시험 합격을 축하하고자 이 자리에 모였습니다.

2) 청중에 대한 감사

   예시) 우선 바쁘신 중에도 자리를 빛내 주려고 참석해 주신 여러분께 이재민 군의 외삼촌으로서 진심으로 감사의 말씀을 드립니다.

위의 예시는 사법 고시 합격을 축하하고자 하는 모임의 동기와 참석하신 내빈에 대한 감사의 뜻을 표하고 있습니다. 청중에 대해 감사를 하는 경우 "바쁘신 중에도"라는 표현을 많이 쓰지만 연로하신 어른들이 많이 참석하신 경우라면 "공사다망하신 중에"라는 한자식 표현으로 격식 있는 분위기를 내는 것도 좋습니다.

❸ 설명 단계

세 번째 순서는 왜 이 선물을 주게 됐는지 그 사연을 청중에게 설명하는 단계입니다. 선물 주기 스피치는 과거·현재·미래의 시간적 구성법을 활용해서 주인공의 공로와 업적을 설명해 주면 효과적입니다. 이때 재미있는 에피소드를 곁들이면 청중은 더 흥미를 느끼게 될 겁니다.

   예시) 우리 속담에 "될성부른 나무는 떡잎부터 알아본다."라는 말이 있습니다.
      이재민 군은 어려서부터 뭔가 달랐습니다.
      가정에서는 부모님 말씀 잘 듣는 효자로서, 학교에서는 선생님 말씀 잘 듣고 공부 잘하는 우등생으로서 잘 성장해 왔습니다.
      그리고 리더십이 뛰어나 초등학교 6학년 때는 전교 어린이회장을 맡을 정도로 두각을 나타냈습니다. *(과거)*

자신의 꿈과 목표를 정해서 그 길을 향해 꾸준히 계획을 세우고, 실천해 온 결과 오늘 이런 뜻깊은 행사를 하게 됐습니다. (현재)

앞으로 대한민국의 자랑스러운 법조인이 될 이재민 군의 멋진 활약을 기대합니다. 아무쪼록 이재민 군이 꿈꾸는 꿈과 목표들이 모두 실현되길 기원합니다. (미래)

위의 예시는 주인공에 대한 과거의 훌륭했던 점과 열심히 실천한 결과 현재에 이루어 낸 성과, 앞으로의 기대 등을 시간적 전개를 통해 잘 표현하고 있습니다. 가족들 모임에서는 과거 부분에서 어린 시절의 특별했거나 재미있었던 일화를 얘기하는 것도 좋습니다.

만일 중간 박수를 보내고 싶다면 미래 부분 끝에서 "앞으로 더욱 큰 발전을 기원하는 의미에서 여러분의 큰 박수를 부탁합니다."등의 표현을 하는 것이 효과적입니다.

❹ 안내 단계

네 번째 순서는 선물을 전달하도록 안내하는 단계입니다. 선물 수여자와 수상자*가 자리를 준비하는 동안 사회자는 선물은 어떤 것이고, 그 비용은 어떻게 마련했다는 등의 얘기를 해주면 좋습니다.

실용 Tip

> ***선물 수여자와 수상자의 위치**
>
> 선물 수여자는 청중이 볼 때 왼쪽에, 수상자는 오른쪽에 섭니다. 그래야 선물을 주고 나서 소감 발표를 해야 하는 수상자를 청중 앞에 세우기가 더 편리하기 때문입니다.
>
> 다시 말해서 선물 수여자가 청중이 볼 때 수상자의 왼쪽에 있어야 선물을 주고 나서, 수상자와 악수를 했을 때 수여자가 마주 잡은 오른손을 자기 앞쪽으로 살짝 당겨서 수상자를 청중을 향하도록 유도해 줄 수 있기 때문입니다.

예시) 그럼, 오늘의 주인공 이재민 군의 사법고시 합격을 축하하는 금으로 만든 거북이 선물 수여식이 있겠습니다. 이재민 군은 앞으로 나와 주시길 바랍니다.
선물 전달은 이재민 군의 외할아버지께서 해 주시겠습니다.
참고로 말씀드리자면, 이재민 군에게 선물로 수여한 거북이는 이재민 군의 친가 외가의 친척분들 한 분 한 분의 사랑과 정성이 담긴 선물입니다.

위의 예시에서 돋보이는 표현은 준비한 선물이 특정인만이 준비한 것이 아니라 모든 분의 정성이 담긴 선물이라는 겁니다. 선물은 물질뿐만 아니라 마음의 선물도 가치 있는 선물이므로 주최 측 사회자는 모든 분의 정성임을 강조해 주는 것이 좋습니다.

❺ 마무리 단계

다섯 번째 순서는 박수를 유도하면서 마무리하는 단계입니다. 박수 유도는 크고 활기찬 목소리로 해야 합니다. 그렇지 않으면 분위기는 썰렁해질 수 있습니다. 고저·강약·리듬을 살린 목소리로 힘차게 마무리합니다.

예시) 여러분, 우렁찬 박수로 축하해 주시길 바랍니다.

박수 유도를 할 때는 위의 예시에서 표현된 것 이외에도 "여러분~ 축하의 큰 박수 부탁합니다, 여러분~ 힘찬 박수로 축하해 주십시오, 축하의 마음을 담은 우렁찬 박수 부탁합니다." 등으로 다양하게 표현할 수 있습니다.

앞에서 제시했던 선물 주기 스피치에 대한 5단계 예시의 전체 흐름을 살펴보기 위해 선물 주기 스피치를 하나의 실습 예문으로 제시하면 다음과 같습니다.

 선물 주기 스피치에 대한 실습 예문

(상황)
　진달래 고등학교 총동문회장 하태욱 씨가 고등학교 동문으로서 학교를 빛낸 이종오 동문을 위한 선물 주기 스피치를 합니다. 모인 청중에게 모이게 된 동기와 감사의 표현을 하려고 합니다.

(안내 지침)
　주고 욕먹는 경우는 정말 최악의 경우가 될 겁니다. 높은 자리에서 내려다보는 투로 선물을 줘서는 절대 안 될 겁니다. 간단한 자기소개로 시작한 다음 왜 이 선물을 주게 됐는지 그 사연을 청중에게 설명하고, 선물 전달을 합니다. 그리고 다음 일정에 대해 안내를 하고 마무리는 박수 유도로 끝내는 것이 가장 효과적입니다.

(실습 예문)

여러분, 안녕하십니까? 진달래 고등학교 총동문회장 하태욱입니다.

(❶ 시작 단계)

오늘은 우리 동문을 빛낸 25기 동문 이종오 동문을 축하하기 위해 우리는 한 자리에 모였습니다. 바쁜 일과 중에도 자리를 함께 해주신 동문 여러분께 깊이 감사드립니다. (❷ 동기와 감사 표현 단계)

이종오 군은 고교 재학 시절에도 늘 전교 1등을 다투던 수재였습니다.

미국 하버드대를 수석으로 졸업하고 지금은 미국 벤처 기업의 신화를 다시 쓰는 명 경영자로 우뚝 서 세계를 놀라게 하고 있습니다.

앞으로는 아프리카를 비롯한 어려운 곳을 지원하는 봉사 활동을 기업 차원에서 전개한다고 하니 정말 존경스럽고 자랑스럽습니다.

소망하는 모든 일이 반드시 잘 이뤄지리라고 믿습니다. (❸ 설명 단계)

그럼, 오늘의 행사 일정을 간단히 말씀드리겠습니다.

동문회 명의의 감사패 수여가 있겠고, 그다음은 모교 은사님으로부터 축하의 선물 전달식이 있겠습니다. 특히 3학년 담임선생님이신 박형채 은사님의 친필 붓글씨를 선물 받게 되겠습니다. 이어서 축하 연회가 거행되겠습니다.

(❹ 안내 단계)

여러분, 먼저 오늘의 주인공 이종오 동문을 위해 큰 박수를 부탁합니다.

(❺ 마무리 단계)

4강

행사 스피치(9종)

    5단계 행사 스피치 프로그램은 9가지로 구성했습니다. 즉 결혼식 사회 스피치, 기도 스피치, 마무리 스피치, 주례 스피치, 팔순 잔치 스피치, 건배 스피치, 행사 스피치, 취임 스피치, 야유회 스피치입니다.

(24) 결혼식 사회 스피치

    결혼식 사회 스피치[1] 역시 5단계 조직 방법을 적용해서 내용을 조직할 수 있는데, 이에 대한 내용 조직 프레임은 다음 [표 24]와 같습니다.

[표 24] 결혼식 사회 스피치의 내용 조직 프레임

① 준비 단계	② 화촉 점화 단계	③ 자기소개 단계
④ 축하 메시지 전달 단계	⑤ 마무리 단계	

---

[1] **실용 Tip** 전문적인 경연대회나 강연회 사회 스피치
    결혼식 사회 스피치 이외에 보다 전문적인 경연대회나 강연회 사회 스피치의 내용은 『파워 스피치 특강』 281쪽 5강 스피치 트레이닝 '5장. 자신만의 템플릿 만들기'를 참고하시길 바랍니다.

결혼식 사회 스피치의 구체적인 내용 조직 방법

❶ 준비 단계

첫 번째 순서는 예식 시간 5분 전에 식장을 정돈하고 예식을 준비하는 단계입니다. 즉 내빈들을 착석시키고 행사가 원만하게 진행될 수 있도록 분위기 정돈을 합니다. 이때 명령이나 지시적인 느낌이 들지 않도록 최대한 부드러운 어조로 예의를 갖춥니다.

> **예시)** 잠시 후 신랑 박성재 군과 신부 김성연 양의 결혼식이 진행될 예정입니다. 하객 여러분께서는 식장 안으로 들어오셔서 자리에 앉아 주시길 바랍니다. 자리에 앉으실 때는 앞좌석부터 앉아 주시길 바랍니다. 그리고 원활한 행사 진행을 위해서 휴대 전화는 꺼 주시거나 진동으로 전환해 주시길 바랍니다. 감사합니다.

위의 예시는 행사가 순조롭게 진행될 수 있도록 장내 분위기를 정리하면서 예식을 준비하고 있습니다. 어수선한 분위기 속에서 준비 단계 스피치를 할 경우는 그 전에 청중의 주의를 끌 수 있도록 "내빈 여러분께 잠시 안내 말씀드리겠습니다."라고 안내 말씀을 드리는 것이 더 효과적입니다.

❷ 화촉 점화 단계

두 번째 순서는 화촉을 밝히도록 안내하는 단계입니다. 이때는 양가 어머님께서 자리에 착석하고 계시는지 확인하고서 진행해야 합니다. 그렇지 않으면 시작부터 어수선한 분위기가 될 수 있기 때문입니다.

> **예시)** 이제 오늘의 성스러운 예식을 위해 양가 어머님께서 축복의 촛불을 밝히시겠습니다.

하객 여러분, 양쪽 집안의 어머님께서 입장하실 때 힘찬 박수를 부탁합니다.

양가 어머님께서는 입장해 주십시오.

(점화 후 양가 어머님 맞절과 내빈께 인사 후 자리에 착석)

위의 예시처럼 양가 부모님이 입장할 때 청중의 박수를 끌어내려면 박수를 보내 달라는 표현을 해야만 박수가 나옴을 유념해야 합니다.

❸ 자기소개 단계

세 번째 순서는 사회를 보는 자신을 소개하는 단계입니다. 자기소개라고 해서 많은 이력을 늘어놓을 필요는 없습니다. 사회자는 자신과 신랑 혹은 신부와의 관계를 간략하게 언급하는 정도가 좋습니다.

> 예시) 저는 오늘 사회를 맡은 신랑 박성재 군의 죽마고우 김철수입니다.

위의 예시는 신랑의 죽마고우라며 사회자가 자신을 소개하고 있습니다. 다른 경우는 "신랑 박성재 군의 친구 김정호입니다." 또는 "신랑 박성재 군의 회사 동료 박성영입니다."라는 식으로 적절하게 표현하면 됩니다.

❹ 축하 메시지 전달 단계

네 번째 순서는 결혼을 진심으로 축하하는 마음을 전달하는 단계입니다. 사회자로서 먼저 신랑 신부에게 축하의 마음을 전하면서 예식 전체가 축하의 분위기가 될 수 있게끔 유도합니다.

> 예시) 학창 시절 함께 말썽도 많이 피우고, 재미있게 지냈던 기억이 엊그제 같은데 성재가 결혼을 하니 감회가 새롭군요. 여러 친구를 대표해서 신랑 박성재 군의 결혼을 진심으로 축하합니다.

위의 예시는 신랑의 친구로서 친근한 마음을 담아 축하의 메시지를 전하고 있습니다. 이때는 친구라고 너무 격의 없는 표현을 해서는 안 됩니다. "허구한 날 여자들 꽁무니만 쫓아다니더니 오늘 성재가 드디어 예쁜 신부를 만나 결혼을 하게 됐네요."와 같은 표현은 절대 삼가야 합니다.

❺ 마무리 단계

다섯 번째 순서는 신랑 신부의 결혼 시작*을 알리는 단계입니다. 개회사라고 할 수 있습니다. 이때는 힘찬 목소리로 개회 선언을 하도록 합니다. 특히 신랑 신부의 이름은 명료하게 표현해야 함을 유의합니다.

실용 Tip

***결혼식 사회 스피치의 마무리 단계**

신랑 신부의 결혼 시작을 알리는 개회 선언 이후부터는 결혼식에서 제공해 준 팸플릿의 식순에 따라 사회를 보면 됩니다.

예시) 그럼, 지금부터 신랑 박성재 군과 신부 김성연 양의 결혼식을 시작하겠습니다.

개회 선언은 행사가 지금 시작돼도 무리가 없는지 확인하고, 전체적인 분위기 파악을 잘해가며 해야 합니다. 신랑이 잠시 화장실에 가 있는 동안 개회 선언과 신랑 입장이 외쳐진다면 큰 낭패를 볼 수 있기 때문입니다.

앞에서 제시했던 결혼식 사회 스피치에 대한 5단계 예시의 전체 흐름을 살펴보기 위해 결혼식 사회 스피치를 하나의 실습 예문으로 제시하면 다음과 같습니다.

 결혼식 사회 스피치에 대한 실습 예문

(상황)

이종철 씨가 고향 친구 김양수 군의 결혼식에 사회를 맡아 진행하는 결혼식 사회 스피치입니다. 김양수 군은 고향 친구이기는 하지만, 평소 존경하는 마음이 드는 멋진 친구입니다. 오늘 친구의 결혼을 축하하고, 늘 행복이 넘치는 가정이 되길 기원하면서 마음을 다해 사회를 보려고 합니다.

(안내 지침)

　어떤 행사든지 행사를 진행할 수 있는 상황이 마련된 다음에 식을 거행해야 성공적인 행사가 될 수 있습니다.

　따라서 첫 번째 순서인 준비 단계에서는 내빈의 착석을 유도하면서 행사에 방해될 만한 것들이 없도록 안내 말씀을 드립니다.

　다음은 화촉 점화를 하고 사회자 본인의 간단한 소개를 합니다.

　그리고 신랑 신부에게 간단한 축하 메시지를 전달하고 결혼식 개회를 선포하면 됩니다.

(실습 예문)

　행사가 곧 시작될 예정이오니 내빈 여러분께서는 자리에 착석해 주시길 바랍니다.

　그리고 뜻깊고 경건한 행사를 위해 휴대폰은 에티켓 모드로 전환해 주시길 바랍니다. (❶ 준비 단계)

　오늘 행사의 시작을 밝히는 촛불을 양가 어머님께서 밝혀주시겠습니다.

　하객 여러분, 힘찬 박수를 부탁합니다. (❷ 화촉 점화 단계)

　안녕하십니까? 오늘 사회를 맡게 된 저는 신랑 김양수 군의 고향 친구인 이종철입니다. (❸ 자기소개 단계)

　개인적으로 김양수 군은 친구이지만 무척 존경스럽기도 합니다. 오늘 소중한 친구의 결혼을 축하하며 늘 행복이 넘치는 가정이 되길 기원하면서 마음을 다해 사회를 보겠습니다. (❹ 축하 메시지 전달 단계)

　그럼 지금부터 신랑 김양수 군과 신부 방서연 양의 결혼식을 시작하겠습니다. (❺ 마무리 단계)

(25) 기도 스피치

기도 스피치 역시 5단계 조직 방법을 적용해서 내용을 조직할 수 있는데, 이에 대한 내용 조직 프레임은 다음 [표 25]와 같습니다.

[표 25] 기도 스피치의 내용 조직 프레임

| ① 시작 단계 | ② 감사 표현 단계 | ③ 핵심 내용 간구 단계 |
| ④ 보충 단계 | ⑤ 마무리 단계 | |

기도 스피치의 구체적인 내용 조직 방법*

 시작 단계

첫 번째 순서는 주님을 찾는 단계입니다. 기도는 마음으로 하는 것임을 유념하면서 조용한 곳에 자리를 잡고 믿음 충만한 마음으로 거룩하신 하나님(주님)을 부릅니다.

실용 Tip

*기도 스피치의 구체적인 내용 조직 방법

여기서는 기독교의 기도를 예로 들었으나 타 종교의 기도 텍스트도 역시 5단계 조직 방법을 적용해서 그 내용을 조직할 수 있습니다.

예시) 거룩하신 하나님! (주님!)

위의 예시처럼 "거룩하신 하나님" 이외에도 "은총이 가득하신 하나님, 아버지 하나님, 사랑의 주님" 등으로 시작해도 좋습니다.

❷ 감사 표현 단계

두 번째 순서는 하나님께 감사와 영광을 표현하는 단계입니다. 주님과 함께하게 됨으로써 갖게 되는 영광과 감사의 마음을 먼저 표현합니다. 기도는 요청으로 시작하는 것이 아니라 감사로 시작해야 함을 잊지 말아야 합니다.

> 예시) ① 예배를 위해 성도들을 불러 모아 주심에 감사
> ② 주님의 높고 위대하심을 찬양
> ③ 하나님 은혜에 감사 (기도·축복·구원·화평·건강·희락 등)

위의 예시를 구체적인 문구로 표현해 본다면 "우리를 주님의 성령으로 인도하여 주시고, 함께 주님의 사랑을 실천하기 위해 모일 수 있게 하심에 감사하나이다."

또는 "이웃을 사랑하고 심지어 원수마저 사랑하라는 주님의 높고 높으신 위대한 가르침을 우러러 찬양하며 실천을 다짐하나이다."

이외에도 "우리의 삶에 모든 화평과 희락은 주님의 은총 덕분임을 잘 알고 있나이다. 주님의 뜻에 따르는 축복된 삶, 구원의 삶을 살아갈 수 있게 해주신 하나님께 감사하나이다."로 표현할 수 있습니다.

❸ 핵심 내용 간구 단계

세 번째 순서는 회개하면서 남을 위해 기도하는 단계입니다. 자신만을 위한 이기적인 마음으로 자신의 복만 갈구하는 기도는 참된 기도라 할 수 없습니다. 자신의 잘못에 대한 회개와 용서를 구하고 남들의 번영과 행복을 위해서 먼저 기도합니다.

> 예시) 가난과 질병에 허덕이는 형제·자매들을 위해 기도합니다. 그들에게 주님의 사랑과 은총이 가득하길 기원합니다.

위의 예시는 형제·자매들을 위한 기도입니다. 기도의 대상은 무궁무진할 수 있습니다. "세계평화를 위해 기도합니다, 우리 대한민국과 우리 민족을 위해 기도합니다, 우리 교회를 위해 기도합니다."라는 식으로 큰 것에서 작은 것으로의 기도를 전개해도 좋습니다.

❹ 보충 단계

네 번째 순서는 자기, 자기 가정 또는 자기의 소속 기관(직장·학교 등)을 위해 기도하는 단계입니다. 기도할 때는 중언부언하지 말고 진실한 마음과 굳은 믿음으로 하나님과 소통해야 합니다.

> **예시)** 주님, 저는 주님의 종입니다. 모든 것을 주님의 뜻에 맡기오니 제 삶에 주님의 영광과 은총이 가득 넘치길 소망합니다. 그리고 우리 가족, 우리 회사도 언제나 주님의 은혜 속에서 사랑과 평화가 가득하길 기도드립니다.

위의 예시에서 기도의 표현은 "소망합니다, 기도드립니다."입니다. 이외의 표현은 "간절히 바랍니다, 바라옵고 원하옵니다, 기원합니다." 또는 "주님께서 도와주소서, 주님께서 이끌어 주시옵소서, 하나님께서 함께해 주시옵소서." 등의 표현도 있습니다.

❺ 마무리

다섯 번째 순서는 응답해 주실 것을 다시 한 번 간절히 구하면서 "주 예수 그리스도의 이름으로 기도드립니다."라는 방식으로 기도를 마무리하는 단계입니다.

예시) 주 예수 그리스도의 이름으로 기도드립니다.

주 예수 그리스도의 이름으로 기도드리는 이유는 하나님의 외아들이신 예수님께서 우리 인간에게 하나님으로 통하는 길이 돼 주시기 때문입니다. 위의 예시처럼 기도가 끝나게 되면 기도에 참여하는 모든 분이 믿음의 표현으로 "아멘"을 외칩니다.

앞에서 제시했던 기도 스피치에 대한 5단계 예시의 전체 흐름을 살펴보기 위해 기도 스피치를 하나의 실습 예문으로 제시하면 다음과 같습니다.

 기도 스피치에 대한 실습 예문

(상황)

기도는 사람이 신에게 어떤 일을 이뤄지게 해 달라고 비는 겁니다. 한 해를 보내는 마지막 주일, 송년 주일 기도를 하려고 합니다. 주님께 감사하고, 회개하면서 남을 위해 기도하려고 합니다. 그리고 "주 예수 그리스도의 이름으로 기도드립니다."라는 방식으로 기도를 마무리하려고 합니다. (용혜원, 1998)

〈안내 지침〉

　신실한 마음으로 주님을 부르는 것으로 시작합니다. 그리고 마음속에서 우러나오는 깊은 감사를 드립니다. 다음으로 바람과 소망을 담은 핵심 내용을 간절히 구하고 보충할 부분을 덧붙입니다. 마지막으로 예수님의 이름으로 기도드렸음을 고합니다.

〈실습 예문〉

　세초부터 세밑까지 은혜로 인도하시는 주님! (❶ 시작 단계)

　한 해를 보내는 마지막 주일인 오늘 주님께 감사드릴 수밖에 없음을 고백합니다. 에벤에셀의 하나님께서 함께하셨사오니 이후에도 더욱 함께 하여 주시옵소서! (❷ 감사 표현 단계)

　한 해를 시작하며 주님께 고백하고 간절히 구한 모든 것을 이루지 못함을 회개하오니 사하여 주시옵고, 우리의 삶에 더욱 힘과 용기를 허락하셔서 우리의 기도를 더욱더 충만케 하시고, 우리의 사랑이 더욱더 뜨거워지게 하시며, 우리의 구제와 선교와 봉사가 더욱더 기쁨으로 흘러가게 하여 주시옵소서!

　우리의 게으름으로 말미암은 불충을 고백하오니 용서하시고 새해에는 주님의 능력과 권세로 충만케 하셔서 하늘의 뜻을 이 땅에 이루게 하시옵소서!
　　　　　　　　　　　　　　　　　　　　　　　　(❸ 핵심 내용 간구 단계)

　이제 올 한 해 동안의 결실을 잘 마무리하게 하시고, 우리의 모든 허물을 사하시며 더욱더 예수님으로 충만한 삶을 살게 하여 주시옵소서!

　지난 한 해 동안 내내 함께 하신 주님께서 희망찬 새해에도 내내 함께 하여 주시옵소서! (❹ 보충 단계)

　우리 주 예수 그리스도의 이름으로 기도드립니다. 아멘! (❺ 마무리 단계)

(26) 마무리 스피치

마무리 스피치는 어떤 행사를 마치고 소감을 발표할 때 하게 되는 스피치를 말합니다.

마무리 스피치 역시 5단계 조직 방법을 적용해서 내용을 조직할 수 있는데, 이에 대한 내용 조직 프레임은 다음 [표 26]과 같습니다.

[표 26] 마무리 스피치의 내용 조직 프레임

① 시작 단계 　② 감사 단계 　③ 소감 피력 단계
④ 보충(다시 감사) 단계 　⑤ 마무리 단계

 마무리 스피치의 구체적인 내용 조직 방법

성공적인 과정을 이뤄나가다가도 마무리가 잘 이뤄지지 못한다면 전체적으로는 성공적이라고 할 수 없습니다. 그런 점에서 마무리 스피치는 정말 중요합니다.

부정적인 면이나 소홀한 부분이 있더라도 될 수 있으면 언급을 피하고 긍정적인 내용이나 감사의 마음을 담는 것이 좋습니다.

또한, 적절한 배열 순서에 따라 청중에게 따뜻한 마음이 잘 전달될 수 있도록 하는 것이 중요합니다. 특정한 상황을 설정해서 단계별 예를 살펴보기로 합니다.

(상황) 이동엽 씨가 1박 2일의 스피치 연수 교육을 마치고, 참가한 사람들이 한 명씩 돌아가면서 느낌을 얘기하는 마무리 스피치 시간입니다. 주최 측과 관계자 측에 감사의 마음을 담아 긍정적인 면을 부각해 얘기하려고 합니다.

❶ 시작 단계

첫 번째 순서는 청중에 대한 인사와 자기소개를 하는 단계입니다. 행사를 마친 경우이므로 청중과도 가까워진 상황에서의 스피치입니다. 지나치게 격식을 차려 말하려 하지 말고 마음을 열고 친근한 표현을 하도록 합니다.

> **예시)** 안녕하십니까? 스피치가 즐거운 남자 이동엽입니다.

위의 예시는 스피치 연수 교육의 마무리 스피치답게 이름 앞에 "스피치가 즐거운 남자"라고 수식어를 붙이고 있습니다. 다른 예를 들어 본다면 "스피치의 낙제생에서 스피치 우등생으로 거듭난 남자 이동엽입니다." 또는 "1박 2일 동안 괄목상대의 발전을 이룬 이동엽입니다." 그리고 "스피치와 1박 2일 동안 사랑에 빠져버린 이동엽입니다." 등이 있습니다.

❷ 감사 단계

두 번째 순서는 주최자와 관계자·동료에 대한 감사의 인사를 전달하는 단계입니다. 마무리 스피치의 방향은 '감사'입니다. 주최 측과 관계자의 노고에 대한 감사를 표합니다.

> **예시)** 우선 우리에게 이렇게 좋은 배움의 기회를 열어 주시고, 1박 2일 동안 우리의 스피치 실력 향상을 위해 힘써주신 홍길동 원장님께 깊은 감사의 말씀을 드립니다.

위의 예시는 주최 측의 대표인 원장에 대한 감사의 말씀을 전하고 있습니다. 만일 원장 외에 강사들도 참여한 경우라면 "저희를 교육하시느라고 잠도 잘 못 주무시고 늦은 시간까지 정말 수고가 많으셨던 강사님들께도 깊은 감사를 드립니다." 등의 표현을 덧붙이는 것이 좋습니다.

❸ 소감 피력 단계

세 번째 순서는 자기의 소감을 피력하는 단계입니다. 마무리 스피치는 과거·현재·미래의 시간적 구성법으로 내용을 전개해 나가면 효과적입니다. 마무리 스피치는 모임이 끝날 때 소감을 한마디씩 하는 경우의 스피치이므로 부정적인 내용은 자제하고 긍정적인 면을 부각하도록 합니다.

예시)

1) 과거 : 참여 동기

종로의 한 스피치 트레이닝 센터에서 홍길동 원장님을 만나 이 뜻깊은 교육 과정에 참가하게 됐습니다.

2) 현재 : 교육 후 소감 (긍정적으로)

　　교육을 마친 지금의 제 심정은 벅찬 감동과 기쁨으로 넘칩니다. 그리고 이번 연수에 참석하길 정말 잘했다는 생각이 듭니다. 좋은 분들도 만나고, 즐겁게 스피치 교육도 받으면서 여러분과 정을 많이 나눴습니다.

　　함께 보낸 시간은 비록 짧은 기간이지만 제 가슴 속에 소중한 추억으로 간직되리라 믿습니다. 모든 교육이 체계적이고 알찬 내용으로 진행이 잘 됐습니다. 특히 인간관계에 대한 교육은 정말 제 마음을 울리는 감명 깊은 강의였습니다.

3) 미래 : 계획과 다짐

　　앞으로 이 교육을 통해 얻게 된 강한 자신감과 행동력을 갖고 실생활에서 꾸준히 스피치를 연마해 나간다면 우리는 모두 21세기에 빛나는 멋진 성공인이 될 수 있으리라 믿습니다.

위의 예시는 참여 동기부터 교육 소감, 앞으로의 계획과 다짐이 시간적 순서로 잘 표현되고 있습니다. 특히 소감 부분에서 "좋았습니다, 도움이 많이 됐습니다."라는 식의 긍정적 표현이 좋습니다.

만약에 부족했던 부분이 있다고 해서 "이번 연수는 잠자리가 불편해 잠을 제대로 못 자서 교육 중에 너무 졸려 강의에 집중하기도 어려웠습니다." 또는 "스피치 강사님부터 먼저 스피치를 더 공부해야 할 것 같습니다. 꽃을[꼬츨] '꼬슬'이라고 발음하는 등 표준 발음도 제대로 하지 못하면 되겠습니까?"라는 식으로 부정적인 표현을 하게 되면 전체 분위기는 어두워지게 됩니다.

부정적인 건의 사항은 다른 기회에 다른 방식으로 전하도록 하는 것이 좋습니다.

❹ **보충**(다시 감사) **단계**

네 번째 순서는 주최자와 관계자, 동료에게 다시 한 번 감사의 인사를 전하는 단계입니다. 혹은 두 번째 감사 단계에서 아직 표현하지 못한 분(들)에게 감사의 인사를 전달하는 단계입니다.

> 예시) 이번 스피치 연수 교육을 통해 서로 격려하면서 스피치에 함께 몰두했던 여러분 모두에게 감사드립니다. 아울러 여러분 모두가 스피치의 달인이 되시길 바랍니다.

위의 예시와 더불어 "이번 연수 교육 동안 함께 참여하신 모든 동기 여러분, 감사합니다. 특히 우리 팀 조장님 수고 많으셨습니다. 그리고 다시 한 번 여러 강사님께 깊은 감사의 말씀을 드립니다." 또는 상황에 따라 "여러분, 우리를 위해 아낌없는 지도를 해주신 여러 강사님께 감사의 박수를 보내 드리면 어떻겠습니까?" 하고 박수를 유도하는 것도 좋습니다.

❺ 마무리 단계

다섯 번째 순서는 끝인사로 마무리하는 단계입니다. 감사의 마음을 듬뿍 담아 감사의 눈빛과 감사의 말로 간략히 마무리합니다. 마무리 말은 "감사합니다."로 할 수도 있고, "이것으로 제 소감의 말씀을 마칩니다. 감사합니다."로 끝낼 수도 있습니다.

> 예시) 이것으로 스피치 연수 교육 수료 소감의 말씀을 마칩니다. 감사합니다.

위의 예시는 "소감의 말씀을 마칩니다. 감사합니다."로 끝을 냈지만, 보충 단계에서 기원이나 바람을 말하지 않은 경우는 마무리 단계에서 "모두 돌아가실 때 운전 조심하시고 늘 건강하시길 바랍니다. 감사합니다." 또는 "모두 다시 뵙길 바랍니다. 감사합니다."라는 식으로 '바람과 감사'로 마무리하는 방법이 효과적으로 활용될 수 있습니다.

앞에서 제시했던 마무리 스피치에 대한 5단계 예시의 전체 흐름을 살펴보기 위해 마무리 스피치를 하나의 실습 예문으로 제시하면 다음과 같습니다.

마무리 스피치에 대한 실습 예문

스피치 과정 소감을 발표하는 자리에서의 마무리 스피치 실습 예문을 살펴보기로 합니다. 마무리이니만큼 스피치를 잘해야만 하는 부담이 있을 겁니다. 하지만 발전된 기쁨과 열심히 지도해 주신 분에 대한 감사의 마음이 충만하다면 부담은 사라지고 마음을 담은 스피치만이 남게 될 겁니다.

인사로 시작한 다음 지도해 주신 강사님에 대한 감사를 바로 이어가는 것이 자연스러운 순서입니다. 그리고 교육을 통해 느낀 소감을 피력하고 보충 단계에서 다시금 감사하고 바람을 덧붙입니다. 유의할 점은 부정적인 내용은 될 수 있으면 피하도록 해야 한다는 겁니다.

(상황)

오경숙 씨가 행복 문화센터 12주의 스피치 교육을 마치고 스피치를 하려고 합니다. 모든 수료생이 한 명씩 돌아가면서 교육 소감을 얘기하는 마무리 스피치 시간입니다. 그동안 스피치 발전을 위해 애써주신 강사님께 감사의 마음을 담아 과거·현재·미래의 시간적 구성으로 긍정적인 면을 부각해 얘기하려고 합니다.

(실습 예문)

안녕하십니까? 스피치가 즐거워진 여자 오경숙입니다. (❶ 시작 단계)

12주 동안 저희를 위해 애써 주시고 열정을 다해 지도해 주신 김용민 강사님께 감사드립니다. (❷ 감사 단계)

스피치로 고민하던 저에게 전 기수이신 조인수 선생님께서 소개해 주셔서 교육 과정에 참여하게 됐습니다.

이젠 스피치가 즐거워졌습니다. 자신감도 많이 얻었습니다.

다음 기수에도 재등록해서 계속 열심히 해나갈 생각입니다.

(❸ 소감 피력 단계)

여러분께서 함께 해주셨기에 더욱 힘이 났습니다. 이 기회를 빌려 스피치에 함께 몰두했던 여러분 모두에게 감사의 말씀을 드립니다. 앞으로도 여러분과 계속 좋은 인연 만들어 나갔으면 합니다. (❹ 보충(다시 감사) 단계)

이상으로 제 소감의 말씀을 마칩니다. 감사합니다. (❺ 마무리 단계)

(27) 주례 스피치

주례가 결혼식에서 행하는 의례적인 축사를 가리켜 주례사라고 부릅니다.

주례사, 즉 주례 스피치 역시 5단계 조직 방법을 적용해서 내용을 조직할 수 있는데, 이에 대한 내용 조직 프레임은 다음 [표 27]과 같습니다.

[표 27] 주례 스피치의 내용 조직 프레임

① 시작 단계	② 주례 동기와 주례사의 방향 제시 단계
③ 도움말 전달 단계	④ 칭찬과 덕담 단계
⑤ 마무리 단계	

주례 스피치의 구체적인 내용 조직 방법

(상황) 이대성 선생님의 주례 스피치입니다. 신랑 이진규 군과 신부 김정주 양이 부모님과 친지, 하객 여러분이 보는 앞에서 하나가 됐음을 선포하고, 주례를 맡게 된 동기 등을 언급하면서 결혼 생활에 도움이 되는 주례 스피치를 하려고 합니다.

❶ 시작 단계

첫 번째 순서는 결혼 축하와 덕담, 하객들에게 감사, 그리고 주례를 맡은 소감 등을 피력하는 단계입니다. 주례사의 시작은 신랑과 신부의 이름을 언급하면서 둘이 하나 됨을 선언해 줍니다.

> 예시) 오늘 신랑 이진규 군과 신부 김정주 양이 부모님과 친지, 하객 여러분이 보는 앞에서 하나가 됐습니다.

위의 예시는 두 사람이 하나로 맺어졌음을 선언하고 있습니다. 계절이나 날씨에 따라 "이렇게 화창한 봄날을 맞이해서, 만물이 소생하는 시작의 계절 봄에, 모든 것이 풍요로운 청명한 가을날" 등을 앞부분에 언급해 줘도 좋습니다.

❷ 주례 동기와 주례사의 방향 제시 단계

두 번째 순서는 주례 동기(주례를 부탁한 사람과의 인연 피력)와 주례 스피치의 방향에 대해 말하는 단계입니다. 특히 과거의 인연을 언급할 때는 긍정적인 부분을 강조하도록 합니다.

> 예시) 저는 신랑 이진규 군의 고등학교 담임을 맡았었습니다. 그 시절에도 이진규 군은 누구보다도 총명하고 빛난 제자였습니다.
> 저는 오늘 둘에서 하나 된 신랑 신부의 앞날을 위해 딱 한 가지만 당부[2]의 말씀을 전할까 합니다.

위의 예시는 신랑의 고등학교 은사로서의 주례를 보는 자신을 언급하면서 신랑을 칭찬하고 있습니다. 주례가 신부에 대한 정보를 알고 있는 경우는 신랑뿐만 아니라

---

[2] **실용 Tip 당부와 부탁**
'당부'는 말로써 단단히 부탁하는 겁니다. 따라서 "회장님, 제 결혼의 주례를 부탁합니다."와 같이 상사에게는 당부가 아닌 부탁을 하는 것이 옳고, 위의 예시처럼 신랑의 고교 은사로서 주례를 보는 상황에서는 당부가 더 어울립니다.

신부에 대한 언급도 해주면 더 좋습니다. "이진규 군의 신부 김정주 양은 한강 대학교를 수석으로 졸업하고, 현재 한국고등학교에서 훌륭한 교사로 활동하고 있습니다.

얼마 전 신부 김정주 양이 신랑과 함께 인사차 저의 집을 방문했을 때 저는 이진규 군과 정말 잘 어울리는 최고의 배필임을 한눈에 알아봤습니다. 예의 바르고 교양 있는 훌륭한 신부임을 직감했습니다." 등을 언급해 줘도 좋습니다.

❸ 도움말 전달 단계

세 번째 순서는 결혼 생활의 도움말을 전달하는 단계입니다. 이 부분이 주례 스피치의 핵심이라고 할 수 있습니다. 많은 메시지를 전하려고 욕심을 내면 오히려 내용이 장황해지고 전달력이 떨어지게 됩니다. 서너 가지를 넘지 않는 것이 좋습니다.

예시) 제가 이 두 사람에게 꼭 당부하고 싶은 말씀은 "서로 져주라."라는 겁니다. 부부는 이기려고 하면 할수록 다툼만 많아지고 결국은 둘 다 지게 됩니다. 하지만 서로 져주려고 하면 오히려 더 잘 이해하게 되고 늘 원만한 관계가 될 겁니다.

위의 예시는 원만한 결혼 생활의 비결로 "서로 져주라."라는 메시지를 전하고 있습니다. 주례사의 핵심 메시지는 주로 "서로 화목하라, 서로 이해하라, 부모를 공경하라, 서로 사랑하라, 서로 함께하라, 주위의 모범이 돼라, 부족한 점을 서로 채워주라, 서로 배려하라, 서로 존중하라." 등입니다.

❹ 칭찬과 덕담 단계

네 번째 순서는 신랑 신부의 마무리 칭찬과 덕담을 하는 단계입니다. 신랑 신부 각각의 장점을 언급하고 함께 뜻을 모아 앞으로 잘해나갈 것이라는 기대에 찬 덕담을 하도록 합니다.

예시) 이 두 사람은 모두 누구보다도 총명하고 마음이 바로 선 훌륭한 인재라고 생각합니다. 누가 봐도 행복하고 모범이 된 가정을 이끌어 갈 것이라고 믿어 의심치 않습니다.

위의 예시는 신랑 신부의 미래를 축원하면서 "믿어 의심치 않습니다."라는 표현을 하고 있습니다. 주례사에서의 덕담은 이렇게 확신적인 표현이 좋습니다. 만일 "모범적으로 행복하게 살 것 같습니다, 백년해로하게 되지 않을까 생각됩니다."라는 식의 추측적인 표현은 미약합니다. "믿습니다, 확신합니다."라는 표현이 더 효과적입니다.

❺ 마무리 단계

다섯 번째 순서는 덕담과 감사로 마무리하는 단계입니다. 이때는 신랑 신부의 앞날에 대한 덕담뿐만 아니라 하객 여러분께서도 신랑 신부를 위해 앞으로 잘 이끌어 주시길 부탁하는 내용을 언급해 주는 것도 좋습니다.

> 예시) 앞으로 하객 여러분께서도 이 두 사람을 많이 격려해 주시길 부탁합니다.
> 신랑 신부의 앞날에 행운과 축복이 늘 가득하길 기원하면서 이만 주례사를 마칩니다.
> 감사합니다.

위의 예시에 제시된 "격려해 주십시오."라는 표현 이외에도 "사랑의 마음으로 지켜봐 주십시오, 백년해로를 축원해 주십시오, 행복을 빌어주십시오, 응원해 주십시오" 등이 있습니다.

앞에서 제시했던 주례 스피치에 대한 5단계 예시의 전체 흐름을 살펴보기 위해 주례 스피치를 하나의 실습 예문으로 제시하면 다음과 같습니다.

 주례 스피치에 대한 실습 예문

(상황)

오정해 씨 결혼식 — 김대중 대통령의 주례사(1997. 4. 26.)

(안내 지침)

훌륭한 스피치는 정성과 노력이 들어간 스피치입니다. 스피치의 달인이라고 해도 손색이 없는 김대중 대통령의 주례사를 통해 훌륭한 주례사의 표본을 감상해 봅시다. 스피치의 내용 전개도 ① 시작 단계 ② 주례 동기와 주례사의 제시 단계 ③ 도움말 전달 단계 ④ 칭찬과 덕담 단계 ⑤ 마무리 단계로 이어지면서 체계적인 구성을 보여주고 있습니다.

(실습 예문)

　보통 결혼이라고 하면 신랑 신부가 가슴이 설렙니다만, 오늘은 저도 약간 가슴이 설렙니다. 오정해 양과의 오랜 친분으로 인해 마치 친딸을 시집보내는 것 같고, 많은 하객 앞에서 25년 만에 주례를 하게 되니 새삼 떨리는 마음입니다.
(❶ 시작 단계)

　지난 1993년 7월, 영국 케임브리지 대학에 연구 생활을 마치고 귀국한 후 저는 단성사에서 영화 '서편제'를 보았습니다. 그리고 영화에 관계하신 분들과 식사를 한 적이 있었는데, 그때 오정해 양을 처음 만났습니다. 그 후로 지금까지 교분이 계속됐고, 저는 오정해 양에게 항상 한눈팔지 말고 국악 한 길에서 성공하라고 말해 왔습니다.

　이제 오정해 양이 결혼하는 이 자리에서 축하하는 심정으로 주례를 보게 됐습니다. 긴긴 결혼 생활의 행복은 두 사람의 노력으로 찾아야 합니다. 그런 의미에서 제가 결혼 생활의 선배로서 몇 가지 도움이 될 만한 것들을 말하겠습니다. (❷ 주례 동기와 주례사의 제시 단계)

　부부는 첫째로, 상대방의 기를 살려줘야 합니다. 이 세상에서 제일 좋지 않은 아내는 남편의 기를 꺾는 아내입니다. 남편을 생각하는 의미에서라고 해도 남편에게 이렇게 해라 저렇게 해라 하지 말아야 합니다. 그렇게 하면 잘 발전할 수 있는 남편의 기를 꺾어버리게 됩니다.

　아내에게도 마찬가지입니다. 아내한테는 이 세상의 어떤 금은보화보다도 남편의 사랑과 남편이 자기를 인정해 주는 것 이상의 행복은 없습니다. 그럴 때는 아내는 무슨 고생이든지 감내를 합니다. 그래서 남편도 아내의 기를 살려줘야 합니다.

그러려면 서로 상대방의 장점을 봐야 합니다. 대개 결혼하기 전에는 서로 좋은 점만 보다가 그다음에는 결점만을 보기 시작해요. 그러나 사실 살다 보면 자기 남편, 자기 아내의 장점을 새롭게 발견하는 수가 많습니다. 서로 상대방의 장점을 인정하면서, 기를 살려주면 그 장점이 자꾸 커져서 두 사람 다 훌륭한 사람이 됩니다. 그런 가운데서 서로 상대방에게 감사하고 상대방을 더욱 사랑하게 됩니다.

두 번째로 두 사람은 정신적으로만 하나가 되는 것이 아니라, 인간적 성장과 일에서도 하나가 돼야 합니다. 그래서 일생을 같이 발전해 나가야 합니다.

남편은 아내가 하는 일이나 정신적인 면에 관심을 두고, 아내도 남편이 하는 일에 대해 관심을 둬야 합니다. 그래서 정신적으로나 현실적으로 서로 돕고 상대방에게 도움을 줄 때 사랑도 더욱 깊어집니다.

이 세상에서 아내만큼 남편을 생각하는 사람이 없고, 남편만큼 아내를 생각하는 사람이 없습니다. 항상 서로 하는 일에 관심을 두고 인간적인 성장뿐만 아니라 일 문제나 일상 활동의 문제도 같이 머리를 맞대고 상의하는 부부가 되는 것이 좋습니다.

세 번째는 인내심입니다. 부부 생활에서 가장 소중한 것은 참는 겁니다. 부부가 같이 살다 보면 화나는 일도 있고 마땅치 않은 일도 생겨납니다. 그때 화를 내고 싸우고 시비하지 말고 참아야 합니다.

저희 집은 결혼 생활 수십 년 동안에 작은 말다툼은 있었지만 큰 싸움은 해 본 일이 없습니다. 그렇게 된 가장 큰 이유는 제가 화를 내면 제 아내가 말을 안 한다는 겁니다. 말을 안 하고 조용히 참아요. 참는 사람하고 싸울 수는 없지 않습니까? 그러다 보니 내가 잘못했다. 그때 참아줘서 고맙다는 생각이 들고, 더욱 아내에 대해서 감사하게 생각합니다. 그래서 부부 사이에 참는 것이 굉장히 중요하다고 생각합니다. 그리고 한 가지 더 얘기하고 싶은 것이 있습니다. 부부가 살아가면서 법률적으로나 도덕적으로 옳지 않은 일을 하려고 할 때가 있어요. 그럴 때는 아내나 남편이 단호하게 반대해야 합니다.

제가 옥중에 있을 때 며느리한테 편지를 보낸 적이 있는데, 거기에 이런 글을 썼습니다. 남편이 옳지 못한 일을 하려고 할 경우에는 정말로 이혼을 각오하고 반대해야 한다고 그런 아내를 남편은 존경하게 되고 감사하게 된다는 글입니다.

부부가 도덕적으로 떳떳하게 삶을 살고 있다는 확신이 있을 때 그 두 사람의 사랑은 물론 가정이 행복해지고, 자식들도 부모를 존경하며, 이를 통해서 가정 전체가 단합된 모습을 보일 걸로 생각합니다. (❸ 도움말 전달 단계)

제가 볼 때 두 사람은 우리나라 장래에 크게 이바지할 인물들이 되리라고 생각합니다. 신랑 김운형 군은 경제계에서 우리나라 경제 발전을 책임지는 훌륭한 경영인이 되기를 바라고, 신부 오정해 양은 우리나라 국악계를 이끌고 나갈 훌륭한 국악인이 되길 바랍니다. (❹ 칭찬과 덕담 단계)

두 사람이 협력하고 일체를 이뤄 서로 그 두 가지 일에서 성공하길 바라고, 두 사람의 행복을 빌면서 주례사를 마칩니다.

하객 여러분, 감사합니다. (❺ 마무리 단계)

(28) 팔순 잔치 가족 대표 스피치

팔순 잔치 가족 대표 스피치 역시 5단계 조직 방법을 적용해서 내용을 조직할 수 있는데, 이에 대한 내용 조직 프레임은 다음 [표 28]과 같습니다.

[표 28] 팔순 잔치 가족 대표 스피치의 내용 조직 프레임

① 시작 단계	② 축하와 감사 단계
③ 주인공에 대한 공덕을 기리는 단계	
④ 내빈에 대한 재감사 단계	⑤ 마무리 단계

팔순 잔치 가족 대표 스피치의 구체적인 내용 조직 방법

(상황) 장남 송재호 씨가 어머님의 팔순 잔치에 참석해 주신 친지 여러분과 손님 여러분께 감사의 뜻을 표현하려고 합니다. 또한, 4남매를 사랑과 정성으로 잘 키워주신 어머님에 대한 공덕을 기리면서 위로와 감사의 표현을 하는 팔순 잔치 가족 대표 스피치를 하려고 합니다.

❶ 시작 단계

첫 번째 순서는 인사와 자기소개를 하는 단계입니다. 즐거운 행사이니만큼 밝은 표정, 밝은 어조의 표현을 하도록 합니다. 주인공과 자신과의 관계를 간략히 밝힙니다.

예시) 안녕하십니까? 저는 오늘 생신의 주인공이신 저희 어머니[3] 김~효자선자 여사의 장남 송재호입니다.

위의 예시는 인사와 함께 본인이 팔순잔치의 주인공인 김효선 여사의 장남임을 밝히고 있습니다. 본인의 가족 관계에 따라 "큰 누나, 둘째 누나, 막내 누나, 제 처" 등으로 소개할 수 있습니다.

❷ 축하와 감사 단계

두 번째 순서는 팔순 축하와 내빈께 감사 인사를 하는 단계입니다. 감사의 메시지를 전할 때는 청중을 골고루 바라보면서 감사의 마음이 청중 전체에게 골고루 미치도록 합니다.

---

[3] **실용 Tip** 남에게 대해 자기 어머니를 일컫는 말

　남에게 대해 자기 어머니를 일컫는 말은 자친(慈親)입니다. 자친의 뜻은 인자한 애정으로 길러 주는 어버이입니다. 참고로 남에게 대해 자기 아버지를 일컫는 말은 嚴親(엄친)입니다. 엄친의 뜻은 엄하게 길러 주는 어버이입니다.

예시) 오늘 저희 어머니의 여든 번째 생신을 축복하고 빛내 주시고자 이렇게 자리를 함께 해주신 친척분들과 손님 여러분께 가족을 대표해서 진심으로 감사의 말씀을 드립니다.

위의 예시 외에 "이렇게 뜻깊고 좋은 날 여러분께서 함께 해주셔서 자리가 더욱 빛나는 것 같습니다." 또는 "바쁘신 중에도 오늘 저희 어머니 김~효자선자 여사의 팔순잔치에 참석해 주신 친지 여러분과 내빈 여러분께 깊이 감사드립니다." 등으로 표현할 수도 있습니다.

❸ 주인공에 대한 공덕을 기리는 단계

세 번째 순서는 주인공에 대한 공덕을 기리는 단계입니다. 이때 과거·현재·미래의 시간적 구성법을 활용해서 주인공의 공덕을 기리면서 위로·존경·감사 등의 표현을 덧붙여 주면 더욱 효과적입니다.

예시) 존경하고 사랑하는 어머니, 어머니의 생신을 진심으로 축하합니다.
어머니, 그동안 저희 4남매를 키우시느라 정말 고초가 크셨습니다. 특히 재작년에 아버지께서 돌아가시고 나서는 얼마나 어렵고 힘드셨습니까? (과거)
이제 저희 자식들과 손자 손녀들의 절을 받으시고, '그동안 검은 머리가 백발이 되도록 고생한 결실로 자식들이 이만큼 성장하고 번창했구나.'라고 생각하시면서 큰 위안으로 삼으시길 바랍니다. (현재)
어머니, 인생의 5복 중에서 무병장수하는 것이 제일이라고 했습니다. 앞으로 더 옥체를 돌보시면서 오래오래 사시길 바랍니다.
또한, 저희 4남매·사위·며느리·손자·손녀들도 어머니의 큰 은혜에 보답해 드리고자 앞으로 더욱더 열심히 생활하고, 자식 된 도리를 다하겠습니다. (미래)

위의 예시는 자식으로서 부모의 은혜에 대해 깊은 감사의 마음과 부모를 공경하는 마음, 자식이 된 도리를 앞으로 잘하겠다는 다짐 등을 잘 표현하고 있습니다. 상황에 따라 '어머니 은혜'와 같은 노래를 직접 부른다거나, 어버이 은혜에 대한 감사의 마음을 담은 시를 낭송하는 것도 좋은 방법입니다.

❹ 내빈에 대한 재감사 단계

네 번째 순서는 자리를 함께 해주신 내빈에 대해 다시 한 번 감사를 드리는 단계입니다. 내빈 전원을 향해 감사의 메시지를 전함은 물론 특별히 감사할 분이 있다면 개별 감사도 잊지 않도록 합니다.

> **예시)** 끝으로 이 자리를 빛내 주시고자 함께 해주신 친척 여러분과 손님 여러분께 다시 한 번 감사의 말씀을 드립니다.

위의 예시는 전체적으로 감사하고 있습니다. 특별히 감사할 분이 있는 경우를 예로 들어 본다면 "어머니의 노인 대학 동기 여러분께서 오늘 어려운 걸음을 해주셨습니다. 감사드립니다." 또는 "어머니의 고향 친구분의 모임인 '새댁회' 여러분께서는 먼 길을 마다치 않으시고 오늘 새벽차로 오셨습니다. 깊이 감사드립니다." 그리고 "어머니께서 다니시는 참사랑 교회 대학생 교우님들께서 잔일을 마다치 않고 행사를 뒷바라지 해주셨습니다. 정말 고맙습니다." 등의 표현이 있습니다.

❺ 마무리 단계

다섯 번째 순서는 끝인사를 하는 단계입니다. 끝인사는 간략하게 "감사합니다."로 끝맺음을 하거나 "모두 즐겁게 지내시길 바랍니다."라는 바람의 말씀을 전하는 것도 좋습니다.

예시) 이것으로 제 말씀을 마칩니다. 감사합니다.

위의 예시 외에 때에 따라 다음 인사할 분을 소개할 수도 있습니다. "다음은 제 조카인 하유준에게 마이크를 넘기겠습니다. 감사합니다, 그럼~ 다음으로 큰 이모님께 마이크를 전해 드리도록 하겠습니다, 제 말씀은 이것으로 마치고 다음은 고모님을 연단으로 모시겠습니다." 등으로 다양하게 표현할 수 있습니다.

앞에서 제시했던 팔순 잔치에서의 가족 대표 스피치에 대한 5단계 예시의 전체 흐름을 살펴보기 위해 팔순 잔치에서의 가족 대표 스피치를 하나의 실습 예문으로 제시하면 다음과 같습니다.

 팔순 잔치 가족 대표 스피치 실습 예문

(상황)

장남 박용일 씨가 아버님[4]의 팔순 잔치에 참석해 주신 친지 여러분과 손님 여러분께 감사의 뜻을 표현하면서 국가 유공자이신 아버님에 대한 공덕을 기리는 팔순 잔치 가족 대표 스피치를 하려고 합니다.

(안내 지침)

팔순 잔치의 주인공과 인사하는 자신이 누구인지를 시작에서 밝힙니다. 그리고 아버님께 축하하고 친지와 내빈께 감사합니다. 그에 덧붙여 주인공이신 아버님의 지나온 공덕을 기려 더욱 의미 있는 자리가 되도록 합니다. 그리고

---

[4] **실용 Tip** 자기 아버지의 호칭

'아버님'은 남의 아버지를 높이 호칭 또는 지칭할 때 쓰는 말입니다. 즉 며느리가 시아버지를 호칭하거나 지칭할 때 사용합니다. 따라서 '내 아버지'는 '아버지' 자체가 존칭이기에 돌아가신 경우나 '아버님 전상서'와 같이 편지글(지칭)이 아니면 '아버님'이라고 호칭하기 어렵습니다.

내빈에 대해 다시 한 번 감사를 드리고 모두 즐겁게 지내시라는 바람으로 마무리합니다.

(실습 예문)

안녕하십니까? 장남 박용일입니다. (❶ 시작 단계)

자리를 함께 해주신 친척 친지 여러분과 손님 여러분께 우리 가족을 대표해서 깊이 감사드립니다. (❷ 축하와 감사 단계)

아버지께서는 국가 유공자로서 우리 자식들을 올바른 철학과 양심으로 살 수 있도록 늘 가르침을 아끼지 않으셨습니다.

요즘은 청소년 수련관에서 학생들에게 명심보감과 서예를 지도하고 계십니다. 앞으로도 국가와 사회를 위해 계속 봉사하실 계획을 갖고 계십니다. 제가 가장 존경하는 분이 바로 아버지이십니다.

(❸ 주인공에 대한 공덕을 기리는 단계)

오늘의 자리를 더욱 빛나게 해주시고 뜻깊게 해주신 친척 여러분과 손님 여러분께 다시 한 번 감사의 말씀을 드립니다. (❹ 내빈에 대한 재감사 단계)
모두 즐겁게 지내시길 바랍니다. 감사합니다. (❺ 마무리 단계)

(29) 건배 스피치

사적인 술자리나 회식 자리는 물론이고, 공적인 회식 자리나 행사 등의 모임에서 흥을 돋우고 구성원의 단합과 결속 등을 위해서 흔히 사용되는 스피치가 바로 건배 스피치입니다.

건배 스피치 역시 5단계 조직 방법을 적용해서 내용을 조직할 수 있는데, 이에 대한 내용 조직 프레임은 다음 [표 29]와 같습니다.

[표 29] 건배 스피치의 내용 조직 프레임

① 시작 단계	② 감사 단계	③ 핵심 내용 표현 단계
④ 건배 제의 단계	⑤ 마무리 단계	

 건배 스피치의 구체적인 내용 조직 방법

❶ 시작 단계

첫 번째 순서는 인사와 자기소개를 하는 단계입니다. 이 단계는 생략하는 것이 좀 더 자연스러울 경우가 많습니다. 그렇지만 모르는 사람이 있을 때는 해주는 것이 좋습니다.

예시) 여러분, 안녕하십니까? 김태규입니다.

예시) 안녕하십니까? 자치위원회 위원장을 맡은 조범수입니다.

위의 예시는 인사와 간단한 자기소개로 시작하고 있습니다. 모두 자신을 잘 알고 있는 관계에서는 "그럼, 이번에는 제가 건배 제의를 해볼까 합니다."라는 시작도 좋습니다.

❷ 감사 단계

두 번째 순서는 건배 제의 기회를 주신 분께 감사하는 단계입니다. 감사를 표할 분을 향해 눈 맞춤하면서 감사의 인사를 건넵니다. 이때 감사의 인사는 되도록 간략하게 하고, 상황에 따라 감사의 박수를 보내 주기도 합니다.

예시) 건배 제의에 앞서 저에게 건배 제의의 기회를 주신 나실용 사회자(회장·부장 등)님께 **감사를 드립니다**(감사의 박수를 부탁합니다).

위의 예시에서 "기회를 주신"은 "소중한 기회를 주신, 기회를 만들어주신" 등으로 바꿔 표현할 수도 있습니다. 혹은 "여러분 앞에서 건배 제의를 하게 돼 무척 영광입니다. 감사합니다."라고 전체를 향한 감사 표현도 좋습니다.

❸ 핵심 내용 표현 단계

세 번째 순서는 그날 모임에서 제일 중요한 사항을 언급하는 단계입니다. 생일·졸업·입학·승진·칠순·팔순 등 그날의 가장 두드러진 중요한 사항을 핵심 내용으로 축하와 감사의 표현을 하도록 합니다.

예시) ① 생일 축하를 해주는 경우
　　　　허정숙 선생님의 생일을 진심으로 축하합니다.
　　② 생일 축하를 받는 경우

제 생일을 축하해 주고자 참석해 주신 여러분께 깊은 감사의 말씀을 드립니다.

위의 예시는 축하하는 이의 입장에서의 축하 표현과 축하를 받는 이의 입장에서 주인공의 감사 표현으로 나누어 예시를 들고 있습니다.

축하의 모임이 아닌 경우는 전체를 빛내는 메시지가 적절합니다. "오늘 우리가 함께한 이 자리는 나눔과 봉사의 뜻으로 한자리에 모인 뜻깊은 자리입니다." 또는 "오늘의 모임은 다른 어떤 모임보다도 중요하고 소중한 모임이라고 생각합니다." 등의 표현처럼 단체의 명예, 모임의 의미, 상호 간의 인연과 화목·단합 등을 언급하는 것이 좋습니다.

❹ 건배 제의 단계

네 번째 순서는 감사·축하를 하며 상황에 맞는 건배 스피치를 하는 단계입니다. 상황·목적·청중을 고려해 적절한 건배 스피치를 준비해서 행사에 참여한다면 성공적인 건배 제의를 할 수 있을 겁니다. 평소에 청중과 상황, 분위기에 가장 알맞은 내용으로 미리 준비해서 몇 가지를 암기해 두면 즉흥 상황에서 유용하게 활용할 수 있습니다.

예시 1)

여러분, 우선 앞에 놓인 술잔에 술을 가득 채워 주시길 바랍니다.
우리가 술잔에 따른 것은 술뿐만이 아닙니다.
우리의 따뜻한 정과 마음이 담겨 있다고 생각합니다.
그런 의미에서 따뜻한 정과 마음을 나누는
우리의 소중한 만남을 위하여 건배 제의하겠습니다.
제가 '우리의 소중한 만남을 위하여' 하게 되면
여러분께서는 '위하여'라고 화답해 주시길 바랍니다.

우리의 소중한 만남을 위하여~

예시 2)

우리는 오징어 친구입니다.
왜 오징어 친구인지 궁금하시죠?
여러분의 궁금증을 오징어 삼행시로
풀어 드리겠습니다.

다 같이 오~
오 : 오래도록
징 : 징그럽게
어 : 어울리며 지내야 할 우리는 오징어 친구입니다.

제가 그런 의미에서

'오징어' 하게 되면 여러분께서는

'친구'라고 화답해 주시길 바랍니다.

오징어~

위의 예시는 두 가지 형식으로 나뉘어 있습니다. 즉 하나는 선창과 후창 구호가 같은 경우이고, 다른 하나는 같지 않은 경우입니다. 그러나 어떤 건배 제의 형식이든 건배 제의를 하는 이의 선창 구호 대목은 더욱 크고 활기찬 목소리로 해야 분위기가 한층 고조된다는 것을 유념하시길 바랍니다.

❺ 마무리 단계

다섯 번째 순서는 참석자 전원이 건배 제의에 맞춰 잔을 비우고 잠시 정적이 흐를 때 건배 제의의 상황에 맞춰 박수를 유도해서 다시 흥을 돋우는 단계입니다. 건배 제의를 했던 주인공이 직접 박수 유도를 해도 상관은 없겠지만, 그보다는 주인공의 좌우에 자리한 사람 중의 한 사람이 박수 유도를 하는 것*이 더욱 좋습니다.

실용 Tip

***건배 스피치가 끝난 후 박수 유도**

원치 않는 호의 제공에도 우리는 마음의 부담을 느낀다고 합니다. 건배 제의가 끝나고 정적이 흐르는 썰렁할 수 있는 분위기에서 누군가가 박수를 유도해 자신의 건배 제의를 힘찬 박수로써 마무리해 준다면 고맙지 않을까요? 우리가 그 역할을 하면 좋겠습니다.

예시) 우리의 소중한 만남을 위하여 힘찬 손뼉을 칩시다.

위의 예시는 우리의 소중한 만남을 위하여 박수를 유도하고 있습니다. 이 외에도 "우리의 만남이 영원히 이어지길 바라는 마음을 담아 힘찬 박수를 부탁합니다, 힘찬 박수로 하광룡 회장님의 건배 제의를 마무리하겠습니다." 혹은 짧게 "박수로써 마무리하겠습니다." 등으로 다양하게 박수를 유도할 수 있습니다.

앞에서 제시했던 건배 스피치에 대한 5단계 예시의 전체 흐름을 살펴보기 위해 건배 스피치를 하나의 실습 예문으로 제시하면 다음과 같습니다.

 건배 스피치에 대한 실습 예문

(상황)

장수영 씨는 경기대학교 평생교육원 2015년 전반기 리더스 스피치 과정 18기 회장입니다. 오늘 수료식을 했고, 모임은 다시 회식 자리로 이어졌습니다. 김문성 교수님께서 장수영 회장에게 그동안 회장 역할 하느라 고생이 많았다고 격려해 주시면서, 건배 스피치를 해보라고 하십니다.

(안내 지침)

스피치의 내용을 고려할 때 가장 중요한 것은 어떤 상황인지를 파악하는 겁니다. 오늘은 교육 수료식을 마친 다음의 회식자리입니다. 시작에서 인사를 한 다음 지도해 주신 교수님에 대한 감사가 빠져서는 안 될 겁니다.

그리고 핵심 내용 전달 단계에서는 모임의 의미와 모두의 보람을 언급하는 것이 좋습니다. 이렇게 해서 분위기가 한층 고조된 상황을 만든 후 준비된 건배 제의 멘트를 하고 박수로 마무리하면 멋진 건배 제의가 될 수 있습니다.

(실습 예문)

안녕하십니까? 여러분의 대표 심부름꾼 장수영입니다. (❶ 시작 단계)

들었던 잔을 잠시 내려놓으시길 바랍니다. 우선 저에게 건배 제의를 할 수 있도록 좋은 기회를 주신 김문성 교수님께 감사의 말씀을 드립니다.
(❷ 감사 단계)

오늘 우리는 경기대학교 평생교육원의 리더스 스피치 과정을 수료했습니다. 오늘의 자랑스러운 수료가 있기까지 여러 학우님 모두 노고가 크셨습니다. 먼저 한 학기 동안 우리 모두의 스피치 실력 향상을 위해 많은 가르침을 주신 김문성 교수님께 깊은 감사의 말씀을 드립니다. 또한, 이인경 총무님은 여러분께서 아시는 바와 같이 헌신적으로 봉사해 주셨습니다. 감사합니다.
(❸ 핵심 내용 표현 단계)

저는 오늘 여기 모인 모든 분이 승리자가 되시길 바랍니다. 승리자에게는 두 가지 공통점이 있다고 합니다. 첫째는 약간 미쳐 있다는 것이고, 둘째는 뜨겁다는 겁니다. 오늘은 우리가 모두 승리자로서, 이 분위기에 뜨겁게 미쳐보는 광란의 밤이 됐으면 합니다.

제가 '광란의 밤을 위하여'라고 선창을 하면 여러분께서는 '위하여, 위하여, 위하여'라고 외치시되[5] 제가 시범을 보인 것처럼 3단계 점층법을 사용해서 점점 더 큰 소리로 '위하여'를 외쳐 주시길 바랍니다. 자, 이제 앞에 놓인 잔을 드시길 바랍니다. 우리 모두 광란의 밤을 위하여!!! (❹ 건배 제의 단계)

우리 모두의 무궁한 발전을 위하여 힘찬 박수를 부탁합니다. (❺ 마무리 단계)

---

[5] **실용 Tip** '되'가 두 문장을 연결하는 연결 어미로 쓰이는 예

'되'가 두 문장을 연결하는 연결 어미로 쓰이는 예는 다음과 같은 세 가지 경우가 있습니다. **첫째**, 대립적인 앞 문장과 뒤 문장을 이을 때입니다. 예 그는 키는 작되, 마음은 크다. **둘째**, 어떤 일에 조건이나 세부 사항을 덧붙일 때입니다. 예 표준어를 소리대로 적되, 어법에 맞춰 적는다. **셋째**, 뒤에 오는 말이 인용하는 말임을 미리 나타내어 보일 때입니다. 예 제자들이 대답하되 '모르나이다.' 즉 위 예시의 '외치시되'의 '되'는 조건을 덧붙이는 연결 어미로 두 번째의 예로 사용된 겁니다.

실용 Talk

상황에 맞는 건배 스피치 예시 1

❶ **저녁 모임에서**

시인 안도현 님의 '너에게 묻는다.'란 짧은 시가 있습니다.
"연탄재 함부로 발로 차지 마라.
너는 누구에게 한 번이라도 뜨거운 사람이었느냐?"
여러분은 어떻습니까?
한 번이라도 뜨겁게 놀아 보신 적이 있습니까?
우리 모두 오늘만큼은 정말 뜨겁고, 정말 화끈한 밤을 보내 봅시다.
자, 뜨겁고 화끈한 밤을 위하여 !!!

❷ **신입 사원 환영 모임에서**

기업에는 비용으로 평가되는 직원이 있고, 자산으로 평가되는 직원이 있다고 합니다. 여러분 모두 우리 회사의 귀중한 자산이 되는 유능한 인재가 되시길 바랍니다.
자, 우리 모두를 위하여!

❸ 친목 단체 모임에서

우리는 재건축하며 살아야 합니다.
왜 재건축하며 살아야 하는지 궁금하시죠?
여러분의 궁금증을 재건축 삼행시로
풀어 드리겠습니다.

다 같이 재~
재: 재미있게 삽시다.
건: 건강하게 삽시다.
축: 축복받으며 삽시다.

제가 그런 의미에서
'재건축'하게 되면
여러분께서도 '재건축'이라고 화답해 주시길 바랍니다.

재건축~

❹ 송년 모임에서

들었던 잔을 잠시만 내려놓으시길 바랍니다.
건배의 의미는 두 가지가 있다고 생각합니다.
하나는 잔을 비우기 위해, 다른 하나는 잔을 채우기 위해….

2015년을 보내고 새로운 2016년을 맞이하면서,
버릴 것은 모두 버리고 새로운 희망과 설렘으로 채울 것은 가득 채워야겠습니다.

제가 '다가오는 2016년을 위하여'라고 선창을 하면
여러분께서는 '위하여, 위하여, 위하여'라고,
3단계로 점점 더 크게 '위하여'를 외쳐 주시길 바랍니다.
자, 이제 모두 앞에 놓인 잔을 드시길 바랍니다.

다가오는 2016년을 위하여!!!

❺ 함께 있으면 좋은 사람과의 모임에서(1)

중국 고사 중에

'주향백리, 화향천리, 인향만리'라는 고사성어가 있습니다.

즉 술의 향기는 백리를 가고, 꽃의 향기는 천리를 가고,
사람의 향기는 만리를 간다는 말이지요.
우리의 만남이
영원히 이어지길 바라는 마음을 담아

제가 '인향' 하게 되면
여러분께서는 '만리'라고 화답해 주시길 바랍니다.

인향~

❻ 함께 있으면 좋은 사람과의 모임에서(2)

여러분은 함께 있으면 좋은 사람들입니다.
여러분과 오래도록 함께하고 싶습니다.

그런 의미에서 제가 '오래도록' 하게 되면
여러분께서는 '함께'라고 화답해 주시길 바랍니다.

오래도록~

❼ 단합 대회에서

오늘은 우리가 취할 것이 두 가지가 있습니다.

하나는 앞에 놓인 술에 취하는 것이고,
다른 하나는 우리의 따뜻한 정에 취하는 겁니다.

그런 의미에서
제가 '정에 취하자.' 하게 되면
여러분께서는 '술에 취하자.'라고 화답해 주시길 바랍니다.

정에 취하자~

❽ 단합 대회에서(2)

부처님께서는 '일체유심조'라는 말씀을 하셨습니다.

여러분께서도 아시는 바와 같이 '모든 것은 마음먹기에 달렸다.'라는 말입니다.

우리가 술잔에 따른 것은 술뿐만이 아닙니다.
우리의 사랑이 담겨 있다고 생각합니다.

그런 의미에서 제가 '우리의 사랑을' 하게 되면
여러분께서는 '마시자!'라고 화답해 주시길 바랍니다.

우리의 사랑을~

❾ 단합 대회에서(3)

우리는 하나가 되기 위해
오늘 이 자리에 함께했습니다.

기쁠 때 함께 기뻐하고,
슬플 때 함께 슬퍼할 수 있을 때
우리는 진정 하나라고 할 수 있습니다.

오늘은 우리 모두 기쁨으로만
하나가 되길 바랍니다.

그런 의미에서 제가 '우리는' 하게 되면
여러분께서는 '하나다'라고 화답해 주시길 바랍니다.

우리는~

❿ 사회 초년병 모임에서

혼자 꿈을 꾸면 꿈에 그치지만,
함께 꾸면 꿈이 현실이 된다고 합니다.

그런 의미에서 제가 '우리의 꿈을' 하게 되면
여러분께서는 '위하여'라고 힘차게 외쳐 주시길 바랍니다.

우리의 꿈을~

⓫ **신년 모임에서(1)**

2016년 새해가 힘차게 밝았습니다.
올 한 해도 여러분 모두 건강하시고,
하시는 사업 모두 승승장구하시길 바랍니다.

그런 의미에서
제가 '승승' 하게 되면

여러분께서는 '장구'라고
힘차게 외쳐 주시길 바랍니다.

승승~

⓬ **신년 모임에서(2)**

2017년은 정유년, 닭의 해*입니다.
닭은 부지런하고, 매일 달걀을 낳아 우리에게 수익을 줍니다.
우리 모두 새해에는 부지런한 닭처럼
매일 황금알을 낳는 대박의 한 해가 됐으면 좋겠습니다.

 **실용 Tip**

> ***호랑이나 토끼의 해일 경우**
>
> 　호랑이의 해일 경우에는 "호랑이처럼 건강하게 살았으면 합니다. 그런 의미에서 제가 '어흥' 하게 되면 여러분께서도 '어흥'이라고 좀 더 큰 소리로 화답해 주시길 바랍니다."
> 　토끼의 해일 경우에는 "토끼처럼 높이 도약하는 한 해가 됐으면 합니다. 그런 의미에서 제가 '깡충' 하게 되면 여러분께서도 '깡충'이라고 좀 더 큰 소리로 외쳐 주시길 바랍니다."와 같이 각 동물의 특징을 살려 재미있게 활용할 수 있습니다.

그런 의미에서
제가 '꼬끼오' 하게 되면

여러분께서는 '꼬끼오 대~박'이라고
좀 더 큰 소리로 화답해 주시길 바랍니다.
꼬끼오~

⑬ 생일잔치에서

오늘은 박정복 총무님의 생일입니다.
온 마음을 담아 진심으로 축하합니다.

생일(生日)은 말 그대로
살아있는 날입니다.

누군가의 관심과 사랑을 한 몸에 받고 있을 때
그것이 바로 진정으로 살아있는 날, 생일입니다.

박정복 총무님의 생일을 다시 한 번 축하하면서
제가 '박정복 총무님을 위하여' 하게 되면
여러분께서는 '위하여'라고 힘차게 외쳐 주시길 바랍니다.

박정복 총무님을 위하여!

⑭ 동창 모임에서

제 건배 제의 멘트는 '위하여'입니다.

'위하여' 삼행시로 동창회 발전을 기원해 보겠습니다.
여러분께서 운을 떼어 주시면 고맙겠습니다.

다 같이 위~
위: 위대한 동창회를 만듭시다.
하: 하면 됩니다.
여: 여러분과 함께라면.

여러분과 함께라면 위대한 동창 모임을 만들 수 있습니다.
그런 의미에서 제가 '동창회 발전을 위하여' 하게 되면
여러분께서도 '위하여'라고 큰 소리로 외쳐 주시길 바랍니다.

동창회 발전을 위하여!

실용 Talk

상황에 맞는 건배 스피치 예시 2
🌐 돈으로 살 수 있는 것과 돈으로 살 수 없는 것 8가지[6]

❶ 따뜻한 만남을 기원할 때

잔에 담긴 술은 돈을 주고 살 수 있지만, 따뜻한 정과 마음을 나누는 우리의 만남은 돈을 주고 살 수 없습니다. 그런 의미에서 제가 '우리의 따뜻한 만남을 위하여' 하게 되면 여러분께서도 '위하여'라고 큰 소리로 외쳐 주시길 바랍니다. 우리의 따뜻한 만남을 위하여!

❷ 소중한 만남을 강조할 때

우리가 함께하는 이 자리는 돈을 주고 빌릴 수 있지만, 따뜻한 정과 마음을 나누는 우리의 소중한 만남은 돈을 주고 얻을 수 없습니다.
우리의 소중한 만남을 위하여!

❸ 시간의 중요성을 강조할 때

시계는 돈을 주고 살 수 있지만, 소중한 시간은 돈을 주고 살 수 없습니다. 우리의 소중한 시간을 위하여!

❹ 건강의 중요성을 강조할 때

보약은 돈을 주고 살 수 있지만, 우리의 건강은 돈을 주고 살 수 없습니다. 우리 모두의 건강을 위하여!

❺ 가정의 화목을 강조할 때

우리가 함께하는 이 집은 돈을 주고 살 수 있지만, 화목한 가정은 돈을 주고 살 수 없습니다. 우리의 화목한 가정을 위하여!

❻ 식욕을 돋울 때

우리 앞에 놓인 음식은 돈을 주고 살 수 있지만, 우리의 식욕은 돈을 주고 살

---

6 WOW SPEECH 참고.

수 없습니다. 우리의 왕성한 식욕을 위하여!

❼ 쾌적한 수면을 기원할 때

침대는 돈을 주고 살 수 있지만, 쾌적한 수면은 돈을 주고 살 수 없습니다. 우리의 쾌적한 숙면을 위하여!

❽ 밝은 표정을 강조할 때

잘 생기고 예쁜 얼굴은 돈을 주고 만들 수 있지만, 좋은 인상은 돈을 주고 만들 수 없습니다. 우리의 밝은 표정을 위하여!

앞의 다양한 건배 제의 예시에서 살펴볼 수 있듯이 건배 제의를 하는 이가 하는 선창 구호와 청중이 하게 되는 후창 구호는 건배 제의를 하는 이가 미리 정해서 안내해 주는 겁니다.

(30) 행사 스피치

행사가 있는 곳에는 반드시 스피치가 있습니다. 우리가 흔히 식사(式辭)라고 불러 왔던 이 스피치를 가리켜 행사 스피치라고 합니다.

행사 스피치 역시 5단계 조직 방법을 적용해서 내용을 조직할 수 있는데, 이에 대한 내용 조직 프레임은 다음 [표 30]과 같습니다.

[표 30] 행사 스피치의 내용 조직 프레임

① 시작 단계	② 행사의 의의 설명 단계	
③ 행사의 내용 소개 단계	④ 보충 단계	⑤ 마무리 단계

행사 스피치의 구체적인 내용 조직 방법

(상황) 기획실장 곽문순 씨가 창립 30주년 단합 대회의 사회를 맡았습니다. 그동안 열심히 달려온 지난날을 조용히 되짚어 보고 새로운 도약을 다짐하면서 서로의 마음을 하나로 다지는 뜻깊은 날입니다. 행사의 의의를 설명하면서 행사 스피치를 하려고 합니다.

❶ 시작 단계

첫 번째 순서는 주최자·관련자·참석자 등에 대해 인사를 하는 단계입니다. 인사를 할 때는 밝은 목소리로 "안녕하십니까?" 또는 "반갑습니다."로 시작합니다. 회사 행사인 경우는 간략한 직책을 언급하고 성명을 말하도록 합니다.7

예시) 여러분, 안녕하십니까? 기획실장 곽문순입니다.

위의 예시에서 "오늘 사회를 맡은"이라는 문구를 추가해 "여러분, 안녕하십니까? 오늘 사회를 맡은 기획실장 곽문순입니다."로 표현해도 좋습니다. 외부에서 내빈이 많이 참여한 경우는 상황에 따라 "한강 산업 기획실장"과 같이 직책 앞에 회사명을 넣을 수도 있습니다.

❷ 행사의 의의 설명 단계

두 번째 순서는 행사의 의의, 필요성 등을 밝히는 단계입니다. 행사가 개최된 취지를 말하고 오늘 행사의 의미와 행사를 통해 얻고자 하는 목적 등을 언급할 수 있습니다.

---

7 **실용 Tip** 인사할 때의 낮춤 표현

낮춤 표현은 '직책+이름'의 순으로 "기획실장 곽문순입니다."가 바른 표현입니다. 이와 반대로 '이름+직책' 즉 "곽문순 기획실장입니다."는 상사 앞에서는 결례의 표현이 되므로 주의해야 합니다.

예시) 오늘은 창립 30주년 단합 대회입니다. 오늘은 그동안 열심히 달려온 지난 날을 조용히 되짚어 보고 새로운 도약을 다짐하면서 서로의 마음을 하나로 다지는 뜻깊은 날입니다.

위의 예시는 단합 대회의 의미와 목적을 간략히 소개하고 있습니다. 만일 사원복지관 건립 축하 행사라면 "오늘 행사는 그동안 우리 모두의 숙원이던 사원복지관 건립을 축하하기 위한 자리입니다. 앞으로 우리 직원들이 사원복지관을 통해 에너지를 재충전하고 더 큰 활력으로 더욱 큰 발전을 이뤄 나가자는 뜻깊은 날입니다."라는 식으로 표현될 수 있습니다.

❸ 행사의 내용 소개 단계

세 번째 순서는 행사의 내용을 소개하는 단계입니다. 행사 내용은 세부적인 것을 일일이 언급하기보다는 큰 항목 위주로 소개하도록 합니다. 이때 팸플릿을 활용해서 행사에 관련된 세부 내용 등을 소개할 수도 있습니다.

예시) 1부에서는 시상식이 있겠으며 2부는 연회가 이어지겠습니다.

만일 1부의 공식 행사만 준비돼 있다면 "오늘 행사 순서를 간략히 소개해 드리자면 먼저 간단한 국민의례가 있겠으며 사장님의 격려사에 이어 우수 사원 표창이 이어지겠습니다. 다음으로는 우리 회사의 30년 역사를 담은 영상을 15분 정도 함께 감상한 후 사가 제창과 구호 제창으로 마무리하겠습니다."라는 식으로 간략히 소개할 수 있습니다.

❹ 보충 단계

네 번째 순서는 행사 내용을 언급하면서 특별히 당부 사항, 협조 사항, 요청 사항

등을 제시하는 단계입니다. 이 단계에서 청중의 기대감을 더욱 불러일으킬 수 있다면 금상첨화가 될 수 있습니다.

예시) 2부 연회에서는 우리 회사 출신이었던 인기 가수 배칠수 씨가 특별히 출연합니다. 기대해 주십시오

위의 예시는 인기 가수의 출연을 언급하면서 청중의 기대를 불러일으키고 있습니다. 청중의 기대를 불러일으키는 예를 살펴보면 "중요한 시책 발표, 행운권 추첨, 깜짝 이벤트, 멋진 만찬" 등이 있습니다.

❺ 마무리 단계

다섯 번째 순서는 성공 기원과 함께 끝인사로 마무리하는 단계입니다. 행사에 모두 적극적으로 참여할 수 있도록 의욕을 돋우고 모두 즐겁고 재미있는 시간이 되길 바란다는 긍정적인 메시지로 마무리합니다.

예시) 오늘은 우리가 모두 주인공입니다. 모두 즐겁고 기쁨 가득한 시간 되시길 바랍니다. 감사합니다.

위의 예시는 "우리가 모두 주인공"이란 표현으로 전체 구성원의 참여를 이끌고 있습니다. 이와 비슷한 표현은 "오늘은 여러분을 위해 마련된 자리입니다." 또는 "오늘 모이신 모든 분이 오늘 행사의 VIP이십니다." 이외에도 "오늘은 바로 여러분의 날입니다." 등이 있습니다.

앞에서 제시했던 행사 스피치에 대한 5단계 예시의 전체 흐름을 살펴보기 위해 행사 스피치를 하나의 실습 예문으로 제시하면 다음과 같습니다.

 행사 스피치에 대한 실습 예문

(상황)

양팔석 씨가 총동문회장의 자격으로 체육관 완공에 따라 행사에 참석해 주신 선후배 동문 여러분과 내외 귀빈 여러분께 감사의 표현, 행사의 의의를 설명하면서 행사 스피치를 하려고 합니다. 행사 스피치의 내용 조직 방법을 함께 살펴봅시다.

(안내 지침)

행사마다 행사의 목적과 의미가 다 다를 겁니다. 하지만 대체적으로는 감사와 의의, 덕담과 기원 등의 내용이 담기는 것이 보통입니다. 총동문회장은 동문회 전체를 이끌어가는 수장이니만큼 시작 단계에서 선후배 동문과 더불어 내빈 여러분에 대한 감사로 인사를 하는 것이 좋습니다.

다음은 체육관 완공에 대해 기쁨과 의의를 설명하고 행사의 내용을 소개하는 것으로 이어 나갑니다. 보충 단계에서는 후배들이 잘 사용하도록 당부하고 미래에 대한 덕담을 곁들여 줍니다. 마무리는 다시 한 번 감사의 표현을 하는 것이 적절합니다.

(실습 예문)

여러분, 반갑습니다. 총동문회장 양팔석입니다.

오늘 우리는 모교의 체육관 완공식을 거행하고자 이 자리에 모였습니다.

저는 오늘 이 뜻깊은 자리를 통해 공사 간 다망하신 중에도 우리 모교에 대해 뜨거운 애정을 갖고 이 자리에 참석해 주신 선후배 동문 여러분과 내빈 여러분께 진심으로 감사의 인사를 드립니다. (❶ 시작 단계)

우리가 이 자리에서 공부할 때만 해도 마땅한 체육관 시설이 없어서 비가 올 때는 실내 수업을 할 수밖에 없었고, 변변한 체육 행사도 제대로 해보지 못했었습니다.

그런데 이제 우리 모교에도 이렇게 멋진 체육관이 완공돼 선배로서 무척 반갑고 기쁜 마음을 감출 수가 없습니다.

여러분, 체력은 국력이란 말이 있습니다. 그리고 지위가 높고, 아무리 돈이 많다고 해도 건강을 잃으면 아무 소용이 없습니다. 그런 뜻에서 체육관 건립은 의미가 더욱 큰 겁니다. (❷ 행사의 의의 설명 단계)

체육관의 건립 경위, 체육관의 규모, 내부 시설 현황, 체육관 이용에 대해 기대 효과 등에 대한 설명은 나누어 드린 팸플릿으로 대신하겠습니다.

(❸ 행사의 내용 소개 단계)

사랑하는 후배 여러분, 아무쪼록 공부도 열심히 하고 이 멋진 체육관에서 체력도 튼튼하게 기르시길 바랍니다. 그리하여 여러분 모두 우리나라의 동량지재가 되시길 진심으로 기원합니다. (❹ 보충 단계)

끝으로 오늘의 행사가 있기까지 물심양면으로 협조해 주신 선 후배 동문 여러분과 공사 관계자 여러분, 교직원 여러분, 그리고 후배 여러분에게 감사의

인사를 드리면서 제 축사를 마칩니다. 감사합니다. (❺ 마무리 단계)

(31) 취임 스피치

취임식장에서 행해지는 스피치를 취임 스피치라고 합니다.

취임 스피치 역시 5단계 조직 방법을 적용해서 내용을 조직할 수 있는데, 이에 대한 내용 조직 프레임은 다음 [표 31]과 같습니다.

[표 31] 취임 스피치의 내용 조직 프레임

| ① 시작 단계 | ② 감사 단계 | ③ 중심 내용 표현 단계 |
| ④ 보충 단계 | ⑤ 마무리 단계 | |

 취임 스피치의 구체적인 내용 조직 방법

(상황) 조성희 씨가 8대 중랑구 의회 의장으로 선출됐습니다. 취임 스피치를 해야 하는 상황입니다. 우선 뽑아준 동료 의원들에게 겸허한 마음을 담아 감사의 인사를 건네려고 합니다. 또한, 출마하면서 했던 공약은 반드시 지키겠다는 것을 다시 한 번 다짐하면서 끊임없는 협조를 부탁하고 희망적인 말로 마무리하려고 합니다.

❶ 시작 단계

첫 번째 순서는 인사와 자기소개를 하는 단계입니다. 취임하게 된 본인의 직책을 이름 앞에 언급하도록 합니다. 취임식이므로 열심히 일할 의지가 드러나도록 굳건하고 활기찬 목소리로 시작합니다.

예시) 여러분, 반갑습니다. 중랑구 의회 의장을 맡게 된 조성희입니다.

위의 예시처럼 "반갑습니다."로 시작할 수도 있고, "여러분, 감사합니다."로 시작해도 좋습니다. 조직 내부 사람들을 대상으로 취임 스피치를 하게 된 경우는 조직명을 굳이 언급하지 않아도 무방하며, 간단히 "안녕하십니까? 8대 의장을 맡게 된 조성희입니다."라는 식으로 표현해도 좋습니다.

❷ 감사 단계

두 번째 순서는 감사 인사를 하는 단계입니다. 취임 인사에서 가장 중요한 것이 바로 뽑아 주신 분들에 대한 감사의 인사입니다. 겸허한 마음을 담고 감사의 마음을 표현합니다.

예시) 먼저 부족한 저를 의장으로 추대해 주신 여러분께 진심으로 감사드립니다.

위의 예시 외에도 "모두가 여러분 덕분이라고 생각합니다. 감사합니다." 또는 "아낌없는 성원과 지지를 보내 주신 여러분께 뭐라 감사의 말씀을 드려야 할지 모르겠습니다." 이외에도 "이 영광을 여러분께 돌립니다. 그리고 깊이 감사드립니다." 등으로 표현할 수 있습니다.

❸ 중심 내용 표현 단계

세 번째 순서는 취임사의 중심 내용을 담아서 표현하는 단계입니다. 즉 취임 소감, 앞으로의 업무 방침, 비전 제시, 중점 사업 계획 등을 표현하는 단계입니다. 의욕과 확신에 찬 표현이 좋습니다.

예시) 저는 의장에 출마하면서 공약했던 여러 약속은 반드시 지킬 것임을 여러분 앞에서 다시 한 번 다짐합니다. 열심히 하겠습니다.

당선만 되면 공약을 망각하는 후보가 많습니다. 위의 예시는 공적으로 한 약속을 반드시 지키겠다는 의지와 다짐을 표현하고 있습니다. 만일 시간적인 여유가 있다면 공약 추진 방향의 윤곽과 큰 틀을 제시해 주는 것도 좋습니다.

❹ 보충 단계

네 번째 순서는 첨가 사항, 강조 사항, 협조 사항 등을 표현하는 단계입니다. 특히 청중이 앞으로도 계속 자신을 지지해 주고 성원해 주길 바라는 협조의 마음을 표현하는 것은 중요합니다.

> **예시)** 여러분의 지지와 성원이 있다면 저는 어떤 어려운 일도 잘해나갈 자신이 있습니다.

위의 예시는 앞으로도 계속된 지지와 성원을 보내 주실 것을 간접적으로 전하고 있습니다. 실제로 청중의 협조를 구할 부분이 있다면 이 기회에 구체적인 언급을 할 수도 있습니다. 예들 들어 보면 "제가 여러분께 이 자리를 빌려 부탁하고 싶은 부분은 정기 모임에는 한 분도 빠짐없이 꼭 참석해 달라고 부탁하는 겁니다."라는 등의 표현을 할 수 있습니다.

❺ 마무리 단계

다섯 번째 순서는 덕담과 더불어 끝인사로 마무리하는 단계입니다. 발전적이고 미래 지향적인 결언이 효과적입니다. 또한, 함께 이뤄 나가자는 의미의 메시지를 덧붙이는 것도 좋습니다.

> **예시)** 여러분, 앞으로 함께 힘을 모아 살기 좋은 중랑구를 만들어 나갑시다. 감사합니다.

위의 예시에서 활용된 "함께 힘을 모아"는 취임 스피치에 효과적으로 활용될 수 있는 문구입니다. 취임한 사람 혼자서는 산적한 일들을 결코 해낼 수 없기 때문입니다. 단합과 협력을 끌어내는 것이 중요합니다. 비슷한 내용으로 "앞으로 우리 모두 하나 돼, 앞으로 우리 모두 똘똘 뭉쳐서, 앞으로 우리 모두 단합해서" 등의 표현도 활용할 수 있습니다.

앞에서 제시했던 취임 스피치에 대한 5단계 예시의 전체 흐름을 살펴보기 위해 취임 스피치를 하나의 실습 예문으로 제시하면 다음과 같습니다.

 취임 스피치에 대한 실습 예문

(상황)

박명순 씨가 봉사 단체 모임의 회장으로 선출됐습니다. 회장 취임 스피치를 해야 하는 상황입니다. 모임의 이름은 초록회입니다. 우선 뽑아준 초록회 회원들에게 진심 어린 감사의 인사를 건네려고 합니다.

또한, 모든 노력을 기울여 회장직을 수행할 것을 다짐하면서 회원들에게 성원과 협조를 부탁하고 긍정의 말로 끝내려고 합니다.

(안내 지침)

취임은 당선으로 만들어진 것이고 당선은 많은 분의 성원과 지지로 이뤄진 겁니다. 따라서 인사로 시작한 다음 바로 진심 어린 감사가 덧붙여져야 합니다.

그다음 중심 내용 표현 단계에서는 회장으로서의 감회와 열심히 회장직을 수행하겠다는 각오를 담는 것이 좋고, 보충 단계에서는 앞으로의 포부를 제시하고 지속적인 성원을 부탁하는 것이 효과적입니다.

마무리 단계에서는 앞으로도 계속 도와주실 것을 다시 한 번 요청하면서 함께 발전시켜 나가자는 각오와 바람으로 마무리합니다.

(실습 예문)

　여러분, 반갑습니다. 초록회의 회장을 맡게 된 박명순입니다. (❶ 시작 단계)
먼저 부족한 저를 회장으로 추대해 주신 여러분께 진심으로 감사드립니다.
(❷ 감사 단계)

　제가 초록회의 회원이 돼 여러분과 함께 주위의 어려운 이웃을 돕는 봉사 활동을 해온 지 어언 7년이 됐습니다. 이제 오늘 회장까지 맡고 보니 제 어깨가 무척 무거워짐을 느낍니다. 저는 여러모로 부족하지만, 여러분의 사랑과 격려에 힘입어 모든 노력을 기울여 회장직을 수행하도록 하겠습니다.
(❸ 중심 내용 표현 단계)

현재 우리 초록회는 서울시와 광역시에 지부를 두고 있지만, 앞으로 시·군·구로 확대해 나갈 겁니다. 제 임기 동안에도 단위에 한 개씩의 지부를 반드시 설립하도록 할 겁니다. 그러려면 무엇보다도 여러분의 성원과 도움이 필요합니다. (❹ 보충 단계)

여러분, 앞으로 많이 도와주십시오.

우리 모두 한마음 한뜻이 돼서 나라 사랑·이웃 사랑을 실천해 나갑시다. 초록회를 더욱 발전시켜 나갑시다.

감사합니다. (❺ 마무리 단계)

(32) 야유회 스피치

야유회에서 행해지는 스피치를 야유회 스피치*라고 합니다.

야유회 스피치 역시 5단계 조직 방법을 적용해서 내용을 조직할 수 있는데, 이에 대한 내용 조직 프레임은 다음 [표 32]와 같습니다.

[표 32] 야유회 스피치의 내용 조직 프레임

| ① 시작 단계 | ② 감사 단계 | ③ 핵심 메시지 전달 단계 |
| ④ 당부 멘트 전달 단계 | ⑤ 마무리 단계 | |

 야유회 스피치의 구체적인 내용 조직 방법

(상황) 케이 그룹의 회장 이찬종 씨가 직원들과 함께 야유회에 참석했습니다. 야유회에 참여한 분들에 대한 그동안의 노고와 수고를 위로하고 감사의 마음을 표현하려고 합니다. 또한, 즐겁고 보람된 야유회가 되길 바라는 메시지를

전달하려고 합니다.

실용 Tip

***야유회 스피치 준비의 참고 사항 세 가지**

야유회 스피치를 준비할 때 참고 사항을 세 가지만 강조하자면,

❶ 뜻하지 않게 원고가 비에 젖거나, 구겨지지 않도록 대비해야 합니다. 따라서 원고는 코팅해 두는 것이 좋습니다.
❷ 연단 경험이 부족한 화자는 손이 떨릴 수 있으니 대비해야 합니다. 따라서 그런 화자는 원고를 손에 들지 말고, 연단이나 박스 등 연단 대용물을 마련해서 올려놓고 하는 것이 좋습니다.
❸ 갑작스러운 바람에 원고가 휘날리지 않도록 대비해야 합니다. 따라서 낱장 원고가 아니라 무게감이 느껴지는 원고 케이스를 활용하는 것이 좋습니다.

❶ 시작 단계

첫 번째 순서는 "안녕하십니까?" 또는 "반갑습니다."로 시작하는 단계입니다. 야유회는 흥겨운 분위기 속에서 이뤄져야 하는 행사입니다. 즐겁고 경쾌한 목소리로 시작하도록 합니다.

예시) 직원 여러분, 반갑습니다. 회장 이찬종입니다.

위의 예시는 호칭을 "직원 여러분"이라고 칭하고 있지만, 수식어를 붙여 "사랑하는 직원 여러분" 혹은 회사 이름을 넣어 "우리 케이 그룹 가족 여러분"이라고 해도 좋습니다.

❷ 감사 단계

두 번째 순서는 감사의 인사를 하는 단계입니다. 야유회에 참여한 분들에 대한 그동안의 노고와 수고를 위로하고 감사의 마음을 표현하는 단계입니다. 특별히 수고한 분이 있으면 개별 칭찬도 곁들이도록 합니다.

예시) 그동안 우리 회사를 위해 열심히 일해 주신 직원 여러분께 회장으로서 진심으로 감사드립니다.

위의 예시는 일반적인 표현을 하고 있으나 구체적으로 노고를 위로하고 감사의 마음을 전하는 표현도 좋습니다.

다른 예를 들면 "여러분, 이번 대형 수출 납품 건을 약속 날짜 안에 맞추느라 고생을 많이 하신 줄 압니다. 정말 수고 많으셨습니다. 그점 회장으로서 깊이 감사드립니다." 또는 "중국산 저가 제품이 물밀 듯이 밀려 들어오는 어려운 여건 속에서도 우리 회사가 지금까지 발전해 올 수 있었던 것은 바로 여러분 덕분이라고 생각합니다. 감사합니다." 등으로 표현할 수 있습니다.

❸ 핵심 메시지 전달 단계

　세 번째 순서는 즐겁게 지내라는 메시지를 전달하는 단계입니다. 모두 즐거운 분위기 속에서 재미있는 시간을 보내도록 독려하는 메시지를 전합니다. 표현도 밝은 톤을 계속 유지하도록 합니다.

　　예시) 오늘은 모처럼 함께하는 야유회입니다. 그동안 업무 탓에 쌓였던 피로와 스트레스를 말끔히 씻어버리고 새로운 에너지를 충전하는 즐겁고 보람된 야유회가 되시길 바랍니다.

　위의 예시 외에도 "비워야 채울 수 있다는 말이 있습니다. 오늘은 업무와 관련된 모든 것을 완전히 비워버리고 잊어버리기로 합시다. 그리고 즐거운 시간을 통해 에너지와 활력을 가득 담아봅시다." 또는 "잘 노는 사람이 일도 잘하는 사람이란 말이 있습니다. 오늘은 가장 잘 노시는 직원 몇 분을 선정해서 푸짐한 상을 드리도록 하겠습니다." 이외에도 "우리말에 난장판이란 말이 있죠. 난장은 일상으로부터의 탈출입니다.

모두 스트레스 확 날리는 난장판 야유회가 되시길 바랍니다." 등의 표현을 활용할 수 있습니다.

❹ 당부 멘트 전달 단계

네 번째 순서는 안전사고에 유의하라는 당부와 더불어 오늘의 야유회가 즐거운 야유회가 되길 바라는 멘트를 전하는 단계입니다. 당부 멘트는 자칫 분위기를 지루하게 만들 수 있으므로 간략히 하도록 유의합니다.

> 예시) 하지만 하나 당부드릴 것은 안전사고에 유의하시라는 겁니다. 이렇게 좋은 날 불미스러운 사고가 생겨서는 안 되겠지요. 그리고 무엇보다도 오늘이 정말 오랫동안 기억에 남는 야유회가 될 수 있도록 마음껏 즐겨 주시길 바랍니다.

위의 예시는 야유회에서 가끔 생길 수 있는 안전사고를 유의하라는 당부를 하고 있습니다. 리더로서 조직원을 챙기는 배려의 마음이 담긴 스피치입니다. 다음 문장의 "정말 오랫동안 기억에 남는 야유회"라는 표현은 "새로운 에너지를 얻는 즐거운 야유회, 소중한 추억이 되는 야유회, 세상에서 가장 재미있는 야유회, 한 점의 아쉬움도 없는 즐거운 야유회" 등으로 다양하게 표현할 수 있습니다.

❺ 마무리 단계

다섯 번째 순서는 "감사합니다."로 마무리 인사를 하는 단계입니다. 이제 곧 야유회가 시작될 것이므로 흥겨운 목소리로 힘차게 마무리하는 것이 좋습니다. 가능하면 팡파르 음향을 준비해 활용하는 것도 효과적입니다.

> 예시) 자, 그럼 사회자에게 마이크를 넘기고 저도 즐거운 축제의 분위기에 흠뻑 빠져 보겠습니다.

여러분, 감사합니다.

위의 예시는 화자 본인도 적극적으로 야유회에 동참하겠다는 각오를 밝히고 있습니다. 훌륭한 리더는 업무만이 아니라 다른 부분에서도 리더로서 솔선수범 모범이 돼야 할 겁니다. "저도 여러분과 즐거운 시간 함께 하겠습니다. 감사합니다." 또는 "오늘 야유회가 끝나는 시간까지 저도 여러분과 계속 함께할 겁니다. 감사합니다." 이외에도 "분위기를 살리는데 저도 크게 일조하도록 하겠습니다. 감사합니다." 등으로 표현할 수 있습니다.

앞에서 제시했던 야유회 스피치에 대한 5단계 예시의 전체 흐름을 살펴보기 위해 야유회 스피치를 하나의 실습 예문으로 제시하면 다음과 같습니다.

 야유회 스피치에 대한 실습 예문

(상황)

여태옥 팀장이 팀원들과 함께 야유회에 참석했습니다. 성공적인 프로젝트를 위해 애써주신 분들에게 그동안의 노고와 수고를 위로하고 감사의 마음을 표현하려고 합니다. 또한, 당부 멘트와 함께 신 나고 즐거운 야유회가 되시길 바라는 메시지를 전달하려고 합니다.

(안내 지침)

야유회는 즐거운 자리입니다. 야유회 자리에서 지시 사항을 담은 일장 연설이 된다면 분위기는 썰렁해질 것이고 모임에 참석한 이들의 마음은 화가 치밀지도 모릅니다.

야유회 스피치는 짧고 함축적으로 해야 합니다. 인사와 감사를 간단하게 한

다음 재충전의 기회로 삼고, 오늘 하루 마음의 문을 활짝 열고 즐겁게 지냈으면 한다는 내용의 핵심 메시지를 전달하는 것이 좋습니다.

마무리 단계에서는 더욱 크고 활기찬 목소리로 야유회 개회 선언을 하고서 사회자에게 마이크를 건네주면 효과적입니다.

(실습 예문)

여러분, 반갑습니다. 여태옥입니다. (❶ 시작 단계)

이번 프로젝트를 성공적으로 끝마친 여러분께 팀장으로서 깊이 감사드립니다. (❷ 감사 단계)

오늘은 1년 만에 갖는 야유회입니다. 그동안 프로젝트로 말미암아 쌓였던 피로와 스트레스를 날려 버리고 새로운 열정을 재충전하는 신 나고 즐거운 야유회가 되시길 바랍니다. (❸ 핵심 메시지 전달 단계)

그런데 내일 미국 출장을 가야 하는 3조는 술을 조금 자제해 주시길 부탁합니다. (❹ 당부 멘트 전달 단계)

자, 그럼 지금부터 신 나는 야유회를 함께 하겠습니다.

오늘의 사회자, 나와 주세요. (❺ 마무리 단계)

정보 전달 스피치(3종)

5단계 정보 전달 스피치 프로그램은 3가지로 구성했습니다. 즉 주제 설명 스피치, 수업 스피치, 트라이어드 스피치입니다.

(33) 주제 설명 스피치

하나의 주제를 놓고 설명하는 스피치를 주제 설명 스피치라고 합니다.

주제 설명 스피치 역시 5단계 조직 방법을 적용해서 내용을 조직할 수 있는데, 이에 대한 내용 조직 프레임은 다음 [표 33]과 같습니다.

[표 33] 주제 설명 스피치의 내용 조직 프레임

① 시작 단계	② 주제 선언 단계	③ 주제 전개 단계
④ 주제 반복 단계	⑤ 마무리 단계	

 주제 설명 스피치의 구체적인 내용 조직 방법

(상황) 홍연표 씨가 '스트레스 해소법'이라는 주제를 놓고 설명을 해야 합니다.

오래전부터 준비는 했지만, 긴장되고 떨립니다. 스피치 시간에 배운 대로 우선 주제를 선언하고, 인과론적 내용 구성으로 내용을 전개해 나가려고 합니다. 그리고 주제 반복으로 요점을 강조하면서 감사의 인사로 끝내려 합니다.

❶ 시작 단계

첫 번째 순서는 인사와 자기소개를 하는 단계입니다. 시작 단계에서는 긴장도가 가장 높은 단계이므로 호흡을 가다듬고 활기찬 목소리로 시작하도록 합니다. 미소 띤 표정은 마음의 긴장을 풀어 주는 데도 효과적이며 청중이 보기에도 호감 가는 이미지를 줍니다.

> 예시) 안녕하십니까? 발표를 맡은 홍연표입니다.

위의 예시는 자신을 "발표를 맡은"이라는 표현을 하고 있지만, 때에 따라 "연구실 수석 연구원 홍연표입니다." 또는 "경영대학원에 재학 중인 홍연표입니다." 등과 같이 소속이나 직책을 말할 수도 있습니다.

❷ 주제 선언 단계

두 번째 순서는 서론 단계로 호감 사기, 관심 끌기를 하면서 본론에서 말할 것에 대해서 말하는 단계, 즉 주제 선언(이해 돕기)을 하는 단계입니다. 다시 말해 스피치의 방향을 제시하는 단계라고 할 수 있습니다.

> 예시) 현대인들의 질병의 근원 중 가장 큰 비율을 차지하는 주범이 바로 '스트레스'라는 사실을 여러분께서는 알고 계신가요? "스트레스는 먼지와 같다."라는 말이 있을 정도로 스트레스는 언제 쌓였는지도 모르게 우리의 마음을 어지럽히고 우리의 몸을 병들게 합니다. 모든 질병의 근원이라고

하는 이 스트레스의 해소법에 대해 많은 사람의 관심이 높아지고 있습니다. 따라서 저는 오늘 '스트레스 해소법'에 대해서 말씀드리겠습니다.

현대인들의 질병의 근원 중 가장 큰 비율을 차지하는 주범이 스트레스라고 밝히면서 관심 끌기를 하고 있습니다. 위의 예시에서 "저는 오늘 스트레스 해소법에 대해서 말씀드리겠습니다." 외에 "저는 오늘 스트레스 해소법에 대해 발표하겠습니다, 제가 발표할 주제는 스트레스 해소법입니다, 제가 준비한 발표 내용은 스트레스 해소법에 관한 겁니다." 등으로 달리 표현할 수 있습니다.

주제를 선언할 때는 시각 자료나 유인물에 기록된 주제 문구와 될 수 있으면 일치되게 말하는 것이 좋습니다. 예를 들어 구두 발표에서는 "스트레스 해소법"이라고 표현하면서 시각 자료와 유인물에는 "스트레스 해소 및 치유 방안에 관한 소고"라는 식으로 표현돼 있다면 청중에게 혼동을 일으킬 수도 있고 산만한 느낌을 주게 됩니다.

❸ 주제 전개 단계

세 번째 순서는 본론 단계로 서론에서 '말하겠다고 말한 것'을 전개해 나가는 단계입니다. 이때 상황에 맞도록 얘기의 구성 방법을 선택해야 합니다. 왜냐하면, 주제에 따라 얘기의 구성 방법*도 달라져야 하기 때문입니다.

실용 Tip

*스피치 주제에 따른 다양한 내용 구성 방법

회사의 역사에 대한 설명은 시간적 구성으로, 회사 주변에 대한 경관은 공간적 구성으로, 회사의 발전 요인은 인과론적 구성으로, 회사의 조직 구조는 주제별 구성으로, 회사의 문제점은 문제 해결식 구성 방법을 사용할 수 있습니다. 이처럼 각 방법은 메시지의 성격을 고려해서 선택하는 것이 효과적입니다.

예시) 먼저 스트레스로 인한 피해 사례에 대해 함께 살펴보고, 스트레스의 원인과 그 해소 방안에 대해서도 살펴보고자 합니다. 그럼, 스트레스로 인한 피해 사례부터 살펴보겠습니다. ~ 다음은 스트레스의 원인은 무엇인지 함께 살펴보도록 하겠습니다. ~ 끝으로 스트레스의 해소 방안에 대해 살펴보도록 하겠습니다. ~

주제 전개 단계는 주제를 적극적으로 논의하는 중심 부분입니다. 주제에 따라 다양한 구성 방법이 활용될 수 있습니다. 여기에서는 원인과 결과에 따라 자료를 배열하는 방법인 인과론적 구성으로 내용을 전개해 나가고 있습니다. 즉 스트레스로 인한 피해 사례를 살펴보고 스트레스의 원인 분석과 해소 방안에 대해서도 살펴보고 있습니다.

❹ 주제 반복 단계

네 번째 순서는 결론 단계로 주제 반복과 함께 본론 단계에서 말한 내용에 관해 요점을 다시 강조하고 결언을 통해 끝맺음하는 단계입니다. 즉 주제 설명 스피치와 같은 정보 전달 스피치에서 끝맺음의 요령은 내용을 다시 요약·정리해 주는 겁니다.

왜냐하면, 긴 강연으로 청중이 많은 메시지를 전달받았기 때문에 긴 강연 내용을 제대로 분명하게 받아들인다는 건 쉬운 일이 아닙니다. 따라서 끝맺음 부분에서 연사가 다시 한 번 본문 내용을 요약·정리해 준다면 훨씬 더 효과적인 끝맺음이 될 수 있기 때문입니다.

예시) 저는 지금까지 스트레스 해소법에 대해서 말씀드렸습니다. (주제 반복)
다시 반복하자면, 스트레스의 원인은 ~이었고, 가장 좋은 해결책은 '웃음'임을 확인했습니다. (요점 재강조)
여러분, 크게 웃어보십시오. 행복한 인생이 펼쳐집니다. (결언)

위의 예시에서 보여준 주제 반복과 요점 재강조의 방법 이외에도 "저는 지금까지 스트레스 해소 방법으로 '웃음'이 최고임을 설명해 드렸습니다, 지금까지 저는 여러분께 웃음이 가장 좋은 스트레스 해소법임을 말씀드렸습니다." 등의 짧은 표현도 활용할 수 있습니다.

또한, 위의 예시에서는 결언을 통해 "여러분, 크게 웃어 보십시오. 행복한 인생이 펼쳐집니다."라는 희망의 메시지를 남기면서 미래 지향적으로 끝맺음하고 있습니다.

결언의 기법은 미래 지향적으로 끝맺는 방법 이외에도 속담이나 고사성어·사자성어를 인용해서 끝맺음하는 방법 등 여러 가지 결언의 기법[1]이 있습니다.

여기에서는 유명한 사람의 얘기를 인용해서 여운을 남기며 끝맺음하는 예를 들어 보겠습니다. "여러분, 심리학의 아버지 윌리엄 제임스의 말을 끝으로 제 발표를 모두 마칩니다. '우리는 행복해서 웃는 것이 아니라 웃기 때문에 행복합니다.'"

---

[1] **실용 Tip 결언의 기법**
더 자세한 내용은 『파워 스피치 특강』 230쪽 제4강 스피치의 핵심 이론 '제7장. 스피치의 좋은 마무리'의 결언의 기법을 참고하시길 바랍니다.

❺ 마무리 단계

다섯 번째 순서는 마무리 단계로 "감사합니다."로 박수를 유도하는 단계입니다. 조금 길게 하는 경우는 "끝까지 경청해 주신 여러분, 감사합니다."라는 표현도 좋습니다. 특히 끝인사를 한 다음 청중과 눈 맞춤을 하고서 당당히 퇴장하도록 합니다.

예시) 끝까지 경청해 주신 여러분, 감사합니다.

위의 예시 이외의 표현을 해 본다면, "적극적으로 경청해 주신 여러분~ 감사합니다, 제 발표를 잘 들어 주셔서 감사합니다, 함께해 주신 여러분~ 감사합니다, 제 발표를 들어 주신 모든 분께 감사드립니다." 등의 표현이 있습니다.

앞에서 제시했던 주제 설명 스피치에 대한 5단계 예시의 전체 흐름을 살펴보기 위해 주제 설명 스피치를 하나의 실습 예문으로 제시하면 다음과 같습니다.

주제 설명 스피치에 대한 실습 예문

(상황)

조성란 씨는 '미혼모의 낙태'라는 주제로 발표하려고 합니다. 조성란 씨는 스피치를 몇 년 전부터 꾸준히 익혀 왔기에 스피치가 즐거운 사람이며, 한 마디로 스피치의 맛을 아는 여자입니다.

먼저 주제 선언을 하기 전에 강한 메시지로 청중의 관심을 끌려고 합니다. 또한, 자기 생각을 먼저 밝히고 내용을 전개해 나가는 문제 해결식 구성으로 주제를 설명하려고 합니다. 끝으로 주제 반복으로 요점을 강조하면서 감사의 인사로 끝내려 합니다.

〈안내 지침〉

인사로 시작하고 주제 선언 단계에서 청중의 호기심을 끕니다. 또한, 주제 전개 단계에서는 먼저 자신의 주장을 명확히 밝힌 다음 그에 따른 근거를 제시합니다. 다음으로 원인과 대책을 제시하고 주제를 다시 반복하면서 감사로 마무리합니다.

〈실습 예문〉

안녕하십니까? 오늘의 주제를 설명할 조성란입니다. (❶ 시작 단계)

여러분, 살인 사건이 벌어지면 각종 매스컴을 통해 세상이 떠들썩해지는데 20초에 한 번꼴로 벌어지는 뱃속 살인에 대해서는 왜 그렇게 무관심하십니까? 따라서 저는 오늘 '미혼모의 낙태'라는 주제로 여러분과 함께 살펴보고자 합니다. (❷ 주제 선언 단계)

미혼모의 낙태에 대한 제 생각은 어떠한 이유에서든 반대임을 밝힙니다(핵심 문장)*. 왜냐하면, 자신이 원하지 않는 임신을 했다고 하더라도 미혼모 임의대로 배 속의 아이를 낙태시킬 수 있는 권한은 없다고 보는 겁니다. 따라서 여기서는 심각해지는 미혼모의 낙태 원인에 대해 살펴보고, 그에 따른 대책을 살펴보고자 합니다. (❸ 주제 전개 단계)

이상에서 살펴본 바와 같이 미혼모 낙태의 원인과 대책은 ~입니다. 이 문제를 놓고 지금 당장 해결책을 마련하기는 어렵습니다.

그러나 분명한 것은 우리의 생명은 소중한 것이며, 앞으로 이 문제에 대해서 가정과 학교 그리고 사회에서 더욱 많은 신경을 써 나가야 한다는 겁니다.

저는 지금까지 미혼모의 낙태라는 주제로 말씀드렸습니다.

(❹ 주제 반복 단계)

경청해 주신 여러분, 감사합니다. (❺ 마무리 단계)

실용 Tip

***문제 해결식 조직 구성에서의 핵심 문장 위치**

문제 해결식 조직 구성에서는 위와 같이 본론 첫머리에서 주제문, 즉 '말하고자 하는 핵심 문장'을 먼저 밝힙니다.

(34) 수업 스피치

수업 스피치는 가르치는 일을 업으로 하는 교사·강사·교수 등의 직업을 가진 사람들이 하게 되는 스피치입니다.

수업 스피치 역시 5단계 조직 방법을 적용해서 내용을 조직할 수 있는데, 이에 대한 내용 조직 프레임은 다음 [표 34]와 같습니다.

[표 34] 수업 스피치의 내용 조직 프레임

① 시작 단계	② 서론 단계	③ 본론 단계
④ 결론 단계	⑤ 마무리 단계	

 수업 스피치의 구체적인 내용 조직 방법

❶ 시작 단계

첫 번째 순서는 인사와 자기소개를 하는 단계입니다. 수업에 임하는 학생들은 강사의 첫 인사 이미지로부터 들어볼 만한 강의인지 그렇지 않은 강의인지 무의식적인 판단을 합니다. 그러므로 첫 인사부터 열정적으로 표현하도록 합니다.

예시) 안녕하십니까? 스피치 전문 강사 김현승입니다. (허리 숙여 인사)

위의 예시는 자신이 '스피치 전문 강사'임을 피력하고 있습니다. 만일 사회자가 자신에 대한 소개를 자세히 언급해 준 경우는 간단히 "여러분, 반갑습니다. 방금 소개받은 김현승입니다."로 표현해도 좋습니다.

❷ 서론 단계

두 번째 순서는 서론 단계로 호감 사기 혹은 관심 끌기를 해서 청중의 마음의 문을 열고, 복습과 함께 그날의 수업 내용을 안내(이해 돕기)하는 단계입니다. 호감 가는 강사의 말에 청중은 더욱 경청하는 경향이 있습니다.

예시) ① 여러분, 늦은 저녁 시간임에도 자신의 자아계발을 위해 애쓰시는 여러분이 존경스럽습니다. 저 또한, 배움의 장소인 이곳 경기대학교 평생교육원에서 여러분과 함께 스피치에 집중하고 몰두할 수 있다는 사실이 매우 기쁘고 행복합니다.
② 우리가 지난 시간은 서론에 대해서 함께 살펴보았습니다. 오늘 이 시간에는 여러분과 본론에 대해서 함께 생각해 보겠습니다.

위의 예시 외에도 필요한 경우 지난 시간에 배운 것을 복습하는 의미에서 중요한 것을 몇 가지 질문을 통해 확인해 보는 것도 좋습니다. 또한, 오늘 수업과 관련해 필요한 공지 사항들이 있으면 서론 단계에서 말해 주는 것도 좋습니다. 예컨대 "오늘 배울 내용은 시험에 잘 출제되는 부분이니까 특히 집중해서 공부하셔야 합니다." 등으로 표현할 수 있습니다.

❸ 본론 단계

세 번째 순서는 본론 단계로 수업할 내용을 전개해 나가는 단계입니다. 학습자들이 더 이해하기 쉽도록 예화나 자료 등을 통해 설명하는 것이 좋습니다. 학습자들이 제대로 이해하는지 살펴보면서 내용 전개를 해나가도록 합니다.

예시) 본론은 논리적·구체적·간결하게 전개해 나가야 합니다. 먼저 본론은 논리적이어야 한다는 내용에 대해 자세히 살펴보겠습니다. (예고) (-중략-) 지금까지 본론은 세 가지 면에서 논리적이어야 한다는 내용을 살펴보았습니다.
요약하자면(중간 요약), 본론은 내용 전개면·형식면·배열면, 이러한 세 가지 측면에서 논리적이어야 합니다. 다음은 본론은 논리적·구체적·간결하게 전개해 나가야 한다는 내용 중 두 번째(내용 이정표) 본론은 구체적

이어야 한다는 내용에 대해 알아보도록 하겠습니다. (논의 전환사) (-중략-)
지금까지 본론은 간결해야 한다는 내용에 대해 살펴보았습니다.

수업 내용 전개는 위의 예시에서 살펴본 바와 같이 '예고'와 '중간 요약, 내용 이정표 및 논의 전환사'의 안내사를 활용하는 것이 효과적입니다. 왜냐하면, 이러한 안내사의 활용은 학습자들이 학습할 내용을 정리하고 이해하는 데 도움을 주기 때문입니다.

❹ **결론 단계**

네 번째 순서는 결론 단계로 종료 신호와 함께 정리와 과제 부과, 다음 시간 수업 내용을 안내하는 단계입니다. 배운 내용의 복습을 통해 학습한 내용을 굳건히 기억할 수 있도록 하고, 다음 시간 수업 내용에 대해 기대를 하도록 해서 학습자들의 예습 욕구와 학습 의욕을 더욱 불태우게 합니다.

> **예시)** 이제 어느덧 마쳐야 할 시간이 됐습니다. 오늘은 여러분과 함께 본론에 대해서 알아보았습니다.
> 오늘 배운 내용을 다시 반복하자면 본론은 첫째, 논리적이어야 하고, 둘째는 구체적이어야 하며, 셋째는 간결해야 한다는 겁니다.
> 다음 시간에는 짧고 강하고 여운이 남게 끝내야 하는 '결론'에 대해서 살펴보겠습니다.

위의 예시는 오늘 학습한 내용을 학습자들에게 간략하게 요약·정리해 주고 있습니다. 때로는 개별적으로 더 깊이 공부하길 원하는 이들을 위해 "오늘 배운 내용에 대해 좀 더 많은 것을 공부하고 싶은 분들은 제 블로그에 자료를 올려놓을 테니까 참고하시길 바랍니다."라는 등의 안내를 할 수도 있습니다.

❺ 마무리 단계

다섯 번째 순서는 끝인사로 마무리하는 단계입니다. 특히 학습에 집중하고 적극적으로 참여한 학습자에 대해 감사와 격려의 말은 중요합니다. 감사와 격려의 말 한마디가 학습자들의 피로를 씻어 줄 수 있습니다. 보통의 경우엔 "수고 많으셨습니다. 감사합니다."라는 말로 마무리합니다.

예시) 수고 많으셨습니다. 감사합니다. (허리 숙여 인사)

위의 예시 외에도 "오늘 적극적으로 수업에 참여해 주신 여러분께 진심으로 감사드립니다." 또는 "한 분도 졸지 않고 집중해서 제 강의를 들어주신, 여러분 모두에게 깊은 감사를 드립니다."라는 표현도 활용할 수 있습니다. 대중을 상대로 한 강연이라면 "지금까지 김현승이었습니다. 감사합니다."라는 식의 마무리도 좋습니다.

앞에서 제시했던 수업 스피치에 대한 5단계 예시의 전체 흐름을 살펴보기 위해 수업 스피치를 하나의 실습 예문으로 제시하면 다음과 같습니다.

실용 Talk

실제 수업 스피치에서 인덱스카드 활용법

실제 수업 스피치에서 활용할 원고는 손에 쥐기에 적당한 인덱스(index)카드에 핵심 내용 위주로 간단하게 작성하는 것이 좋습니다.

왜냐하면, 우선 A4 용지 등에 내용을 적어 놓게 되면 용지가 흐느적거려 원고를 들고 강의하기가 어렵고 또한, 너무 많은 내용을 적어 놓게 되면 원하는 내용을 찾다가 말할 중요 내용을 놓칠 수 있기 때문입니다.

그리고 카드가 여러 장일 때는 순서가 바뀌지 않도록 인덱스카드에 번호를 매겨두는 것이 좋습니다.

수업 스피치에 대한 실습 예문

(상황)

웃음 치료 전문 강사 김현화 씨가 웃음 치료 강사가 되려는 분들 앞에서 강의하려고 합니다. 언제나 하는 강의이지만, 긴장되는 건 마찬가지입니다. 언제나 온 힘을 다해 '오직 할 뿐'이라는 생각으로 수업에 임합니다.

오늘 함께 살펴볼 수업 내용은 웃음의 효과입니다. 밝은 표정, 밝은 톤, 밝은 내용으로 전개해 나가려고 합니다. 수업 스피치의 내용 조직 방법은 어떤지 함께 살펴봅시다.

(안내 지침)

인사로 시작하되 웃음 치료 전문 강사답게 웃음을 머금은 유머러스한 어조로 활기차게 인사하도록 합니다.

서론 단계에서는 질문과 칭찬, 의미 있는 참신한 메시지로 청중의 학습 의욕을 북돋우고 주제를 제시합니다.

본론 단계에서는 웃음의 효과에 대한 구체적인 내용을 전합니다.

결론 단계에서는 웃음의 효과를 실제에서 느낄 수 있도록 실천을 촉구합니다.

(실습 예문)

안녕하십니까? 항상 웃음과 함께 사는 여자 웃음 치료 전문 강사 김현화입니다. (❶ 시작 단계)

여러분, 웃음이 우리 몸에 좋다는 거 다~ 알고 계시죠? (네~)

그래서 그런지 여러분 모두 표정이 참~ 밝아 보이십니다. 인정도 가득 넘쳐 보이시고요.

이 세상에 소중한 금이 세 가지가 있다고 하죠.

첫째는 황금이요, 둘째는 소금, 마지막 셋째가 바로 지금이라고 합니다. 바로 지금 이 순간 훌륭하신 여러분과 함께 웃음에 집중하고 몰두할 수 있다는 사실이 매우 기쁘고 행복합니다.

오늘 제게 주어진 시간이 약 두 시간입니다.

아무쪼록 여러분과 함께하는 이 시간이 우리 모두에게 값진 시간, 유익한 시간, 미래를 여는 투자의 시간이 되길 바라면서 오늘 수업 시작해 보도록 하겠습니다.

여러분께서도 좀 더 열린 마음으로 좀 더 적극적인 태도로 임해 주시면 더욱 감사하겠습니다.

오늘은 여러분과 함께 '웃음의 효과'에 대해 살펴보도록 하겠습니다.

(❷ 서론 단계)

많이 웃으면 첫째, 소화력이 왕성해져서 식욕이 좋아집니다. 둘째, 불면증이 해소돼 숙면을 취할 수 있습니다. 셋째, 운동한 효과를 내므로 몸이 건강해집니다. (❸ 본론 단계)

오늘은 여러분과 함께 웃음의 효과에 대해 살펴보았습니다.

이제 아쉽게도 마쳐야 할 시간이 됐습니다.

공자님 말씀에 "아는 것은 행하는 것만 못하고, 행하는 것은 즐기는 것만 못하다."라는 말이 있습니다.

오늘 배우신 내용을 실생활에 잘~ 활용하셔서 여러분께 많은 유익함이 있었으면 좋겠습니다. (❹ 결론 단계)

여러분, 다음에 또 만나 뵐 것을 기대하면서 이만 여기서 마칩니다.

지금까지 웃음 치료 전문 강사 김현화였습니다. 감사합니다. (❺ 마무리 단계)

(35) 트라이어드 스피치

트라이어드(triad)* 스피치는 갑자기 한 말씀 해 달라고 하는 요청을 받았을 때 주로 활용하는 스피치입니다. 다시 말해서 트라이어드 스피치는 갑자기 즉흥 스피치를 요청받았을 때 '첫째, 뭐~, 둘째, 뭐~, 셋째 뭐~'하는 식으로 핵심 요지를 세 가지 정도 거론하면서 내용을 조직해 나가는 스피치입니다.

트라이어드 스피치 역시 5단계 조직 방법을 적용해서 내용을 조직할 수 있는데, 이에 대한 내용 조직 프레임은 다음 [표 35]와 같습니다.

실용 Tip

*트라이어드(triad) 기법

트라이어드(triad)는 숫자 3이라는 뜻입니다. 우리가 무엇인가를 증명하고자 얘기하려고 할 때 여러 가지를 다 얘기하고자 한다면 듣는 사람이 복잡하고 산만하다는 느낌이 들어 아예 들으려고 하지 않을지도 모릅니다. 또 한 가지나 두 가지를 얘기한다고 하면 너무 단조롭다는 느낌이 들게 될지도 모릅니다.

따라서 우리 민족이 예로부터 가장 좋아하는 숫자인 3을 활용해 세 가지로 나눠서 설명하는 트라이어드 기법을 활용한다면 좋은 스피치의 기법이 될 수 있습니다. 산만하지도 않고 단조로워서 무의미해지는 일은 없을 테니까 말입니다.

[표 35] 트라이어드 스피치의 내용 조직 프레임

① 시작 단계　② 주제 선언 단계　③ 주제 전개 단계
④ 주제 반복 단계　⑤ 마무리 단계

 트라이어드 스피치의 구체적인 내용 조직 방법

즉흥 상황에서의 트라이어드 스피치는 세 가지 핵심 요지를 빨리 설정하도록 해야 합니다. 어떤 상황이라도 그 정도의 준비 시간은 있기 마련입니다. 하지만 적절한 배열 순서에 따라 청중에게 전할 수 있어야 효과적인 스피치가 될 수 있습니다. 특정한 상황을 설정해서 단계별 예를 살펴보기로 합니다.

(상황) 송필수 씨는 평소 건강관리를 잘했기에 주위 사람들로부터 부러움을 샀습니다. 어느 날 모임에 나갔는데 회장님께서도 같은 얘기를 하시면서 회원들에게 건강의 비결을 알려주면 좋겠다고 하십니다.

갑자기 생긴 일이라 스피치를 준비할 시간은 없었지만, 잘할 자신은 있었습니다. 왜냐하면, 핵심 내용 세 가지를 빨리 떠올려 얘기를 풀어가는 트라이어드 기법 스피치를 익혀 두었기 때문입니다. 트라이어드 기법 스피치에 대해 함께 살펴봅시다.

❶ 시작 단계

첫 번째 순서는 인사와 자기소개를 하는 단계입니다. 인사는 활기차게 시작하고 자기 이름 앞에 긍정적인 수식어를 붙여 연사로서의 이미지를 긍정화시키는 것도 효과적인 시작 방법입니다.

예시) 안녕하십니까? 멋진 남자 송필수입니다.

위의 예시에서처럼 이름 앞에 수식어를 붙일 경우, 주제와 관련된 수식어라면 더 효과적인 표현이 됩니다. 예컨대 주제가 '우주'에 관련한 것이라면 "언제나 별을 가슴에 품고 살아가는 송필수입니다." 주제가 '나눔과 봉사'에 관련한 것이라면 "언제나 가슴 따뜻한 사람이 되고 싶은 남자 송필수입니다." 주제가 '조경'에 관련한 것이라면 "아름다움을 가꾸는 남자 송필수입니다."라고 표현할 수 있습니다.

❷ 주제 선언 단계

두 번째 순서는 상황에 따라 호감 사기 혹은 관심 끌기를 한 후 '말할 것(주제)'에 대해서 말하는 단계입니다. "저는 오늘 ~에 대해 말씀드리겠습니다."라는 표현이 적절합니다.

예시) 저는 오늘 '건강의 비결'에 대해 말씀드리겠습니다.

위의 예시는 주제를 '건강의 비결'이라고 축약형 문구를 사용하고 있습니다. 때에 따라 "저는 오늘 '어떻게 하면 건강한 삶을 살 수 있을까?'에 대해 말씀드리겠습니다."와 같이 문장으로 주제를 표현할 수도 있습니다.

❸ 주제 전개 단계

세 번째 순서는 '말하겠다고 말한 것'에 대해 세 가지(triad)로 말하는 단계입니다. 먼저 핵심 요지 세 가지를 찾고, 우선순위*를 정합니다. 가능하다면, 격이 같은 말**로 해 줍니다. (글자 수를 맞출 것)

실용 Tip

*세 가지 핵심 요지의 우선순위

핵심 요지 세 가지 중 가장 중요하다고 생각하는 내용은 마지막 세 번째에 놓고, 다음은 첫 번째, 그다음은 가운데 배열하면 됩니다. 제일 중요한 내용을 맨 마지막에 두는 이유는 '최신성의 원리'에 의해 우리 인간이 가장 최근에 들은 내용이 뇌리에 가장 오래 남기 때문입니다.

그리고 '초두 효과' 혹은 '초두성의 원리'라는 얘기가 있듯이 첫인상도 중요하게 작용하므로 위에서 언급한 바와 같이 다음으로 중요한 내용은 첫 번째에 놓게 됩니다. 그러나 예외적으로 청중의 주의를 확 끌어당겨야 하는 경우는 제일 중요하다고 생각하는 내용을 맨 앞에 두기도 합니다.

실용 Tip

**격이 같은 말의 해석

가능하다면 핵심 아이디어와 어미를 맞춰 주라는 겁니다.

예를 들어 '나의 인생관 세 가지, 성실·감사·봉사'라는 주제로 얘기하려고 할 때 첫 번째, '성실하게 살아가자는 겁니다.'라고 했다면 두 번째와 세 번째 모두 'ㅇㅇ하게(하며) 살아가자는 겁니다.'라는 식으로 음절 수를 고려해서 시작과 끝을 맞춰야 한다는 겁니다. 그렇게 얘기할 때 말의 성의가 느껴지고, 품격이 느껴지게 됩니다.

예시) 첫째, 음식을 골고루 먹어야 **합니다**.

둘째, 운동을 열심히 하여야 **합니다**.

셋째, 수면을 충분히 취해야 **합니다**.

위의 예시는 세부 항목으로 세 가지를 제시하고 있습니다. 청중이 받아들이기 가장 효과적인 항목의 개수가 세 가지 정도입니다. 항목의 수가 많아질수록 청중의 집중도는 떨어지게 됩니다. 위의 경우처럼 항목을 먼저 설정한 다음, 그 각각의 항목에 따른 세부 설명을 자세히 곁들일 수 있습니다.

❹ 주제 반복 단계

네 번째 순서는 '말한 것'에 대해 요약·정리해서 다시 말하는 단계입니다. 앞부분에서 선언했던 주제문을 활용해 '저는 지금까지 ~에 대해 말씀드렸습니다.'라는 표현으로 주제를 반복해 줍니다.

예시) 저는 지금까지 '건강의 비결'에 대해 말씀드렸습니다.

위의 예시는 주제문을 다시 활용해 주제 반복을 하고 있습니다. 주제 전개에서 많은 내용을 다루었거나 청중이 혼동할 수 있는 어려운 경우라면 주제 반복 단계에서 간략히 내용 요약을 해주는 것도 좋습니다.

❺ 마무리 단계

다섯 번째 순서는 끝인사를 하는 단계입니다. 끝인사는 간략히 "경청해 주신 여러분, 대단히 감사합니다."라는 표현을 하되 형식적인 인사치레가 아닌 진심 어린 감사의 마음이 전해질 수 있도록 합니다.

예시) 경청해 주신 여러분, 대단히 감사합니다.

위의 예시 이외에 주제와 관련한 소망이나 바람을 담아 마무리를 하는 것도 효과적입니다. 예시에서 제시된 주제가 '건강의 비결'이므로 "여러분 모두 건강하시길 바랍니다. 감사합니다." 혹은 "경청해 주신 여러분께 깊이 감사드리면서 모두 건강하시길 바랍니다." 등의 표현을 할 수 있습니다.

앞에서 제시했던 트라이어드 스피치에 대한 5단계 예시의 전체 흐름을 살펴보기 위해 트라이어드 스피치를 하나의 실습 예문으로 제시하면 다음과 같습니다.

트라이어드 스피치에 대한 실습 예문

즉흥적인 상황에서 트라이어드 스피치 기법을 적용하는 예문을 살펴보고자 합니다. 트라이어드 스피치에 있어서 가장 중요한 부분은 주제 전개 단계입니다.

청중에게 적합한 핵심 메시지를 재빨리 세 가지로 요약해 내는 것이 스피치 성공의 관건입니다.

첫째·둘째·셋째로 명확히 구분해 설명하고 바람과 감사로 마무리합니다. 이에 대한 실례를 살펴보면 다음과 같습니다.

(상황)

모교 행사에 선배 내빈으로 방문했는데 갑자기 교장 선생님께서 저에게 후배들을 위해 도움이 될 만한 즉흥 연설을 해 달라고 요청하십니다. 이럴 때 머릿속에 떠오르는 것은 트라이어드 기법 스피치입니다. 함께 살펴봅시다.

(안내 지침)

트라이어드 스피치에 있어서 가장 중요한 부분은 세 번째 순서인 주제 전개 단계입니다. 즉 인사와 호감 사기 혹은 관심 끌기를 한 후 '말하겠다고 말한 것'에 대해 먼저 핵심 요지 세 가지를 찾습니다.

다음은 우선순위를 정하고 가능하다면 음절 수를 고려해서 시작과 끝을 맞춰야 한다는 겁니다. 위의 주제 전개 단계를 거쳐 주제 반복 단계와 마무리 단계에서는 '말한 것'에 대해 주제를 다시 반복하면서 바람과 감사로 마무리합니다.

(실습 예문)

여러분, 반갑습니다.
자랑스러운 모교 실용 고등학교 25기 졸업생 이찬종입니다. (❶ 시작 단계)
사랑하는 후배 여러분을 만나게 돼서 대단히 반갑습니다. 교장 선생님께서 갑자기 '깜짝 특강'을 하라고 하시니 당혹스럽습니다만, 후배 여러분에게 조금이라도 도움이 됐으면 좋겠다는 마음으로 용기를 내서 이 자리에 섰습니다.

저는 오늘 여러분께 '스피치 능력 향상 방법'이라는 주제로 몇 말씀 드리겠습니다. (❷ 주제 선언 단계)

스피치 능력 향상을 위한 방법 중 첫째는 '스피치를 배우고 훈련하라.'라는 겁니다. 스피치는 학습해야 합니다. 여건이 되신다면 꼭 스피치 교육 프로그램에 참석해 보시길 권해 드립니다.

둘째는 '자꾸 말로 열심히 표현하라.'라는 겁니다. 독서를 많이 했다고 해서, 그 내용이 말로 잘 풀려 나오느냐 하면 그렇지 않습니다. 말은 자꾸 말로 표현해 봐야 실력이 늘게 됩니다. 그리고 한 번 말했던 것은, 다음에 더 쉽게 말할 수 있게 됩니다.

셋째는 '시도하고 끝없이 도전하라.'라는 겁니다. 스피치는 경험이 중요합니다. 그런데도 많은 사람이 스피치할 기회를 다른 사람에게 미루거나 피해 버리고 맙니다.

스피치는 성공의 기회입니다. 스피치할 기회를 다른 사람에게 미루거나 피해 버린다는 것은, 성공을 다른 사람에게 양도하거나, 성공을 뿌리치는 것과 다름없습니다. 미루지 말고, 피하지 말고, '연단 경험'을 꾸준히 쌓아 나가시길 바랍니다. (❸ 주제 전개 단계)

저는 지금까지 여러분께 '스피치 능력 향상 방법'이라는 주제로 말씀드렸습니다. (❹ 주제 반복 단계)

여러분, 여러분이 바라는 목표를 꼭 이루시고, 여러분이 선택한 분야에서 스피치 능력을 제대로 갖춘 탁월한 리더가 되시길 바랍니다.

경청해 주신 후배 여러분, 대단히 감사합니다. (❺ 마무리 단계)

대중 설득 스피치(3종)

5단계 대중 설득 스피치 프로그램은 3가지로 구성했습니다. 즉 선거 스피치, 학생 회장 선거 스피치, 당선 스피치입니다.

(36) 선거 스피치

선거 스피치는 선거에 출마한 후보자가 유권자의 신임과 선택을 받기 위해서 출마의 이유·소견·공약·문제점과 대안 제시 등을 피력하는 중요한 스피치입니다. 선거 스피치의 경우에도 5단계 조직 방법*을 적용해서 내용을 조직하면 청중이 이해하고 수용하기 쉬워서 득표에 적극적인 도움이 될 수 있을 겁니다.

여기에서는 Monroe, Alan H. (1949)에서 제시한 방법을 수정해서 선거 스피치의 내용을 조직하는 방법을 제시하고자 하는데, 이에 대한 내용 조직 프레임은 다음 [표 36]과 같습니다.

실용 Tip

*선거 스피치의 5단계 조직 방법

5단계 조직 방법은 미국 퍼듀대학 교수 앨런 H. 먼로(Monroe, Alan H.)의 구성법인데, 그는 연설의 내용 구성을 5단계로 나누는 것이 효과적이라고 주장했습니다.

[표 36] 선거 스피치의 내용 조직 프레임

① 유권자의 주의(흥미·관심 등)를 끄는 단계   ② 중요성과 필요성을 강조하는 단계
③ 청중의 필요를 만족하게 하는 단계(해결 방안 제시의 단계)
④ 해결의 구체화 단계   ⑤ 행동으로 이끄는 단계

 선거 스피치의 구체적인 내용 조직 방법

❶ 유권자의 주의(흥미·관심 등)를 끄는 단계

첫 번째 순서는 청중의 관심을 끌어내는 단계*입니다. 청중의 관심을 끌어내지 못하면[1] 시작부터 겉도는 스피치가 돼 버립니다. 따라서 청중이 '어, 뭘까?'하는 호기심 어린 눈빛으로 주의를 기울일 수 있게 만듭니다.

 **실용 Tip**

***유권자 주의 끌기의 중요성**

선거 스피치는 야외나 광장·운동장 등 실내보다는 주로 실외에서 진행되는 경우가 많고, 반대 정파의 운동원 등이 활동하기에 분위기가 매우 어수선하거나 산만하므로 첫 단계에서부터 주의를 끄는 것이 중요합니다.

따라서 선거 스피치를 행하는 후보자나 연설원 등은 이 단계에서는 청중(유권자)의 관심을 끌어낼 수 있는 기발한 아이디어를 발휘해야 합니다.

---

[1] **실용 Tip** '못하면'과 '못 하면'의 띄어쓰기 구분

'못'을 '못하면'처럼 붙여 쓴 예에는 '잘하다'의 반대 개념인 열등하다는 뜻(능력이 없다, 비교 대상에 미치지 않는다.)을 가져 합성어처럼 '못하면'을 쓴 경우이거나 부정의 어미 '~지' 다음에 올 때입니다.

'못 하면'처럼 띄어 쓴 예에는 '못'이 부정을 나타내는 부사이므로 '못'과 '하면'은 '못 하면'으로 띄어 써야 합니다. 그러나 여기에서는 부정의 어미 '~지' 다음에 '못'이 와서 붙여 쓴 경우이므로 '못'과 '하면'은 '못하면'과 같이 붙여 써야 합니다.

예시) 유권자 여러분, 여러분의 돈이 지금 누군가에 의해 사라지고 있습니다.

위의 예시는 유권자들의 주의를 끌고 호기심을 자극하는 강한 메시지로 시작하고 있습니다. 누구든 자신의 돈이 누군가에 의해 사라지고 있다는데 무관심하기는 쉽지 않을 겁니다.

주의를 끄는 메시지를 활용할 때의 유의점은 아무리 놀라운 사실이라고 해도 청중과 동떨어진 사실로는 청중의 관심을 끌 수 없고, 관심을 끈다고 해도 일시적인 호기심의 충족에 불과하다는 겁니다. 메시지는 청중과 관련이 있는 것이어야 합니다.

❷ 중요성과 필요성을 강조하는 단계

두 번째 순서는 화자의 얘기에 관심을 두기 시작한 청중(유권자)에 대해 무엇이 중요하고 무엇이 필요한가를 강조하는 단계입니다. 중요하지도 않고 필요하지 않다고 판단되는 얘기에 귀 기울일 청중은 아마 없을 겁니다.

예시) 여러분, 여러분의 피땀으로 모인 세금이 얼마나 낭비되고 있는지 아십니까? 이제부터 여러분께서 관심을 두고 힘을 모은다면 쓸데없이 낭비돼 사라지는 여러분의 돈을 지켜낼 수 있습니다.

위의 예시는 1단계에서 청중의 호기심 자극을 위해 거론했던 "누군가에 의해 사라지고 있는 돈"은 바로 '세금 낭비'가 원인임을 밝히고 있습니다. 또한, 이를 방지할 해결책이 있음을 예고하고 있습니다. 이 경우에 청중은 '그렇다면 좋은 대안은 무엇일까?, 어떻게 하는 게 가장 좋은 방법일까?'와 같은 궁금증과 의문을 품게 됩니다.

❸ 청중의 필요를 만족하게 하는 단계(해결 방안 제시의 단계)

세 번째 순서는 청중에게 가장 중요하고도 필요한 문제들에 대한 해결 방안을 제시하는 단계입니다. 즉 청중이 궁금해하던 궁금증을 없애고 의문에 대한 답을 제시해 주는 겁니다.

> **예시)** 제가 국회의원이 되면 잘못 집행되고 낭비되는 공공 행정의 문제점을 바로 잡고, 여러분의 피땀으로 모인 세금을 여러분을 위해 제대로 쓰이게 할 겁니다.

위의 예시는 대안으로 "자신이 국회의원이 되면 ~하겠다."라는 의지 표명과 함께 "자신을 국회의원으로 뽑아 달라."라는 제안을 간접적으로 청중에게 전하고 있습니다. 이 대목에서 청중은 '그렇다면 저 사람이 그러한 문제점을 해결할 수 있는 능력과 자질이 과연 있을까?'라는 의문을 갖게 될 겁니다. 따라서 이에 대한 해답을 다음 단계에서는 구체적으로 제시해야 합니다.

❹ 해결의 구체화 단계

네 번째 순서는 제3단계에서 제시한 문제 해결 방안에 대해 좀 더 구체적인 대안이나 예시를 드는 단계입니다. 이때 실제 상황의 구체적인 예시를 들어 청중에게 설명한다면 청중은 훨씬 더 쉽게 이해할 수 있을 겁니다.

> **예시)** 저는 오랫동안 정책 입안과 예산 집행 관련 정부 부서에서 실무를 익혀 왔습니다.
> 누구보다도 저는 잘할 수 있습니다. 제 전문적인 경륜과 실무적 경험을 적극적으로 살려 여러분의 피와 같은 세금을 여러분을 위해 올바로 쓰이게 하겠습니다.

위의 예시는 관련 부서에서 일한 자신의 실무 경험과 전문적 경륜을 들어 본인의 공신력을 높이고 있습니다. 의욕만으로는 설득력이 약합니다. 경험에서 검증된 뭔가가 제시돼야만 청중에게 더욱 신뢰감을 줄 수 있습니다.

이 단계에서는 예를 들어 "쓸데없는 용역이나 중복 용역 방지, 시민과 전문가로 구성된 감시단 운영, 세금 낭비 사례 인터넷 게재" 등의 식으로 문제 해결을 위해서 자신이 구상하고 있는 구체적인 방안을 제시하는 것도 좋습니다.

❺ 행동으로 이끄는 단계

다섯 번째 순서는 청중(유권자)의 판단과 결심을 촉구하고 유권자의 적극적인 행동을 유도하는 단계입니다. 이 단계가 바로 스피치의 목적을 달성하는 단계입니다. 행동으로 끌어내지 못하면 스피치의 목적 달성은 요원해지는 겁니다.

예시) 여러분, 기호 ○번 송재덕, 꼭 뽑아주십시오. 여러분의 믿음직한 일꾼이 되겠습니다.

위의 예시는 자신을 뽑아 달라는 직접적인 메시지를 전하고 있습니다. 행동으로 이끄는 단계에서는 간접적인 메시지보다 직접적인 메시지가 효과적입니다. "저를 꼭 뽑아 주십시오."라고 자신 있고 명쾌하게 표현하는 것이 좋습니다. "저를 뽑아 주시면 좋겠습니다, 저에게 힘을 실어 주시면 감사하겠습니다." 등의 표현은 청중을 행동으로 이끌만한 메시지의 에너지가 약합니다.

앞에서 제시했던 선거 스피치에 대한 5단계 예시의 전체 흐름을 살펴보기 위해 선거 스피치를 하나의 실습 예문으로 제시하면 다음과 같습니다.

 선거 스피치에 대한 실습 예문[2]

(상황)
이연수 씨가 국회의원 선거에 출마했습니다. 사람은 많아도 사람다운 사람은 하나뿐이라는 재미있는 얘기로 유권자들의 관심과 흥미를 끌려고 합니다. 그 사람이 바로 자신이라고 하면서 기대에 어긋나지 않는 여러분의 진정한 일꾼이 되겠다고 호소하려고 합니다.

(안내 지침)
선거 스피치의 성공은 유권자들의 마음을 움직일 수 있느냐 그렇지 못하느냐에 성패가 달렸습니다. 모든 유권자가 후보자의 스피치에 적극적으로 귀를

---

2 **실용 Tip** 선거 스피치에 대한 실습 예문
출처: 편기범, 『선거 연설 자료-원고집』, 집현전, 1991, 201~203쪽.

기울이려고 하지는 않습니다. 따라서 시작에서부터 유권자의 주의와 흥미를 제대로 끌 수 있도록 해야 합니다.

　내용 전개는 예화를 활용하는 것도 효과적입니다. 또한, 중요한 이슈와 해결의 필요성을 강조하고 해결 방안을 제시합니다. 그런 다음 해결의 구체화를 통해 유권자들의 마음을 끌고 마무리 단계에서 자신을 뽑아 줄 것을 강력히 호소합니다.

(실습 예문)

　여러분!
　사람은 많아도 사람다운 사람은 하나뿐이라는 이솝 얘기를 들어 보셨습니까?
　유권자 여러분께서도 잘 아시는 이솝 우화를 쓴 이솝이라는 사람이 남의 집 하인으로 있을 때의 얘기입니다.
　주인이 이솝에게 "얘, 이솝아~ 저 건너 목욕탕에 가서 사람이 많은지 적은지 보고 오너라." 하고 심부름을 보냈습니다.
　한참 후에 돌아온 이솝은 "사람이 꼭 한 사람뿐이던데요." 하고 주인에게 보고했습니다.
　꼭 한 사람뿐이라는 말을 믿고 목욕하러 갔던 주인이 금방 돌아와서 "야, 이 녀석아~ 사람이 너무 많아서 목욕할 수가 없을 정도인데 어째서 한 사람뿐이라고 거짓말했느냐." 하고 마구 화를 냈습니다.
　그러자 이솝이 "사람은 많아도 사람다운 사람은 꼭 한 사람뿐이던데요." 하면서 다음과 같은 얘기를 계속하는 것이었습니다.

　　　　　　　　　　　　　　(❶ 유권자의 주의(흥미·관심 등)를 끄는 단계)

　목욕탕 들어가는 문 앞에 커다란 돌멩이가 놓여 있었는데 사람들이 들어가다가 돌멩이에 부딪혀 다리를 다치고, 나오다가 돌멩이에 걸려 넘어져도 "어떤 녀석이 돌멩이를 문 앞에 놓았느냐, 목욕탕 주인은 도대체 이것도 안 치우고 뭐 하는 것이냐!" 하고 화를 낼 줄만 알고 떠들 줄만 알지 자기 손으로 그 돌멩이를 치우는 사람이 없더군요.

수십 명이 들어갔다 나왔다 하던 중 한참 만에야 돌멩이를 치우는 사람이 꼭 하나 있었으니 "주인어른, 사람은 많이 있어도 사람다운 사람은 꼭 한 사람뿐 아닙니까?" 하고 반문하더라는 얘기가 있습니다.

(❷ 중요성과 필요성을 강조하는 단계)

여러분, 우리는 지금까지 살아오면서 수많은 선거를 통하여 내가 이 땅의 지도자다, 나만이 이 지역을 발전시킬 수 있다, 나야말로 여러분의 충실한 심부름꾼이니 나를 찍어달라는 많은 정치인을 우리의 손으로 뽑아도 보았고 갈아 치우기도 해보았습니다.

그리고 또한, 오늘 이 시간 "내 고향의 진정한 일꾼이 되겠으니 나를 이 지역의 대변자로 뽑아주십시오." 하는 수많은 후보자를 보고 있습니다.

그렇다면 유권자 여러분, 지금 여러분은 수많은 사람이 있었지만, 목욕탕 앞의 돌을 치워 통행하는 사람들의 불편을 덜어주었던 단 한사람, 사람다운 사람을 찾아내듯이 진정 내 고장을 위해 일할 일꾼다운 일꾼, 단 한 사람을 찾아내는 현명한 판단을 내려야 할 때가 온 겁니다.

(❸ 청중의 필요를 만족하게 하는 단계(해결 방안 제시의 단계))

목욕탕 문 앞을 가로막은 돌을 치우기는커녕 불평이나 했던 사람들이, 나만 안 다치면 그만이라고 해서 모른 척 돌을 피해갔던 사람같이, 행동보다는 말만 앞세웠던 사람, 참여보다는 불평불만만 늘어놓았던 사람들을 그동안 우리는 국회의원으로 뽑았고 이 나라의 지도자로 뽑았기 때문에 정치는 거짓말의 대명사가 됐고, 정치가 하면 거짓말 잘하는 사람, 싸움 잘하는 사람, 외국 여행 자주 가는 사람으로 인식돼 온 서글픈 사실을 이제 여러분의 손으로 없애야 합니다. (❹ 해결의 구체화 단계)

친애하는 유권자 여러분!

이제 결정합시다. 많은 후보자 중에서 누가 이 지역의 일들을 잘 맡아 해낼 수 있는 일꾼입니까?

여러분의 생활 속에 장애물로 버티는 돌멩이같이 불편하고 푸대접받고 공평치 못한 일을 당하는 억울함을 속 시원히 풀어줄 사람이 누구인가 생각해 봅시다.

그리고 오래오래 신중히 생각하고 나서 일꾼다운 일꾼 딱 한 사람은 이연수라는 결론을 내렸다면 주저하지 마시고 돌아오는 7월 7일 투표하는 날 기호 7번 이 이연수라는 이름 밑에 동그란 도장 하나 선명하게 찍어주시길 바랍니다.

기대에 어긋나지 않는 일꾼 이연수가 되겠습니다. 잘 부탁합니다.

(❺ 행동으로 이끄는 단계)

(37) 학생회장 선거 스피치

학생회장의 이력이 국제중·특목고·대학교 입학사정관 전형에까지 유리한 경력으로 작용하면서 최근 초·중·고교 학생회 임원 선거가 정치권 뺨치는 과열 양상을 보이고 있습니다.

학생회장 선거 스피치 역시 5단계 조직 방법을 적용해서 내용을 조직할 수 있는데, 이에 대한 내용 조직 프레임은 다음 [표 37]과 같습니다.

[표 37] 학생회장 선거 스피치의 내용 조직 프레임

| ① 시작 단계 | ② 출마 동기 표현 단계 | ③ 공약 제시 단계 |
| ④ 지지 호소 단계 | ⑤ 마무리 단계 | |

학생회장 선거 스피치의 구체적인 내용 조직 방법

(상황) 실용 고등학교에 재학 중인 김수철 학생이 학생회장의 포부를 안고 학생회장 선거에 출마했습니다. 학생이 진정한 주인이 되는 학교를 만들겠다는 출마 동기를 표현하고, 세 가지 공약을 제시하면서 기호 1번 김수철을 꼭 기억하고 뽑아 달라고 지지를 호소하려고 합니다.

❶ 시작 단계

첫 번째 순서는 인사와 함께 자신의 기호와 이름을 밝히는 단계입니다. 기호와 이름을 밝히는 것은 아주 중요합니다. 아무리 좋은 말을 늘어놓아도 누가 한 것인지 모르면 아무 소용이 없기 때문입니다. 유권자들에게 확실히 자신의 기호와 이름을 제대로 각인시켜야 합니다. 자신의 이름 앞에 적절한 캐치프레이즈를 붙이는 것도 효과적입니다.

예시) 학우 여러분, 안녕하십니까? 학생이 진정한 주인이 되는 학교를 만들고자 오늘 여러분 앞에 선 기호 1번 김수철입니다.

위의 예시는 인사 부분에 '학생이 진정한 주인이 되는 학교'라는 캐치프레이즈를 활용하고 있습니다. 민주주의 국가는 '국민이 주인 되는 나라'라는 뜻입니다. '학생이 주인 되는 학교'라는 표현은 민주적인 학생회 운영을 하겠다는 소신과 학우의 권익을 위해 봉사하는 학생회장이 되겠다는 뜻을 동시에 품고 있습니다. 캐치프레이즈에서는 일반적인 구호보다 본인의 공약과 관련 있는 것이 더욱 효과적입니다.

❷ 출마 동기 표현 단계

두 번째 순서는 출마 동기·배경 등을 밝히는 단계입니다. 출마 동기는 개인적인 면에 치우쳐서는 안 되며 공적인 동기와 포부를 밝혀야 합니다. 개인의 허영과 명예심에서 출발한 후보자를 유권자들은 선호하지 않습니다.

예시) 저는 국가의 주인은 국민이어야 하듯이 학교의 주인은 바로 우리 학생이어야 한다고 생각합니다.
하지만 제가 생각하기에 현실은 그렇지 못합니다. 주인인 우리 학생들의 목소리가 전혀 학교 정책에 반영되지 못하고 있습니다.
이제 저는 누군가 나서서 이런 잘못된 현실을 뒤바꿔야 한다고 생각합니다. 그 누군가만을 기대하며 우리가 모두 의존적인 생각을 하는 한 변화는 요원하다고 생각이 들어 제가 직접 여러분 앞에 서게 된 겁니다.

위의 예시는 시작 단계에서 언급한 캐치프레이즈를 다시 풀어 강조하면서 현실의 문제점을 비판하고 있습니다. 이어서 본인의 출마 동기를 전하고 있습니다. 출마 동기는 사심이 아닌 공심이 유권자들에게 전해질 수 있어야 합니다. "여러분께서 아시다시피 제가 저번에는 아쉬운 표차로 떨어졌습니다. 저는 포기하지 않겠습니다. 이번에는 꼭 당선될 수 있도록 최선을 다하겠습니다."라는 식의 개인적인 표현은 될 수 있는 대로 하지 않는 것이 좋습니다.

❸ 공약 제시 단계

세 번째 순서는 공약을 제시하는 단계입니다. 공약을 제시할 때 많은 항목의 나열은 효과적이지 않습니다. 유권자들이 진정 갈구하는 것들을 바탕으로 몇 가지의 공약을 함축적으로 전달하는 것이 효과적입니다.

또한, 공약은 "즐거운 학교를 만들겠습니다."라는 추상적인 공약보다는 "노래와 음악을 들으면서 신 나고 재미있게 놀거나 쉴 수 있는 점심시간이 되도록 노력하겠습니다."와 같은 자세하고 구체적인 공약일수록 신뢰감을 줍니다.

> **예시)** 제가 학생회장이 된다면 저는 앞으로 다음과 같은 공약을 반드시 실현해 가겠습니다.
>
> 첫째, 학칙과 학교 운영 원칙을 재검토하고 수정하도록 하겠습니다.
> 학칙과 학교 운영 원칙을 재검토하고 수정하도록 해서 학교의 중요한 의사 결정에 우리 학생들의 의견이 충분히 반영될 수 있는 제도적 기반을 마련하도록 하겠습니다.
>
> 둘째, 여러분의 의견을 개진할 수 있는 인터넷 토론 공간을 마련하도록 하겠습니다.
> 마련된 인터넷 토론 공간을 통해 자유로운 논의와 토의를 거쳐 모아진 여러분의 의견을 수렴해 학교 측에서 적극적으로 반영할 수 있도록 노력하겠습니다.
>
> 셋째, 민주적인 학생회 운영이 될 수 있도록 시스템을 전면 개편하겠습니다.
> 학생회장도 잘못하면 언제든 탄핵할 수 있고, 학생회 운영도 민주적으로 할 수밖에 없도록 학생회 시스템을 전면 바꾸겠습니다.

위의 예시는 공약을 세 가지로 간략히 정리하고 있습니다. 의욕이 앞선 후보자들은 많은 공약을 남발하기 쉽습니다. 공약의 가짓수가 너무 많으면 유권자로 하여금 실현 가능성에 대한 의문을 품게 만들 수 있습니다. 또한, 청중의 기억에 남기기도 어렵습니다. 위의 예시처럼 청중의 마음을 사로잡을 몇 가지만 분명히 제시하는 것이 효과적입니다.

❹ 지지 호소 단계

네 번째 순서는 자기 공약의 우수성, 실현 가능성, 타 후보에 대한 상대적 우월성 등을 강조하면서 적극적인 지지를 호소하는 단계입니다. 지지호소는 내용도 좋아야 하지만 열정 어린 표현이 뒷받침돼야 함을 유념해야 합니다.

> 예시) 여러분, 공약(公約)이 빌 공(空)자, 공약(空約)으로 되는 경우가 얼마나 많았습니까? 실현하지 못한 추상적인 공약들이 지금 난무하고 있습니다. 저는 여러분께서 방금 들어 보신 바와 같이 제가 반드시 실천할 만한 공약만을 말씀드렸습니다.
> 또한, 제 공약은 무엇보다도 여러분의 권익 신장과 더욱 좋은 교육 환경 토대를 만드는 가장 핵심적인 부분에 초점을 맞추고 있습니다. 여러분, 여러분의 손과 발이 돼서 뛰게 될 실천형 리더 기호 1번 김수철, 저를 학생회장으로 꼭 뽑아 주십시오. 정말 여러분을 위한 김수철이 되겠습니다.

위의 예시는 공약의 실천 의지를 강조하면서 지지 호소를 하고 있습니다. 마지막 부분에 "정말 여러분을 위한 김수철이 되겠습니다."라는 표현은 "학생이 주인 되는"이란 서두의 캐치프레이즈와도 일맥상통합니다. 설득 메시지가 신뢰를 받으려면 메시지의 일관성이 있어야 합니다. 앞뒤가 다른 표현은 신뢰도를 떨어뜨리게 됩니다.

❺ 마무리 단계

다섯 번째 순서는 희망적인 메시지와 함께 인상적인 끝인사를 하는 단계입니다. 마무리는 유권자들이 가장 기억하기 좋은 단계이므로 유권자의 뇌리에 강한 인상과 여운을 남길 수 있도록 합니다.

> 예시) 저는 연설 중간마다 여러분의 희망 어린 눈빛을 보았습니다. 제 의견에 공감하는 뜨거운 여러분의 가슴을 느꼈습니다.
> 여러분, 우리는 우리 학교의 주인입니다. 주인이면서도 주인의 권리 위에서 잠자는 자는 그 누구도 돌봐주지 않습니다. 우리의 권리는 우리가 찾아야 합니다.
> 여러분, 저 김수철이 앞장서겠습니다. 다시 한 번 지지를 부탁하면서 기호 1번 김수철, 여러분의 소중한 한 표를 간절히 기다리겠습니다. 감사합니다.

위의 예시는 학생 여러분이 학교의 주인이며 우리의 권리는 우리 스스로 찾아야 한다는 메시지를 다시금 강조하면서 지지 호소로 마무리하고 있습니다. 끝인사에서는 말뿐만 아니라 신체적인 메시지를 전하는 것도 좋습니다. 예를 들어 본다면 유권자들을 향해 큰절을 올린다든지 상징적인 제스처를 활용하는 것 등이 있습니다.

앞에서 제시했던 학생회장 스피치에 대한 5단계 예시의 전체 흐름을 살펴보기 위해 학생회장 스피치를 하나의 실습 예문으로 제시하면 다음과 같습니다.

 학생회장 선거 스피치에 대한 실습 예문

(상황)

선일 중학교에 재학 중인 김우석 학생이 학생회장의 포부를 안고 학생회장 선거에 출마했습니다. 도와준 친구들에게 감사의 마음을 전하고 출마 동기를 표현하려 합니다. 또한, 공약 실천을 위한 구체적인 계획 세 가지를 말하고 기호 2번 김우석을 꼭 기억하고 뽑아 달라고 지지를 호소하려고 합니다.

(안내 지침)

학생들의 학생회장 선거나 국회의원 선거나 별반 차이는 없겠지만, 학생은 학교의 통제와 감독 아래에 있으므로 불가능한 공약을 남발해서는 안 될 겁니다.

시작 단계에서 인사를 하며 기호와 이름을 또렷하게 말한 다음 출마 동기를 표현하고 현실성 있는 공약을 제시하도록 합니다. 다음에 강력한 의지와 열정을 담은 지지를 호소하고 각오와 감사로 마무리하면 효과적입니다.

(실습 예문)

안녕하세요? 저는 이번에 학생회장 선거에 출마한 기호 2번 김우석입니다.
(❶ 시작 단계)

우선 선거 운동을 도와준 친구들에게 깊은 감사의 마음을 전합니다. 그리고 회장 후보로서 이렇게 여러분 앞에서 연설하게 된 것을 무척 영광스럽게 생각합니다.

저는 여러분의 대표가 돼서 우리 학교가 지금보다 더 즐거운 학교, 행복한 학교, 다니고 싶은 학교를 만들기 위해 이 자리에 섰습니다.
(❷ 출마 동기 표현 단계)

저는 여러분께 지키지도 못할 의미 없는 약속은 하지 않겠습니다.
저의 공약인 즐거운 학교, 행복한 학교, 가고 싶은 학교를 만들기 위한 계획을 세 가지만 구체적으로 말씀드리겠습니다.

첫째, 즐거운 학교생활이 될 수 있도록 소통을 위한 과자 파티를 한 달에 한 번 열겠습니다. 모든 학생이 1,000원 이하의 과자를 사와 친구들과 소통하면서 즐겁게 지내는 시간을 만들겠습니다. 왜냐하면, 학교 폭력이나 왕따 문제 이 모두가 소통이 제대로 이뤄지지 못해 일어난 일들이라고 생각하기 때문입니다.

둘째, 행복한 학교생활이 될 수 있도록 학교에 건의함을 설치해서 여러분의 건의 사항을 귀담아듣고 실천하겠습니다. 여러분의 고민이나 학교에 바라는 사항을 종이에 적어서 건의함에 넣어주시길 바랍니다. 여러분의 의견이 반영돼서 행복한 학교생활이 될 수 있도록 노력하겠습니다.

셋째, 가고 싶은 학교가 될 수 있도록 점심시간을 활용해 스포츠 대회를 개최하겠습니다. 경기 종목은 줄넘기·제기차기·팔씨름·닭싸움 등으로 1:1 리그전을 펼칠 예정입니다. 1:1 리그전을 펼치는 이유는 학생들과 모두 만나게 하는 데 있습니다. 즉 소통을 목적으로 하기 때문입니다. (❸ 공약 제시 단계)

여러분, 학생회장에게 필요한 조건이 있다면 그것은 리더십과 자신의 공약을 실천할 수 있는 추진력이라고 생각합니다. 이에 걸맞은 리더십 있고 추진력 있는 학생회장의 모습을 여러분께 보여 드리고 싶습니다.

여러분의 한 표, 한 표를 소중하게 생각합니다. 최고의 학생회장이 되기보다는 최선을 다하는 학생회장이 될 수 있도록 기호 2번 김우석을 꼭 기억하고 힘차게 밀어주십시오. (❹ 지지 호소 단계)

그럼, 회장이 돼서 이 자리에서 지금과 같은 밝은 모습과 힘찬 목소리로 인사드리겠습니다. 끝까지 경청해 주신 여러분, 감사합니다. (❺ 마무리 단계)

 **실용 Talk**

초등학교 반장 선거 스피치

안녕하십니까?
저는 이번 학기 5학년 5반 반장 홈쇼핑에 나온 기호 3번 성동일입니다.
(❶ 시작 단계)

여러분께서 함께하시면 즐겁고 행복한 학교생활이 될 수 있는 제품을 소개하기 위해 이 자리에 섰습니다. (❷ 출마 동기 표현 단계)

이번 제품인 '반장'은
첫째, 기능성이 뛰어나고, **둘째**, 더욱더 강력한 유머 감각이 있으며, **셋째**, 지금까지의 제품보다 한층 업그레이드된 파워 넘치는 제품임을 확신합니다.
(❸ 공약 제시 단계)

지금 바로 선택하세요. 세 가지 기능을 한꺼번에 써보실 수 있는 절호의 기회!
순간의 선택이 한 학기 여러분의 학교생활을 좌우합니다.

주문은 정말 간단합니다. 나눠 드린 종이에 연필 하나를 손에 쥐고 그곳에 성동일만 써 주시면 주문은 완성됩니다.

망설이지 마시고, 지금 바로 선택하세요. 참 쉽죠~~오잉!
지금까지 기호 3번 성동일의 반장 홈쇼핑이었습니다. (❹ 지지 호소 단계)
감사합니다. (❺ 마무리 단계)

실용 Talk

반장 선거 연설, 이렇게 하라

1단계 : 시작 단계로 자기소개를 하는 단계입니다.

반장 선거에서의 자기소개는 "안녕하세요. 성동일입니다."처럼 단순한 소개보다는 이름 앞에 자신을 표현하고 알릴 수 있는 수식어를 넣는 것이 효과적입니다.

즉 위의 예문처럼 "안녕하십니까? 이번 학기 반장 홈쇼핑에 나온 기호 3번 성동일입니다." 또는 "안녕하십니까? 여러분의 일꾼이 될 기호 3번 성동일 인사드립니다."라는 식으로 이름 앞에 자신을 알릴 수 있는 수식어를 넣어 주면 되겠습니다.

다음은 이름 앞에 유명한 광고 문구나 유행어를 활용해서 수식어를 넣은 예시들입니다.

1) "안녕하세요. 초코파이처럼 정이 많은 남자 기호 3번 성동일입니다."
2) "안녕하세요. 꿈을 향해 도전하는 청춘 기호 3번 성동일입니다."
3) "안녕하세요. 우리 반을 5학년 모든 반 중의 티오피(TOP)로 만들 기호 3번 성동일입니다."
4) "안녕하세요. 꼭 뽑아 주의~리, 의리의 반장 후보 기호 3번 성동일입니다."
5) "안녕하세요. 반장은 제가 할게요. 느낌 아니까!
  느낌을 아는 기호 3번 성동일입니다."

2단계 : 출마 동기 표현 단계로 출마 동기·배경 등을 밝히는 단계입니다.
  (생략 가능)

초등학교 반장 선거이므로 출마 동기나 배경을 꼭 밝힐 필요는 없습니다. 만일 출마 동기를 밝혀야 할 상황이라면 위의 홈쇼핑 예문처럼 "저는 여러분께 정말 멋진 제품을 소개하기 위해 이 자리에 섰습니다."라는 식으로 출마를 왜 결심하게 됐는지 설명하면 됩니다.

다음은 출마 동기를 표현한 여러 가지 예시들입니다.

1) 여러분, 살림은 여자가 하는 것이지 남자가 하는 것이 아닙니다.
  그런데 반장을 뽑았다 하면 남자 친구들만 자꾸 뽑으니 잘못돼도 한참 잘못된 것이 아닌가 생각해서 이번에는 제가 큰 맘 먹고 이렇게 반장 후보로 나왔습니다.
2) 제가 반장 선거에 나온 이유는 지금까지 반장을 단 한 번도 해 본 적이 없는 사람도 마음만 먹으면 반장 역할을 잘해낼 수 있다는 것을 여러분께 증명해 드리고 싶어서입니다.
3) 저는 여러분의 나무(휴지통, 머슴, 슈퍼맨, 양초) 같은 반장이 되기 위해 이 자리에 섰습니다.
4) 저는 여러분의 대표가 돼서 누구보다 열심히 일하기 위해 이 자리에 섰습니다.
5) 저는 학생이 진정한 주인이 되는 학교를 만들고자 이 자리에 섰습니다.

3단계 : 3단계는 본론으로 공약 제시 단계입니다.
공약 제시는 위의 예문에서 활용한 홈쇼핑을 패러디한 연설문을 비롯한 다음과 같은 여러 가지 방법이 있습니다.

1) 홈쇼핑을 패러디한 연설문
위의 예문은 홈쇼핑을 패러디한 '반장 홈쇼핑'으로 독특하면서 재미있게 선거 연설을 하고 있습니다. 특히 반장 선거에서 연설할 때는 학생들이 주목할 수 있도록 위의 홈쇼핑 예문처럼 재미있고 흥미 있는 얘기로 학생들을 집중시키는 것이 무엇보다 중요합니다. 이때 학생들의 웃음을 유도할 수 있다면 금상첨화라고 할 수 있습니다.

2) 퀴즈 풀이를 통한 연설문
요즘은 퀴즈 풀이를 통해 학생들의 관심과 시선을 끌기도 합니다.
예를 들면, "여러분, 이 사람은 누구일까요?"로 시작해서 나라를 지키기 위한 싸움을 죽기까지 멈추지 않았던 이순신 장군이나 영국 역사상 가장 위대한 왕으로 평가받고 있는 영국의 여왕 엘리자베스 1세, 잠도 자지 않고 일했다는 로마의 유스티니아누스 황제 등에 대한 인물 알아맞히기를 두 개 내지는 세 개 정도 합니다.
그런 다음에 그들의 공통점 즉 자신보다 나라를 먼저 생각한 훌륭한 점을 자신의 선거 공약과 연관 지어 제가 만일 반장이 된다면 저 자신을 생각하기보다는 여러분을 먼저 생각하는 반장이 되겠다는 연설로 자신을 꼭 뽑아달라고 지지를 호소하기도 합니다.

3) 비유법을 활용해서 만든 연설문

생물이나 사물에 비유하는 방식은 꽤 유용하게 활용됩니다. 왜냐하면, 이 방식은 말하는 이에게는 편리함을 주고, 듣는 이에게는 빠른 이해를 가져다주기 때문입니다.

① 나무에 비유

여러분, 저기 창밖에 나무가 보이십니까?

저는 저 나무와 같은 반장이 되고 싶습니다.

나무는 우리에게 정말 많은 도움을 줍니다. 공기를 정화해 주고 또 탐스러운 열매와 선선한 그늘도 아낌없이 제공합니다.

여러분, 저도 우리 삶에 꼭 필요한 나무처럼 우리 반에 꼭 필요한 반장이 되겠습니다.

② 큐브에 비유

여러분, 큐브 해보셨나요?

저는 이 큐브와 같은 반장이 되고 싶습니다.

큐브는 처음에는 어렵다고 느끼지만 조금 하다 보면 나중에는 맞추기가 굉장히 쉬워집니다. 금방 익숙해지지요. 저도 큐브와 같이 처음에는 안 해본 반장 역할이

서툴고 어렵겠지만 조금 하다 보면 금방 익숙해져서 여러분의 선택이 최고의 선택이었음을 확인하게 되실 거라 믿고 있습니다.

③ 휴지통에 비유

여러분, 저쪽 끝에 있는 파란색 휴지통이 보이십니까?

저는 저 휴지통과 같은 반장이 되고 싶습니다.

휴지통은 여러분이 지저분하고 더럽다고 피하는 자질구레한 쓰레기들까지 묵묵히 받아내며 우리 반을 깨끗하게 만듭니다. 저도 저 휴지통처럼 우리 반의 힘들고 어려운 문제들, 여러분이 피하는 자질구레한 일들까지 도맡아 깨끗하게 처리하는 멋진 반장이 되겠습니다.

④ 양초에 비유

여러분, 이것은 양초입니다.

저는 이 양초와 같은 반장이 되고 싶습니다. 왜냐고요? 양초는 자기 몸을 녹여 주위를 환하게 밝혀 주는 매우 고마운 존재이기 때문입니다. 저도 양초와 같이 제 몸 아끼지 않고 솔선수범해서 학급 분위기가 밝고 환해질 수 있도록 노력하는 반장이 되겠습니다.

4) 유행하는 광고의 한 장면을 인용한 연설문

"여러분의 의견을 귀담아듣겠습니다."라고 단순하게 표현하는 것이 아니라 유행하는 광고의 한 장면을 인용해서 "콸콸콸 쏟아지는 우리 반 친구들의 목소리를 모두 귀 기울여 듣겠습니다." 그리고 "우리 반을 5학년 중 최고의 반으로 만들겠습니다."라는 평범한 표현보다는 "우리 반을 5학년 모든 반 중의 티오피(TOP)로 만들겠습니다."와 같은 유행하는 광고 문구를 활용해서 표현하는 것이 더욱 효과적입니다.

5) 자신만의 경험이 담긴 얘기를 표현한 연설문

그리고 공약이 세 가지라면 마지막 공약 부분에는 자신만의 경험이 담긴 얘기를 표현하는 것도 효과적인 방법입니다. 왜냐하면, 매 학기 후보들한테서 듣게 되는 거의 비슷비슷한 추상적인 공약보다는 반장 후보만의 진솔한 얘기를 친구들은 듣고 싶어 하기 때문입니다.

예를 들면 "셋째, 솔선수범하는 반장이 되겠습니다. 작년에 저는 4학년 5반 반장으로서 친구들을 위해 뭔가 좋은 일을 앞장서서 해야겠다는 마음가짐으로 작은 일부터 실천에 옮겼습니다.

즉 지우개가 필요한 친구에게는 지우개를 잘라 빌려준다거나 노트 필기를 미처 하지 못한 친구에게는 제가 노트 필기한 것을 보여주는 등 정말 작고 사소한 일부터 시작해서 친구들이 하기 싫어하는 청소 구역은 제가 먼저 앞장서서 맡아 하게 됐습니다.

물론 처음에는 제게도 쉬운 일은 아니었지만, 제 작은 도움을 받은 친구들이 고마워하고 또 저를 돕는 친구들도 많이 생겨서 오히려 그 일이 보람 있고 즐거웠습니다."

4단계: 지지 호소 단계입니다.

지지를 호소하는 방법 역시 공약을 제시하는 방법만큼 여러 가지가 있을 수 있습니다. 양팔을 쭉쭉 뻗으면서 "팍팍 밀어주세요."라고 재미있는 제스처를 취한다거나 준비해 온 물품을 활용해서 강한 인상을 남기며 지지를 호소하기도 합니다. 또는 속담이나 명언 등을 활용해 여운을 남기면서 지지를 호소하기도 하지요. 그리고 학생들에게 재미와 웃음을 준다는 의미에서 특히 끝 부분에 한 번 더 개그맨의 유행어를 활용하기도 합니다.

위에서 설명해 드린 바와 같이 홈쇼핑 예문 이외에도 "여러분, 망설이지 마시고 팍팍 밀어주세요. 이젠 앞 뒤 재지 말고 기호 3번 성동일입니다. 여러분, 몇 번이라고요? 네~ 기호 3번 성동일입니다."라고 호소하기도 하고, "여러분, 지금쯤 어느 후보를 선택해야 하나 고민이 많으시죠? 이젠 더 이상 고민하지 마세요. 기호 3번 성동일을 열정적으로 밀어 주십시오."

만일 강한 인상을 남기면서 지지를 호소하고 싶다면 1.5 l 생수를 대야에 붓고 난 후 그 물을 학생들에게 보여 주면서 "여러분, 이 물이 땀이 될 때까지 열심히 노력하겠습니다." 또는 준비한 두부를 움켜쥐며 "이렇게 제 뼈가 으스러지도록 열심히 일하겠습니다. 여러분, 기호 3번 성동일 꼭 기억하고, 확실하게 밀어주십시오."라고 지지를 호소할 수도 있습니다.

또한, 속담을 활용해서 "여러분, 우리 속담에 '천리 길도 한걸음부터'라고 했습니다. 저도 말씀 드린 공약들을 하나씩 하나씩 실천해 나가는 반장이 되겠습니다. 여러분, 기호 3번 성동일을 꼭 기억하고 힘차게 밀어주십시오." 이외에도 끝 부분에 다음과 같은 개그맨의 유행어를 활용할 수도 있습니다.

1) "여러분, 잠깐만요, 기호 1번 신보라, 뽑고 가실게요!"

2) "의리의 반장 후보 기호 2번 이태현 뽑아 주의~리!"
3) "우리 반 반장은 기호 3번 조현승, 제가 할게요. 느낌 아니까!"
4) "기가 산다. 기가 팍팍~ 기호 4번 이호산, 팍팍 찍어 주세요."
5) "모야 모야? 기호 5번 이원종, 찍어 봐~ 나 촉 되게 좋아!"
6) "소통하는 학교, 즐겁고 행복한 학교, 가고 싶은 학교 만들기! 궁금하니? 궁금하면 기호 6번 이나경 꼭~ 찍어 주세요."
7) "브라우니~ 기호 7번 김철수 안 뽑는 애들 물어!"
8) "기호 8번 이종현, 안 뽑으면 앙~대요!"
9) "망설이지 말고 기호 9번 꾸~욱 눌러 주면 김동현 끝"
10) "반장이 돼서 우리 학급을 빛낼 후보는 누규? 기호 10번 박철순, 다시 한 번 누규? 기호 10번 박철순"

5단계: **마무리 단계입니다.**

여기에서는 보통 "감사합니다."로 끝맺음합니다. 만일 조금 길게 표현하고 싶다면 "그럼, 반장이 돼서 이 자리에서 지금과 같은 밝은 모습과 힘찬 목소리로 인사드리겠습니다. 끝까지 경청해 주신 여러분, 감사합니다."와 같이 표현할 수 있습니다.

실용 Talk

여러 가지 학생회장 출마 공약들(피켓용)

1) 각반에 냄새 제거제 설치하기.
2) 매점에서 카드 결제할 수 있게 하기.
3) 밝고 즐거운 반 분위기 조성하기.
4) 복도 쪽으로 난 창문에 블라인드 혹은 커튼 설치하기.
5) 학생회 조직 활성화로 학생 의견 적극적으로 반영하기.
6) 원하는 급식 나오게 하기.
7) 점심시간에 음악 틀어주기.
8) 우유(초콜릿 우유, 딸기 우유) 급식하기.
9) 매점 물품 가격 인하(할머니 때 가격으로 돌려 드립니다.)
10) 스펙 데이(자격조건의 날, 외부 활동으로 스펙을 쌓아 입학사정관제에 대비합니다.)
11) 홈커밍 데이(모교방문의 날, 명문대 선배님들이 여러분의 멘토가 됩니다.)
12) 도전 골든벨 유치하기.
13) 계단 미끄럼 방지 테이프와 우산 꽂이 설치하기.
14) 웃음이 넘치는 재미있는 학교 만들기.
15) 쓰레기가 없는 깨끗한 학교 만들기.
16) 언어폭력 없는 건강한 학교 만들기.
17) 폭력과 왕따가 없는 행복한 학교 만들기.
18) 바른말 고운 말 쓰는 따뜻한 학교 만들기.
19) 선후배가 반갑게 인사하는 따뜻한 학교 만들기.
20) 선생님과 학생이 행복한 학교 만들기.
21) 혼자 최고가 되기보다는 함께 하나가 되는 학교 만들기.
22) 선생님과 학생들이 하나 되는 공간에서 사랑을 배울 수 있는 학교 만들기.
23) 나무와 꽃이 넘치는 공간에서 공부할 수 있는 아름다운 학교 만들기.
24) 선배는 후배에게 존중하고 후배는 선배에게 존경할 수 있는 학교 만들기.

(38) 당선 스피치

선거에 출마해서 당선된 사람이 유권자들과 지지자들에게 행하는 스피치를 당선 스피치라고 합니다.

당선 스피치 역시 5단계 조직 방법을 적용해서 내용을 조직할 수 있는데, 이에 대한 내용 조직 프레임은 다음 [표 38]과 같습니다.

[표 38] 당선 스피치의 내용 조직 프레임

① 시작 단계　　② 감사 단계　　③ 소감 표현 단계
④ 각오 제시 단계　⑤ 마무리 단계

당선 스피치의 구체적인 내용 조직 방법

당선 스피치에서 핵심 메시지는 도움을 준 청중에게 감사의 마음을 전하고 앞으로의 각오를 피력하는 겁니다. 하지만 적절한 배열 순서에 따라 표현하지 못하면 격이 떨어지거나 스피치의 효과는 저하되게 됩니다. 특정한 상황을 설정해서 단계별 예를 살펴보기로 합니다.

(상황) 시의원에 당선된 박승진 씨가 그동안 물심양면으로 도와주신 분들을 초청해서 감사를 표하고자 연회를 열게 됐습니다. 당선 소감과 함께 감사의 마음을 전하고 앞으로의 각오를 다짐하면서 마무리하고자 합니다.

❶ 시작 단계

첫 번째 순서는 1차 감사 인사와 더불어 간략하게 자기소개를 하는 단계입니다. 당선 스피치이므로 서두에 감사의 인사로 시작하는 것이 좋습니다. 감사의 표현도 청중의 가슴에 와 닿도록 마음을 담아 표현합니다.

예시) 주민 여러분, 정말 감사합니다. 여러분의 적극적인 지지 덕분에 저 박승진, 시의원에 당선됐습니다.

위의 예시는 시의원에 당선된 감사의 마음을 유권자 여러분께 전하고 있습니다. 감사에 주로 활용되는 표현은 위에서도 언급한 "여러분 덕분에"라는 표현입니다. 가끔 감사의 마음을 전하는 자리에서 '때문에'라는 말을 쓰는 경우가 있는데, 이는 좋지 않은 뉘앙스를 풍길 수 있는 표현이므로 유의하도록 합니다.

❷ 감사 단계

두 번째 순서는 자신을 뽑아준 유권자분들께 거듭 감사를 표현하는 단계입니다. 당선 스피치는 결국 감사 스피치입니다. 자신을 선택해 준 유권자분들께 감사의 마음을 말로 전하는 겁니다. 정중한 태도와 진심 어린 표현이 중요합니다.

예시) 우선 저를 시의원으로 뽑아 주신 우리 지역의 부모·형제·자매 여러분께 머리 숙여 감사의 인사를 올립니다.

위의 예시는 주민 여러분을 언급하면서 "우리 지역의 부모·형제·자매 여러분"이라고 표현하고 있습니다. 이는 주민 여러분을 자신이 가족처럼 여기고 있다는 마음을 우회적으로 표현한 겁니다. 단순히 "여러분께 머리 숙여 감사의 인사를 올립니다."라는 표현보다 훨씬 더 정감이 느껴지게 됩니다.

❸ 소감 표현 단계

세 번째 순서는 당선 소감을 표현하는 단계입니다. 당선 소감은 자신의 영광에 그치는 말이 되지 않도록 합니다. 모두가 함께 이뤄낸 것이며 모두의 영광과 기쁨임을 강조하는 것이 좋습니다.

> 예시) "함께 꿈을 꾸면 꿈이 현실이 된다."라는 말처럼 여러분의 열정적인 지지와 헌신이 오늘의 영광을 만들어낼 수 있었던 것 같습니다.

위의 예시는 "함께 꿈을 꾸면 꿈이 현실이 된다."라는 멋진 문구를 활용해 소감을 피력하고 있습니다. 이처럼 잘 다듬어진 함축된 문구는 큰 효과를 발휘합니다. 예를 하나 더 들어 보면 "젓가락 한 개는 홀로 설 수 없지만, 함께 덩어리로 뭉치면 우뚝 설 수 있습니다. 오늘의 영광은 바로 우리가 모두 함께 뭉친 덕분에 이뤄 낸 성과라고 생각합니다." 등이 있습니다.

❹ 각오 제시 단계

네 번째 순서는 앞으로의 각오를 제시하는 단계입니다. 당선은 끝이 아니라 이제부터 시작이라는 의미입니다. 따라서 이 단계에서는 자신이 앞으로 공약을 열심히 실현하면서 온 힘을 다 쏟아 부을 것이라는 각오를 제시하는 것이 바람직합니다.

> 예시) 저 박승진은 앞으로 여러분의 기대에 어긋나지 않게 열과 성을 다해 우리 지역 사회의 발전을 위해 온 힘을 다 쏟아 붓겠습니다. 저 박승진, 개인의 영달이나 안위에는 추호의 욕심도 갖지 않겠습니다. 오직 우리 지역 사회와 주민 여러분의 안녕과 발전을 위하는 일에만 매진할 것을 여러분 앞에서 굳게 다짐합니다.

위의 예시는 앞으로의 각오를 말하면서 의지를 다짐하고 있습니다. 각오를 표현하는 경우 자주 활용되는 문구는 위의 예시처럼 "열과 성을 다해서"뿐만 아니라 "제 모든 열정을 쏟아 부어서, 제 한 몸을 불살라서, 신발이 다 닳도록, 제 젊음을 다 바쳐서, 제 모든 경험과 인맥을 다 동원해서" 등이 있습니다.

다짐을 밝힐 때는 무조건 열심히 최선을 다하겠다는 표현보다 "여러분의 안녕과 발전을 위해서, 항상 여러분을 생각하며, 언제나 여러분을 중심에 두고" 등의 식으로 유권자를 위하는 마음을 담는 것이 효과적입니다.

❺ 마무리 단계

다섯 번째 순서는 감사의 인사로 마무리하는 단계입니다. 단순한 감사에 그치지 말고 앞으로의 도움을 요청하는 것도 잊지 않도록 합니다. 유권자들의 계속된 지지와 성원 없이는 성공적인 임무 수행이 불가능할 것이기 때문입니다.

> 예시) 여러분~ 저 박승진, 앞으로도 많이 도와주십시오. 감사합니다.

위의 예시 이외에도 "다시 한 번 여러분께 깊이 감사드리며 앞으로도 많은 성원과 지지를 부탁합니다. 감사합니다." 또는 "여러분이 보내주신 성원에 대한 감사의 마음을 잊지 않고 항상 간직하면서 열심히 뛰겠습니다. 앞으로도 많이 성원해 주시고 도와주십시오. 감사합니다." 등으로 표현할 수 있습니다.

앞에서 제시했던 당선 스피치에 대한 5단계 예시의 전체 흐름을 살펴보기 위해 당선 스피치를 하나의 실습 예문으로 제시하면 다음과 같습니다.

 당선 스피치의 실습 템플릿 1(짧은 예문)

당선은 새로운 출발이니만큼 활기찬 어조로 시작하도록 합니다. 그리고 바로 감사의 표현이 이어져야 합니다. 다음에 소감을 전하고 앞으로의 각오를 다짐하면서 감사의 인사로 마무리하는 것이 효과적입니다. 단, 지나치게 길어지지 않도록 유의합니다. 이에 대한 실례를 들어보면 다음과 같습니다.

(상황)

윤원일 씨가 도봉구의회 의원으로 당선됐습니다. 우선 적극적으로 지지해 준 주민들에게 감사의 인사를 전하려고 합니다. 당선 소감을 간단하게 피력하고 나서 앞으로의 각오를 제시하고 마무리하려고 합니다.

(안내 지침)

당선 스피치의 방향은 '감사'입니다. 시작 단계부터 감사로 시작해서 2단계인 감사 단계에서도 정중한 태도와 진심 어린 표현으로 유권자분들께 거듭 감사를 표현합니다. 다음은 당선 소감을 표현하는 소감 표현 단계를 거쳐 네 번째 각오 제시 단계에서는 공약 실현을 위해 노력하겠다는 의지를 다짐합니다.

그리고 유권자들의 계속된 지지를 호소하며 마무리합니다.

(실습 예문)

우리는 승리했습니다. 모든 게 여러분의 덕분입니다. 여러분의 적극적인 지지 덕분에 저 윤원일, 구의원에 당선됐습니다. (❶ 시작 단계)

동지 여러분, 정말 감사합니다. (❷ 감사 단계)

그저께까지만 해도 조마조마한 심정이었습니다. 그런데 이렇게 승리의 소식을 접하게 되니 기쁨도 크지만, 한편으로는 무거운 책임감이 느껴집니다.
(❸ 소감 표현 단계)

하지만 동지 여러분이 계시는 한 저는 자신 있습니다. 제 몸 사리지 않고 온 힘을 다해 동지들과의 약속을 지키겠습니다. (❹ 각오 제시 단계)

여러분, 앞으로도 많이 도와주십시오. 정말 감사합니다. (❺ 마무리 단계)

 당선 스피치의 실습 템플릿 2(긴 예문)

(상황)

김우석 학생이 선일 중학교 학생회장에 당선됐습니다. 우선 학생회장이 될 수 있도록 적극적으로 지지해 준 여러 학우에게 감사의 인사를 전하려고 합니다. 또한, 학생회장으로서 당선 소감을 간단하게 표현하고 앞으로의 각오를 제시하고 마무리하려고 합니다.

(안내 지침)

당선 스피치이므로 서두에 자기소개와 함께 감사의 인사로 시작합니다. 다음은 당선 소감을 표현하는 소감 표현 단계를 거쳐 네 번째 각오 제시 단계에서는 학생회장 선거 스피치에서 했던 세 가지 공약을 꼭 실천하겠다는 의지를 표명하는 것이 좋습니다. 그리고 학우들의 기대에 어긋나지 않는 학생회장이 될 것을 다짐하면서 마무리합니다.

(실습 예문 2)

학생 여러분, 안녕하십니까?
최고의 학생회장이 되기보다는 최선을 다하는 학생회장 김우석입니다.
(❶ 시작 단계)
우선 저를 학생회장이 될 수 있도록 믿고 뽑아 주셔서 감사합니다.
(❷ 감사 단계)
이렇게 학생회장이 되고 나니, 제 어깨가 더욱 무겁습니다. 그러나 여러분이 저를 뽑아주신 만큼 제 임기 동안 최선을 다할 것을 약속합니다. 말뿐만이 아니라, 행동으로 임하는 학생회장이 될 겁니다. (❸ 소감 표현 단계)
이 자리를 빌려 제가 학생회장 선거 때 다짐했던 공약 세 가지를 다시 상기하면서 제 임기 동안 꼭 반영할 수 있도록 노력하겠습니다.
첫째, 소통을 위해 과자 파티를 한 달에 한 번 꼭 열어 즐거운 학교생활이 될 수 있도록 노력하겠습니다.
둘째, 학교에 건의함을 설치해 여러분의 건의 사항을 귀담아듣고 꼭 실천해서 행복한 학교생활이 될 수 있도록 노력하겠습니다.
셋째, 점심시간을 활용해 스포츠 대회를 꼭 개최해서 가고 싶은 학교가 될 수 있도록 노력하겠습니다.
위의 공약이 잘 이뤄진다면 선일 중학교가 우리 모두 밝게 웃으면서 다닐 수 있는 학교가 되리라 생각됩니다. 또한, 먼 훗날 우리가 함께했던 시간이 우리의 가슴속에 소중한 추억으로 간직되리라 믿습니다. (❹ 각오 제시 단계)
여러분이 저를 믿고 뽑아 주신 만큼 기대에 어긋나지 않는 자랑스러운 선일 중학교 학생회장이 될 것을 약속합니다. 감사합니다. (❺ 마무리 단계)

에필로그

독자 여러분, 끝까지 함께 하느라 수고하셨습니다.

지금까지 공부하며 살펴본 바와 같이 실용 스피치는 실제 생활 속에서 바로 활용할 수 있는 스피치를 의미합니다.

실용 스피치는 거창하거나 있어 보이거나 멋들어진 이론적 고찰이 아니라 실제 상황에서 바로 편리하고 유용하게 활용할 수 있는 스피치입니다.

그러므로 실용 스피치는 실제로 좋은 결과를 창출하는 스피치 지침서이어야 하고, 그때그때 필요에 따라 문제를 해결해 주는 스피치 참고서가 될 수 있어야 합니다.

그런 점에서 저자로서 부담이 크게 느껴지기도 했지만, 독자 여러분을 생각하며 긍정적으로 담담하게 받아들이고 힘을 냈습니다.

"지성(至誠)이면 감천(感天)"이라는 말이 있듯이 무엇이든 지극한 정성을 다하면 하늘도 감동하며 분명히 좋은 결과가 있을 거라는 마음으로 나름대로 열심히 집필했습니다.

불면의 밤을 지새우며 스스로는 최선을 다한다고 했으나 탈고할 때는 역시, 아쉬운 마음을 떨쳐내기가 쉽지 않습니다.

부족한 부분에 대해서는 독자 여러분의 넓은 이해와 양해를 부탁합니다.

'파워 실용 스피치 특강'의 에필로그는 다산 정약용 선생님의 예화와 가르침으로 마무리하고자 합니다. 왜냐하면, 실용(實用)의 정신에도 걸맞고 제가 무척 존경하는 분이기 때문입니다.

다산 정약용 선생님은 여러분께서 아시다시피 18세기 우리나라의 실학사상을 집대성하셨고, 실용주의적인 학문을 전파하며 훌륭한 제자들을 길러 낸 분이지요.

그분이 아꼈던 제자 중에 황상이라는 인물이 있었습니다. 귀양을 와 있던 정약용 선생께 황상이 제자가 되고자 직접 찾아가서 아뢰었습니다.

"선생님, 저는 꼭 선생님의 제자가 되고 싶습니다.
그러나 선생님, 저는 너무나 부족하기 짝이 없습니다.
첫째 머리가 둔한지라 뭘 외우기도 어렵고,
둘째 재주도 앞뒤가 꽉 막혀 글을 짓는데도 오랜 시간이 걸리며,
셋째 뭘 이해하는데도 한참이 걸려 정말 답답한 사람입니다.
이렇게 우둔한 제가 과연 스승님으로부터 학문을 배우고 익힐 수 있을까요?"

그러자 선생님께서 미소를 지으며 답하십니다.

"배우는 사람의 발전을 가로막는 세 가지 결점이 있다.
첫째 외우기가 빠르면 공부를 건성으로 소홀하게 될 수 있고,
둘째 글짓기가 빠르면 글이 부실해질 우려가 있고,
셋째 이해가 빠르면 지식이 거칠고 깊이가 없기 쉽다.
그런데 너는 그런 게 전혀 없으니 오히려 다행이지 않느냐?"

스승으로서 제자에게 이 보다 더한 격려가 어디 있을까요?
이에 힘을 얻은 황상이 눈빛을 반짝이자 선생님은 말씀을 이어나갑니다.

"둔하더라도 열심히 연구하면 좁은 구멍이 넓어지고,
막혔다가 뚫리면 그 흐름이 더욱 성대해지며,
답답한데도 꾸준히 연마하는 사람은 그 빛이 더욱 반짝이게 된다."

그리고 선생님은 이에 덧붙여 황상에게 소중한 지침을 내려주십니다.

> "연구하려면 부지런해야 한다, 뚫으려면 부지런해야 한다, 연마하려면 부지런해야 한다."

이렇게 세 번(三)이나 부지런하길(勤) 당부한 스승의 가르침(戒)인 삼근계(三勤戒)를 황상은 평생 마음에 깊이 새겨 실천을 했다고 합니다.

또한, 황상은 한시도 스승님에 대한 존경심을 잃지 않고 한평생 감사함을 잊지 않았습니다.

이런 선현들의 모습과는 달리, 존경과 감사는커녕 스승 알기를 너무나 우습게 아는 작금의 세태를 보면 참으로 마음이 안타깝고 씁쓸해집니다.

황상은 스승의 정신과 학문을 성실히 이어받아 당대 많은 사람으로부터 칭송을 받는 뛰어난 인품의 선비이자 훌륭한 시인이 됐습니다.

삼근계(三勤戒)는 부지런하고, 부지런하며, 부지런하면 무엇이든 못 할 일이 없다는 뜻이죠.

독자 여러분, 스피치도 마찬가지입니다.

타고난 재능이 있어야 말을 잘하는 사람이 되는 것이 결코 아닙니다.

정약용 선생님의 말씀처럼 오히려 타고난 재능이 자신의 발전을 가로막는 결점이 될 수도 있습니다.

삼근계(三勤戒)를 모토로 삼아 스피치를 부지런하게, 부지런하게, 부지런하게 갈고 닦으면 누구나 명 스피커가 될 수 있습니다.

그 발전의 과정에 '파워 실용 스피치 특강'이 유용한 도움이 될 수 있길 간절히 기대합니다. '파워 실용 스피치 특강'을 틈틈이 자주 펼쳐 읽어보시고 자신의 것으로 만들며 실제 상황에서는 독자 여러분께서 더욱 창의적으로 활용하시길 바랍니다.

그럼, 다산 정약용 선생님이 우리 후손에게 남기신 또 다른 멋진 가르침 한 문장을 함께 음미하는 것으로 끝맺음하면서 독자 여러분께 고개 숙여 인사드립니다.

待有暇而後讀書 必無讀書之時 (대유가이후독서 필무독서지시)
여가가 생긴 뒤에 책을 읽으려 한다면 결코 책을 읽을 기회가 없을 것이다.

독자 여러분, 큰 발전을 기원합니다. 감사합니다.

여러분의 스피치 실력 향상을 기원하며
상봉동 연구실에서
김현기 드림

| 부록 1 재치 만점 '파워 미니 실용 스피치'
| 부록 2 파워 실용 스피치 업그레이드
| 부록 3 파워 실용 스피치를 위한 우리말 스피치의 올바른 표현

부록 1

재치 만점 '파워 미니 실용 스피치'

(1) 각종 축하 '파워 미니 실용 스피치'

1. 개업 축하

개업 축하합니다. 저 열린 문으로 성공과 좋은 기운이 가득 들어올 것 같네요. 돈부자도 되시고, 마음 부자도 되십시오(되세요).

2. 결혼 축하

두 사람 보면서 둘이 정말 잘 어울린다는 생각이 들었는데 역시나 부부로 하나가 되셨네요. 두 분의 앞날에 행복이 가득하시길 바랍니다. 축하합니다.

3. 돌잔치 축하

아이가 엄마를 닮아서 참 눈이 맑고 아빠를 닮아서 웃는 모습이 참 밝네요. 첫돌을 축하합니다.

4. 득남, 득녀 축하

정말 큰일을 해내셨습니다. 아드님(따님)이 부모님의 성품을 본받아 앞으로 곧고 예쁜 모습으로 건강하게 잘 자라나길 바랍니다.

5. 생일 축하

생일 축하합니다. 오늘은 바로 선생님이 주인공인 날입니다. 건강하시고, 언제나 생일처럼 즐거운 날이 되시길 바랍니다.

6. 승진 축하

그동안의 숨은 노고와 땀이 소중한 결실을 본 것 같습니다. 진심으로 축하합니다. 앞으로 더욱 일취월장해 나가시길 바랍니다.

7. 입주 축하

와~ 집이 정말 깨끗하고 아늑합니다. 이런 멋진 곳으로 이사하게 되셔서 무척 좋으시겠어요. 우리는 언제 이런 집에서 살아 보나 부럽네요. 입주를 정말 축하합니다.

8. 수상 축하

상이 주인을 제대로 알아본 것 같습니다. 정말 대단합니다. 축하합니다.

9. 지인의 자녀 입학 축하

아드님(따님)의 입학을 축하합니다. 얼마나 기쁘십니까? 두 분의 지극한 관심과 사랑이 오늘의 기쁜 소식을 만들지 않았나 생각합니다.

10. 지인의 자녀 졸업 축하

아드님(따님)의 졸업을 축하합니다. 어느새 이렇게 장성해서 사회로 나가게 됐네요. 아드님(따님)이라면 어디에 가서든 훌륭하게 한몫해낼 거라 믿습니다. 축하합니다.

11. 손아랫사람이나 친구의 졸업 축하

그동안 수고 많았다. 오늘 졸업식이 내일의 더 큰 도약을 위한 멋진 시작이 되길 바란다. 졸업 축하해!

12. 집들이(전세) 축하 - 집보다 가구 칭찬

집에 들어서자마자 깨소금 냄새가 가득히 풍겨오네요. 가구나 인테리어를 보니까 사모님의 감각이 남다르신 것 같습니다. 집들이를 축하합니다.

13. 퇴원 축하

고생 많으셨습니다. 건강해 보여서 다행스럽습니다. 앞으로는 병원에 문병은 오시더라도 입원은 하지 않으시게 늘 건강하시길 바랍니다.

(2) 그 외 여러 가지 상황의 '파워 미니 실용 스피치'

「-에게」

1. 기분이 나빠져 있는 친구에게

친구야, 너는 항상 멋있지만 웃을 때가 제일 멋있어. 그리고 네가 웃으면 나도 마음이 밝아지고, 네가 우울하면 내 기분도 그렇게 돼. 그러니까 기분 풀어.

2. 사업을 시작한 분에게

모든 물이 바다로 흘러들어 가듯이, 세상의 돈들이 사장님께 흘러들어 갈 것이라고

믿습니다. 개업을 축하합니다.

3. 스피치를 앞두고 고민하고 있는 친구에게

친구야, 걱정하지 마. 파워 실용 스피치 특강이 있잖아!
그래도 안 되면 스피치의 대가 김현기 교수님을 찾아가서 배우면 돼.

4. 시험에 떨어진 분에게

움츠렸다가 뛰는 개구리가 더 멀리 뛸 수 있다는 말처럼 앞으로 더 큰 성공이 기다리고 있다고 생각하세요.

5. 따지길 좋아하는 사람에게

선생님의 체계적이고 분석적인 모습을 닮고 싶습니다.

6. "사랑한다."는 말에 진심이냐고 묻는 여자 친구에게

너는 나에게 사랑이라는 단어가 무슨 뜻인지 보여준 여자라고….

7. 실연한 친구에게

겨울이 있기에 봄이 더 소중하듯이 실연의 아픔이 있기에 앞으로의 사랑이 더욱 빛날 거야.

8. 소심한 사람에게

선생님의 신중함을 닮고 싶습니다.

9. 오랜만에 만난 사람에게

그리움이 쌓여서 재회의 다리로 이어졌나 봅니다. 이렇게 다시 만나 뵙게 돼서 정말 반갑습니다.

10. 외근 나갔다 들어온 선배에게

　선배님, 고생 많으셨습니다. (따뜻한 눈빛과 함께 한 마디의 따뜻한 인사말로 좋은 선후배 사이가 될 수 있습니다.)

11. 병원에 입원해 있는 분에게(긍정적으로 얘기하고자 할 때)

　이제 조금 안정을 찾은 듯이 보이네요. 금방 좋아지실 겁니다.

12. 옷을 멋있게 입고 나온 분에게

　옷이 정말 멋있습니다. 패션도 능력인 것 같습니다. 얼굴만 봐도 눈부신데 옷마저 멋있어서 눈을 뜰 수가 없습니다(없네요).

13. 통화 중인데 휴대전화기가 울릴 때 통화 중인 상대방에게

　죄송합니다. 잠시만 기다려 주시겠습니까? (잠시 후) 기다려 주셔서 감사합니다.

14. 통화 중인데 휴대전화기가 울릴 때 휴대전화기로 전화 건 상대에게

　김미화입니다. (상대 확인 후) 죄송합니다만, 지금 일반 전화로 통화 중이니, 통화가 끝나는 대로 바로 연락 드리겠습니다.

15. 금연 구역에서 담배를 피우는 사람에게

　대단히 죄송합니다만, 여기서 흡연은 못 하게 돼 있습니다. 흡연 장소를 안내해 드리겠습니다.

「─하고 나서」

1. 선물을 받고 나서

　당신을 만난 것만도 큰 선물인데 이렇게 따로 선물까지 주시다니 정말 감사합니다.

2. 음식 대접을 받고 나서

정말 맛있게 잘 먹었습니다. 음식은 맛있었고 분위기는 멋있었습니다.

3. 연인과 함께 영화를 보고 나서

우리 둘이 주연이 되는 멋진 사랑의 영화를 실제 삶에서 만들고 싶네요.

4. 신생아를 보고 나서

아기의 눈동자가 정말 초롱초롱하고 해맑아 보이네요.

5. 택시를 타고나서

안녕하세요, 기사님~ 저는 상봉동까지 갑니다. 잘 부탁합니다.

「–할 때」

1. 데이트 신청할 때

오늘은 평생 다시 돌아오지 않는 소중한 날입니다. 이 소중한 날을 당신과 함께 보내고 싶습니다.

2. 상가 조문 위로할 때

갑자기 얼마나 놀라셨습니까? 정말 가슴이 아픕니다. 좋은 분이셨는데. 뭐라 드릴 말씀이 없습니다. 힘내십시오(힘내세요).

3. 새해 덕담할 때

돈·건강·행복·사랑·좋은 것들로만 가득 넘치는 새해를 맞이하시길 바랍니다.

4. 실직 위로, 사업 실패 위로할 때

너무 심려 마십시오. 전화위복의 기회가 되실 겁니다. 비가 온 뒤에 땅이 굳어진다는 말도 있지 않습니까(있잖아요). 앞으로 더 좋은 기회가 생길 거라고 확신합니다.

5. 연인과 이별할 때

혜진 씨는 저에게 과분한 사람이었어요. 혜진 씨와 만나는 동안 늘 즐거웠습니다. 혜진 씨, 앞으로 제 마음속에 소중한 추억으로 남아있을 거예요.

6. 다른 부서로 전화를 돌려줄 때

총무과로 전화를 돌려 드리겠습니다. 혹시라도 연결되지 않으면 02)123-4567로 다시 전화해 주십시오, 총무과 직통 번호입니다.

7. 전화를 받았는데 아무 소리도 안 들릴 때

죄송합니다만 전화를 다시 걸어 주시면 고맙겠습니다. 전화가 들리지 않아서요. 그럼, 먼저 끊겠습니다.

8. 통화 중에 전화가 끊어졌을 때

조금 전에는 실례했습니다. 전화기에 문제가 있었나 봅니다. 죄송합니다.

9. 이메일로 첨부 파일만 보내기 미안할 때

스피치 바이블에 관심 가져 주신 선생님께 감사드립니다. 말씀드린 자료를 보내드립니다. 확인해 보시고 의문 사항이 있으시면 연락 주십시오. 항상 행복한 시간 보내시길 바랍니다. 감사합니다.

10. 자주 얘기 듣던 상대와 악수할 때

말씀 많이 들었습니다. 만나 뵙게 돼서 정말 영광입니다. 잘 부탁합니다.

11. 사무실로 잘 모르는 손님이 찾아왔을 때

무엇을 도와 드릴까요? 찾으시는 분이 계십니까?

12. 오전에 인사했던 분과 복도에서 마주쳤을 때

또 만났네요. 어디 가는 중이신가요?

혹은 요즘 좋아 보이는데, 좋은 일 있으신가요?

13. 노래방에서 애창곡을 혼자 부르고 싶을 때

　이 노래는 정말 의미 있는 노래입니다. 저 혼자 부르고 싶습니다.

14. 노래방에서 느린 템포의 노래로 전환하고 싶을 때[1]

　이번에는 열기도 식힐 겸 잠깐 쉬어가는 분위기로
　발라드풍의 노래를 준비했습니다. 노사연의 만남입니다.

15. 우리 회사에 대한 안 좋은 소문이 시중에 나돌고 있을 때

　우리 회사에 대한 소문이 많은 걸 보니 우리 회사를 시기하는 사람이 많은 것 같습니다.

16. 아랫사람이 너무 피곤해 보일 때

　일을 너무 열심히 했나 보군!
　좀 쉬는 것이 좋겠어!

1　출처: 허은아, 『눈치코치 직장매너』, 지식공작소, 2007.

17. 부장님이 갑자기 늙어 보일 때

   부장님, 요즘 중후해 보이십니다.

18. 후배가 우스꽝스러운 옷을 입고 왔을 때

   옷이 개성 있네!

19. 지난번에 보았을 때는 얼굴이 좋았었는데, 오늘은 야위어 보일 때

   요즘 바쁘신가 봅니다. 선생님의 그 열정이 부럽습니다.

   (그분이 바빴으니까 말랐겠군요! ^^)

20. 상사가 일을 주문해 놓고 기다리다 지쳐 화가 나서 비판적인 말로 "어이, 언제까지 기다리게 하는 거야."라고 할 때

   ("네, 5분만 더 기다려 주십시오."라고 얘기하는 것보다는) "네, 죄송합니다. 제가 진작 중간보고를 드렸어야 했는데요…. 5분 후면 끝날 것 같습니다."

21. 상대를 위해 뭔가 아첨의 말이 필요할 때

   젊게 보이십니다(보이시네요). 선생님은 직장에서 인기가 많을 것 같아요. 선생님의 인기는 끊이지 않을 것 같습니다(같군요).

22. "자기는 어때?"라는 질문에 상대와 같은 패턴으로 가고자 할 때

   자기가 좋으면 나도 좋고, 자기가 싫으면 나도 싫어!

23. TV를 보면서 배우자가 누군가를 비난하거나 칭찬할 때

   당신도 그래? 나도 (지금) 그런 생각이 들었거든! (원활한 부부관계를 위해 권장하는 1차 답변임.)

24. 배우자가 "나 요즘 힘들어!"라고 말할 때

　(당신이 뭐가 힘드냐고 구박하는 것이 아니라) 당신 요즘 많이 힘들구나. 난 그것도 모르고, 정말 미안해!

25. 밸런타인데이를 맞이해서 여성이 남성에게 고백할 때(아직 "사랑해"나 "좋아해"라고 말하기 어려운 사이)

　앞으로는 어떤 일이라도 현승 씨와 둘이 함께하고 싶어졌습니다. 내 마음을 표현할 기회를 준 밸런타인데이가 고맙습니다.

26. 권태기거나 사이가 안 좋은 커플이 밸런타인데이를 사랑의 전환점으로 삼아 보려 할 때

　내가 태어나서 잘한 일이 있다면 그건 바로 당신을 만난 겁니다. 당신을 만난 건 내겐 행운이고 축복입니다. 당신은 늘 함께 있어도 더 함께 있고 싶은 내가 사랑하는 사람입니다. 당신을 사랑합니다.

27. 집으로 초대한 손님을 맞이할 때

　오늘은 당신이 오실까 생각하고, 몹시 기다리면서 아침부터 몇 번이나 시계만 보고 있었습니다.

파워 실용 스피치 업그레이드

내용 표현 기법

(1) 서론

1. **서론에서 호감 사기, 관심 끌기, 이해 돕기를 합니다.**
   호감 사기와 관심 끌기는 하지 않아도 되는 선택의 차원이라고 한다면, 이해 돕기는 반드시 해야 하는 필수의 차원입니다.

2. **서론은 비교적 상세하게 준비해야 합니다.**
   그렇게 해야 방황과 반복을 피하고 깔끔하게 시작할 수 있기 때문입니다.

3. **서론은 전체의 10~15%가 적당합니다.**
   예를 들자면 3분 스피치의 경우는 10~15%가 18~27초이므로 길게 한다 하더라도 30초를 넘지 않도록 유의해야 합니다. 그러나 예외적으로 청중이 연사의 얘기를 전혀 들을 준비가 안 됐을 경우는 전체의 50%까지 할애할 수 있습니다.

(2) 본론

1. 본론은 논리적, 구체적, 간결하게 말해야 합니다.

1.1 두괄식 어법을 활용합니다.

① '요지는…'으로 시작하는 화법*

　요지를 말하고 그 이유를 밝히는 '요지는, 왜냐하면, 예컨대, 그래서 …입니다(합니다. 등).' 화법을 활용합니다.

② '세 가지로 말씀드리겠는데요.'로 시작하는 화법(분항식 전개방법)

　첫째, …입니다(합니다 등).
　둘째, …입니다(합니다 등).
　셋째, …입니다(합니다 등).

 **실용 Tip**

***'요지는…'으로 시작하는 화법**

특히 결론을 궁금해하는 상사에게 보고하는 상황에서는 '요지는…'으로 시작하는 화법이 한층 효과적으로 사용될 수 있습니다.

예를 들어 상사에게 자신의 최근 근황에 대해 말하는 스피치일 경우 "제가 어제 정말 기쁜 일(화난 일·흥분한 일·놀란 일·억울한 일·이해할 수 없는 일·우울한 일·슬픈 일·황당한 일·당황스러운 일·어처구니없는 일·재미있는 일·즐거운 일 등등)이 있었는데요."라고 핵심 요지를 먼저 말합니다.

그러면 상사는 '무엇이 그렇게 기쁜 일(화난 일·흥분한 일·놀란 일 등)이었을까?'의 궁금증을 갖고 부하 직원의 얘기를 듣게 되어 상사는 부하 직원이 말하려고 하는 요점을 미리 파악하고 들을 수 있는 이점이 있습니다.

이 방법은 대중을 향한 스피치 상황에서도 청중이 연사가 말하려는 내용을 미리 파악하고 들을 수 있게 되어 연사의 말에 더욱 집중하고 몰입할 수 있게 됩니다. 따라서 상사에게 보고하는 스피치 상황에서는 '요지는…'으로 시작하는 화법이 매우 효과적입니다.

1.2 안내사를 잘 활용해서 문장과 문장을 최대한 부드럽게 이어줍니다.

예고나 중간 예고와 같이 청중의 이해를 돕고, 내용 간의 관계를 부드럽게 연결해주는 단어나 구 또는 문장을 안내사라고 합니다. 청중에게 자상하고 친절하다는 인상을 주고, 신뢰감을 주는 좋은 스피치를 하려면 적절한 안내사 사용이 필요합니다.

안내사의 유형은 이러한 중간 예고(internal preview) 외에도 논의 전환사(transition), 중간 요약(internal summary), 내용 이정표(signpost)로 크게 4가지로 나눌 수 있습니다.

이와 관련해서 안내사에 대해 짧게 예를 들자면,

"그럼, 설명해 드릴 숫자 세 가지 중 첫 번째(내용 이정표) 1에 대해서 살펴보겠습니다. (예고) 지금까지 숫자 세 가지 중 1에 대해서 살펴보았습니다. 지금까지 드린 말씀을 요약하자면 … (중간 요약), 그럼, 다음은 숫자 세 가지 중 두 번째(내용 이정표) 2에 대해서 살펴보도록 하겠습니다. (논의 전환사)"

내용 이정표는 이처럼 전체 가야 할 여정에서 어디쯤 가고 있다는 것을 청중에게 안내해 주는 역할뿐 아니라, 안전 운전을 당부하는 위험 표시와 같이 중요한 내용임을 알려 주는 구나 문장도 여기에 해당합니다. "오늘 제 강의 중에서 다른 것은 다 잊더라도 여러분이 반드시 기억해야 하는 내용은…, 제 얘기 중에서 오늘 가장 중요한 핵심은…." 등의 표현이 여기에 속합니다.

1.3 가능한 한 핵심 요지는 세 가지, 많게는 네 가지로 말합니다.**

왜냐하면, 다섯 가지가 넘어가면 우리의 기억 구조상 받아들이기가 곤란해지기 때문입니다. 반대로 핵심 요지가 한 가지나 두 가지라면 너무 단조롭고 무의미해질 수 있기 때문입니다. 그런데 핵심 요지가 부득이하게 세 가지가 넘어 아홉 가지가 됐을 경우는 세 가지씩 묶어 주면 효과적입니다.

1.4 우선순위를 정합니다.

앞에서도 336쪽 실용 Tip을 통해 설명해 드린 바와 같이 핵심 요지 세 가지 중 가장 중요하다고 생각하는 내용은 마지막 세 번째에 놓고, 다음은 첫 번째, 그다음은 가운데 배열하면 됩니다. 제일 중요한 내용을 맨 마지막에 두는 이유는 최신성의 원리에 의해 우리 인간이 가장 최근에 들은 내용이 뇌리에 가장 오래 남기 때문입니다.

그리고 '초두효과'라는 얘기가 있듯이 첫인상도 중요하게 작용하므로 다음으로 중요한 내용은 첫 번째에 놓이게 됩니다. 그러나 예외적으로 청중의 주의를 확 끌어당겨야 하는 경우는 제일 중요하다고 생각하는 내용을 맨 앞에 두기도 합니다.

실용 Tip

**핵심 요지 서너 가지를 구체적으로 고루 풀어낼 자신이 없다면

주장을 요약할 때 가능하면 세 가지로 많게는 네 가지로 요약·정리해서 얘기하는 것이 좋지만, 만일 즉흥 스피치 상황에서 서너 가지의 핵심 요지를 구체적으로 고루 풀어낼 자신이 없다면 다음과 같은 방법을 활용하는 것도 좋습니다.

제가 이 영화를 추천하는 이유는 **여러 가지가 있습니다만, 딱 한 가지만 꼽는다면 그것은 바로 이것**(배우의 연기가 좋아서)**입니다.**

이때 연사(화자)는 논점을 좁고 구체적으로 잡아 오직 자신이 말할 핵심 요지 한 가지를 풍성하게 풀어내는 데 초점을 맞춰야 합니다. 즉 배우의 연기가 왜 좋은지 그리고 어떻게 좋은지에 대해서만 말해야 한다는 겁니다.

왜냐하면, 언급한 바와 같이 서너 가지의 핵심 요지를 구체적으로 고루 풀어낼 자신이 없는 상황에서는 'Say more with less'가 'Say less about more'보다 더 효과적이기 때문입니다. 즉 너무 많은 것을 대강 다루려고 하다 보면 아무것도 제대로 다루지 못하게 되고 스스로 어려움을 자초할 수 있기 때문입니다.

1.5 격이 같은 말로 합니다.

가능하다면 핵심 요지와 어미의 음절 수를 맞춰줍니다. 예를 들어 '나의 인생관 세 가지 : 성실·감사·봉사'라는 주제로 얘기하려고 할 때 첫 번째, '**성실**하게 살아가자는 **겁니다.**'라고 했다면 두 번째와 세 번째 모두 '○○하게(하며) 살아가자는 **겁니다.**'라고 음절 수를 고려해서 시작과 끝을 맺어야 한다는 겁니다. 그렇게 얘기할 때 말의 성의가 느껴지고, 품격이 느껴지게 됩니다.

1.6 핵심 요지를 말할 때마다 주제를 계속 언급해 줍니다.

제가 이 영화를 여러분께 추천해 드리고자 하는 두 번째 이유는 '영화의 영상이 좋아서입니다.', **제가 이 영화를 여러분께 추천해 드리고자 하는 마지막 세 번째 이유**는 '배우의 연기가 좋아서입니다.'

만약 위와 같은 경우 긴 강연에서 둘째, 셋째, 이렇게만 얘기를 해 준다면 처음부터 주의 깊게 듣지 않은 청중은 무엇에 대한 둘째, 셋째인지 모를 수 있기 때문입니다.

(3) 결론

1. 결론에서는 종료 신호(결론의 서두), 요점 재강조(결론의 본체), 결언(결론의 결론)으로 짧고, 강하고, 여운이 남게 멋지게 끝냅니다.

요점 재강조와 결언이 꼭 하지 않아도 되는 선택의 차원이라면 종료 신호는 반드시 해야 하는 필수 요소입니다.

1.1 종료 신호를 알려 주어야 합니다.

비행기를 타고 어느 곳에 갈 때 착륙 직전 방송을 통해 "우리 비행기는 잠시 후 인천 공항에 도착할 예정이오니 승객 여러분께서는….”과 같은 안내 방송이 흘러나오듯이 연사는 본론이 끝나고 결론으로 들어가게 되면 이제부터 결론에 들어섰다는 것을 즉 "이제 마쳐야 할 시간이 됐습니다."와 같이 청중에게 알려 주어야 합니다. 왜냐하면, 갑작스러운 끝맺음은 청중을 당황하게 하고, 연설을 망치는 결과를 가져올 수 있기 때문입니다.

1.2 요점을 재강조합니다.

청중이 본론에서 놓쳤을지 모를 핵심 요지에 대해 결론 부분에서 다시 한 번 언급해 줍니다. 그럼으로써 연사는 친절하고 자상하다는 인상을 심어줄 수 있습니다.

> 예 **다시 반복하자면**, 제가 이 영화를 여러분께 추천해 드리고자 하는 이유는 **첫째**, 배우의 연기가 좋아서 **둘째**, 작품의 내용이 좋아서 **셋째**, 영화의 영상이 좋아서입니다.

1.3 멋진 결언으로 짧고, 강하고, 여운이 남는 마무리를 합니다.

결언을 우리의 전통 악기에 비유해서 징소리에 비유함은 매우 적절한 표현입니다. 본론에서 꽹과리와 장구 소리처럼 계속된 음성 표현을 했다면, 결론 중에서도 결론에 해당하는 결언에서는 징소리처럼 크고 우렁차면서도 긴 여운을 남기며 끝마쳐야 한다는 겁니다.

내용 표현 기법의 활용

1) **시작 단계** : 자기소개를 하는 단계입니다.
  안녕하십니까? 멋진 남자(여자) ○○○입니다.
  　　　　　　　　　　　(호감 사기, 관심 끌기를 한 후 이해 돕기를 합니다.)

2) **서론 단계** : 이해 돕기를 하는 단계입니다. 즉 말할 것을 말하는 단계입니다.
  저는 오늘 여러분께 '추천하고 싶은 영화(책, 식당…)'(이)라는 주제로 말씀드리겠습니다.　　　　　　　　　　　　　　　　　　　　　　　　　(여기까지가 서론)

3) **본론 단계** : 가능하면 세 가지로 말하는 단계입니다.
  제가 여러분께 추천해 드리고 싶은 영화(책, 식당…)는(은) ○○○입니다.
  제가 이 영화(책, 식당…)를(을) (여러분께) 추천해 드리고자 하는 이유를 세 가지만 말씀드리자면,
  　첫째는 <많이 중요> (…하기 때문, 이라는 것)입니다.
  　그리고 제가 이 영화(책, 식당…)를(을) (여러분께) 추천해 드리고자
  　하는 두 번째 이유는 <조금 중요> (…하기 때문, 이라는 것)입니다.
  　마지막으로 제가 이 영화(책, 식당…)를(을) (여러분께) 추천해 드리고자
  　하는 세 번째 이유는 <가장 중요한 이유> (…하기 때문, 이라는 것)입니다.
  　　　　　　　　　　　　　　　　　　　　　　　　　(여기까지가 본론)

4) **결론 단계** : 말한 것을 말하는 단계입니다.
  저는 지금까지 '추천하고 싶은 영화(책, 식당…)'라는 주제로 말씀드렸습니다.
  (다시 반복하자면~ 첫째,~ 둘째,~ 셋째,~ 입니다.)

5) **마무리 단계** : 끝인사를 하는 단계입니다.
  경청해 주신 여러분, 감사합니다.　　　　　　　　　　(여기까지가 결론)

▶▶▶ **실습 예문**   **내용 표현 기법의 활용**

주제 : 추천하고 싶은 영화

1. 서론

 (정 호흡을 하며 청중을 쭉 둘러본 후 멘트) 안녕하십니까?
 우리의 영화를 사랑하는 여자 진소영입니다. (허리 숙여 인사)　　－ 필수 －

1) 호감 사기 : 늦은 시간에도 자신의 자아개발을 위해 애쓰시는 여러분을 뵐 때 존경하는
      마음이 앞섭니다.　　　　　　　　　　　　　　　　－ 선택 －
2) 관심 끌기 : 여러분, 영화 좋아하시지요?　　　　　　　　　　　－ 선택 －
3) 이해 돕기 : 저는 오늘 여러분께 '추천하고 싶은 영화'라는 주제로 말씀드리겠습니다.
     (충분히 사이를 두고 본론으로)　　　　　　　　　　－ 필수 －

2. 본론

1) 주제문 : 제가 여러분께 추천해 드리고 싶은 영화는 '행복'입니다. (두괄식 어법)

2) 이유 세 가지 : 제가 이 영화 '행복'을 여러분께 추천해 드리고자 하는 이유를 세 가지만 말씀드리자면, (아래의 밑줄 친 부분은 격이 같은 말로 음절 수를 맞춘 겁니다.)

- 오십세주[1]로 전달 -

---

[1] **실용 Tip** 오십세주

오십세주는 소주와 백세주를 섞어서 만든 술을 말합니다.

오십세주의 전달 방법은 먼저 청중에게 소주 한 잔을 **작은 잔**으로 전하고, 백세주 한 잔을 **큰 잔**으로 전달하는 겁니다. 그럴 때 청중은 마치 술을 섞어 마시게 되면 쉽게 취하듯이 화자의 얘기에 금방 취하게(빠져 들게) 됩니다.

여기에서 **소주**는 독한 술을 의미합니다. 즉 독한 술은 대부분 작은 잔에 마시듯이 자신이 말하고자 하는 핵심 요지를 우선 최대한 짧게 요약문으로 전달합니다. 다시 말하자면 위에서 표현한 작은 잔은 핵심 요지 전달을 말합니다.

백세주는 순한 술을 의미합니다. 즉 순한 술은 대부분 큰 잔에 마시듯이 핵심 요지를 최대한 풀어서 풍성하게 이야기 식으로 전달해야 합니다. 다시 말하자면 위에서 표현한 큰 잔은 핵심 요지를 풍성하게 풀어 이야기 식으로 전달하는 것을 말합니다.

(1) **첫째**는 <u>배우의 연기</u>가 좋아서<u>입</u>니다. (말을 할 때는 [조:아섬니다.]로 발음
합니다.)
- 소주에 해당 -

> 이 영화 '행복'의 주인공은 연기력과 흥행력을 겸비한 스타 배우 황정민(영수 역)과 임수정(은희 역)입니다.
> 먼저 모델 출신인 임수정은 제가 개인적으로 관심이 많은 배우입니다. 그녀의 때 묻지 않은 청순한 연기가 무척 마음에 들기 때문입니다. 그리고 배우 황정민은 영화 '바람난 가족'에서 열연한 배우로서 극 중 성격에 맞게 연기를 잘 소화해 내는 멋진 배우입니다.   - 백세주에 해당 -

그리고 제가 이 영화 '행복'을 여러분께 추천해 드리고자 하는

(2) **두 번째 이유**는 <u>작품의 내용</u>이 좋아서<u>입</u>니다.   - 소주에 해당 -

> 이 영화 '행복'에 나오는 두 명의 주인공 모두 환자로 등장합니다. 배우 황정민은 간경변증 환자로, 임수정은 중증 폐 질환 환자로 나옵니다. 이 영화는 사랑의 양면성을 잘 나타내 준 영화입니다. 즉 몸이 아픈 사람들이 생기 있게 연애하는 모습을 통해 사랑이 얼마나 사람을 행복하고도 달콤하게 만드는 것인지, 또 이별 장면에서는 사랑이 얼마나 쓸쓸하고 현실적인지 잘 보여주고 있습니다. 한마디로 표현하자면 사랑의 쓴맛·단맛을 잘 버무린 영화라고 할 수 있습니다.   - 백세주에 해당 -

제가 이 영화 '행복'을 여러분께 추천해 드리고자 하는

(3) **세 번째 이유**는 <u>영화의 영상</u>이 좋아서<u>입</u>니다.   - 소주에 해당 -

> 영화의 영상이 전반적으로 좋았지만, 특히 폐 질환 환자 임수정이 죽으려고 뛰다가 더는 뛰지 못하고 낙엽이 뒹구는 바닥으로 쓰러질 때의 영상

은 한마디로 예술적입니다. 카메라 앵글이 임수정의 눈을 따라 옆으로 그대로 따라 움직이는 영상은 영화 '행복'을 한 차원 높게 끌어올렸습니다. 숨이 차면 죽을 수도 있는 중증 폐 질환 환자 임수정이 황정민의 "떠나 달라."라는 야속한 말에 죽으려고 아픈 가슴을 움켜쥐며 언덕을 향해 뛰는 모습이 영상으로 안타깝게 그려집니다.   – 백세주에 해당 –

3. 결론

1) 종료 신호 : 저는 지금까지 '추천하고 싶은 영화'라는 주제로 말씀드렸습니다.
2) 요점 재강조 : 다시 반복하자면 제가 '행복'이라는 영화를 여러분께 추천해 드리는 이유는

    첫째, 배우의 연기가 좋아서

    둘째, 작품의 내용이 좋아서

    셋째, 영화의 영상이 좋아서입니다.

3) 강한 여운 : 여러분, 이번 주말 사랑하는 사람과 함께 좋은 영화 한 편에 빠져 보는 것은 어떨까요? 끝까지 경청해 주신 여러분, 감사합니다.

                        (허리 숙여 인사 후 정면을 다시 바라보고 퇴장 – 화룡점정*)

실용 Tip

*화룡점정(畵龍點睛)

(양 나라 때의 화가 장승유가 용을 그린 뒤 마지막으로 눈동자를 그려 넣었더니 그 용이 홀연히 구름을 타고 하늘로 날아 올라갔다는 고사에서) 무슨 일을 하는 데 가장 중요한 부분을 완성함을 이르는 말입니다.

실용 Talk

3분 스피치의 또 다른 형식 - 두드러진 핵심(중심 생각) 표현 기법

본론 부분에서 위와 같이 핵심 요지 세 가지와 그 요지에 따른 부연 설명을 하는 형식을 활용하기도 하지만, 주제에 따라 자신의 두드러진 핵심 요지 즉 **중심 생각 한 가지만을 스토리텔링 형식으로 표현하는 방식**을 따르기도 합니다.

예를 들면 '인간관계의 비결'이라는 주제로 3분 스피치를 해야 할 경우, 1단계(첫인사)와 2단계(주제 선언 단계 : "저는 오늘 인간관계의 비결이라는 주제로 말씀드리겠습니다.")의 서론 부분을 거쳐 본론에서는 다음과 같은 방식으로 자신의 주장을 펼칠 수 있습니다.

"인간관계의 비결은 여러 가지가 있겠지만, 저는 그중에서도 이것(250명의 법칙)이 무엇보다도 중요하다고 생각합니다. 여기에 적합한 예화(한 사람을 대할 때 마치 250명을 대하듯 정성을 쏟아 좋은 인간관계를 맺은 사례)가 있어 여러분께 소개해 드리고자 합니다."와 같은 형식으로 풀어 가는 것을 말합니다.

사례를 말하는 연사는 가능하면 자신의 경험 속에서 화젯거리를 찾아 구체적으로 생생하게 풀어낼 수 있도록 노력해야 합니다. 왜냐하면, 청중은 연사의 체험담을 가장 좋아하고, 경험은 가장 독창적이면서도 자신이 가장 잘 알고 있는 최고의 스피치 내용 창고이기 때문입니다.

또한, 중심 생각 한 가지만을 스토리텔링 형식으로 표현하는 이 방식은 3분 스피치뿐만 아니라 사례를 더해 감으로써 긴 강연에도 유용하게 활용할 수 있습니다.

음성 표현 기법

(1) 서론에서는 특히 여유를 갖고 천천히 시작해야 합니다.

연사들 대부분이 문장의 서론 부문에서 가장 많은 긴장을 합니다. 우리 몸은 긴장하면 그 긴장을 방어하고자 에너지가 필요해집니다. 많은 긴장을 했다면 많은 양의 에너지가 필요해질 겁니다. 에너지는 간이나 근육에 있는 글리코겐이라고 하는 영양소와 산소가 결합해서 만들어집니다. 그런데 산소는 호흡으로 만들 수 있으므로 많은 양의 에너지는 많은 양의 호흡이 필요해집니다.

우리가 긴장 상황에서 호흡이 가빴던 이유가 여기에 있습니다. 그런데 만일 이 상황에서 말까지 빨리하려고 한다면 호흡은 더 바빠질 겁니다. 즉 우리의 몸은 최대 위기

상황에 직면하게 됩니다. 따라서 이때는 의도적으로 정(正)호흡*을 하며 천천히 말을 시작해야 합니다.

실용 Tip

> *정호흡(正呼吸)
>
> 숨을 충분히 들여 마신 상태에서 말을 할 때가 바로 정(正)호흡의 상태입니다.
>
> 물론 숨을 밖으로 다 내뿜은 상황에서도 말은 나오지만, 힘 있는 목소리를 기대하긴 어렵죠.
>
> 왜냐하면, 호흡은 발성의 에너지 원천이기 때문입니다. 즉 호흡을 자동차의 휘발유에 비유한다면 연료가 가득 찬 상태의 운행이 바로 편안한 정호흡에 비유될 수 있으며, 기름이 거의 없어 경고등이 들어온 상태의 불안한 운행은 우리가 숨을 밖으로 다 내보내고서도 몸속에 기본적으로 남아 있는 잔여 호흡량으로 말하는 것이라고 설명할 수 있습니다.
>
> 따라서 불안하고 떨리는 목소리보다 자신 있고 힘 있는 목소리를 원한다면 평소 숨을 충분히 넣고 말하는 정호흡을 습관화해야 합니다. 연료를 넣고 주행하듯이 숨을 충분히 채우고 말을 합시다.

(2) 끝나지 않은 서술 정보는 끝을 살짝 올려주고, 한 발화 구간은 한 들숨으로 말해 줍니다.

예를 들어, '옛날⌒ 어느 나라에／학문과 지혜를 숭상하는 어떤 왕이⌒ 있었습니다.'라는 문장에서 끝나지 않은 서술 정보는 끝을 올려주라는 얘기는 밑줄 친 '날'과 '에' 그리고 '는'과 '이'의 끝을 살짝 끌어 올려주라는 겁니다.

또한, 한 발화 구간은 한 들숨으로 말해 주라는 의미는 한 들숨을 취한 후 '옛날~' 부터 '~왕이 있었습니다.'까지 비교적 빨리 당겨서 늘어짐 없이 말하라는 겁니다.

실용 Talk

매력적인 목소리를 만드는 방법

영화배우 한석규 씨와 이선균 씨 그리고 TV 드라마 '대장금'의 이영애 씨와 KBS 1TV '아침마당'의 이금희 씨, 이들의 공통점은 무엇일까요?

그것은 바로 매력적인 목소리를 가졌다는 겁니다.

또한, 매력적인 목소리를 가진 사람들은 대부분 울림이 있는 소리를 내는 특징을 지니고 있습니다.

울림이 있는 목소리는 타고나기도 하지만, 후천적인 노력으로 충분히 만들 수 있습니다.

그 비결은 우리가 평소에 입을 다물고 코로 소리를 내어 노래를 부르는 허밍(humming)에 있습니다. 즉 입을 살짝 다물고 복식 호흡을 활용해 '음~~~' 하면서 울림을 만듭니다. 이때 입안을 넓게 만들기 위해서 어금니는 떼고 혀끝은 입천장 쪽으로 말아 올립니다.

그리고 '음~~~' 허밍을 할 때 얼굴과 가슴 주변에 손을 대 보고 진동이 느껴지면 허밍 성공입니다.

아침저녁으로 좋은 문구와 함께 미소를 지으며 '음~~~' 허밍을 지속 반복적으로 훈련한다면 머지않아 좋은 표정은 물론 울림이 있는 매력적인 음성의 소유자가 된 자신을 발견할 수 있을 겁니다.

"음~~~(숨) 나는 매일 매일 모든 면에서 좋아지고 있다. 음~~~(10초 이상)"

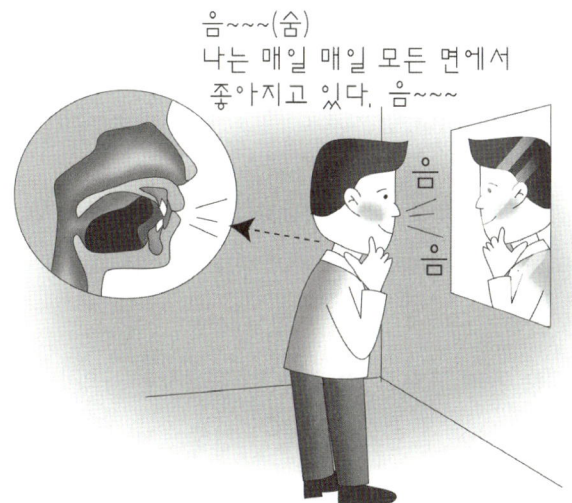

(3) 그날의 발표 주제, 인명과 같은 중요한 단어나 어구 등 핵심 요소를 '액자어'라고 하는데, 이러한 액자어는 가능한 한 좀 더 크게, 좀 더 또박또박, 좀 더 천천히 말함으로써 변별성을 강화해 주는 것이 좋습니다.

예를 들어, '저는 오늘 건강의 비결에 대해 말씀드리겠습니다.'의 문장에서 '건강의 비결'은 액자어로서 좀 더 크게, 좀 더 또박또박, 좀 더 천천히 말해야 좋다는 겁니다.

(4) 문장과 문장이 전환되는 서론과 본론, 본론과 결론 사이에서는 쉼(pause)을 잘 살려 주의를 집중시켜주어야 합니다.

저는 오늘 건강의 비결 세 가지에 대해 말씀드리겠습니다. (서론)///포즈
건강을 위해서는 첫째, …, 둘째, …, 셋째, …입니다. (본론)///포즈
저는 지금까지 건강의 비결에 대해 말씀드렸습니다. (결론)

위 예문에서 살펴본 바와 같이 문장과 문장이 전환되는 서론과 본론, 본론과 결론 사이 또한, 강조하고 싶은 낱말 전에서는 쉼(pause)을 취해 줘야 청중의 주의를 집중시킬 수 있다는 겁니다.

(5) 습관적으로 의미 없이 일정한 리듬을 타는 말의 '어조'를 없애려면 말의 의미를 잘 파악해서 말해야 합니다.

우리가 말을 하다 보면 자기의 의도와는 관계없이 기계적인 말투, 변화 없는 말투, 지루한 말투, 힘없는 말투로 바뀌게 되는 경우가 있습니다. 이러한 바르지 못한 화법은 말의 뜻을 살려 말하지 못하는 데서 비롯됩니다.

따라서 말을 할 때는 말의 고저·강약·완급·쉼·장단 등의 리듬을 잘 살려 기쁠 때는 기쁘게, 슬플 때는 슬프게 연기자와 같이 말해야 합니다.

(6) 보상적 장음화를 실행해서 말합니다.

말을 할 때 의미를 삭감하지 않는 범위에서 음운이나 음절을 생략하는 경우가 많습니다. 이러면 생략된 단어를 생략되기 전의 단어의 길이만큼 길게 발음을 해주는데 이것을 보상적 장음화라고 합니다. 대표적인 예가 '하여'와 '되어'입니다.

- ✓ 하여 → [해:], 하여서 → [해:서], 하였으며 → [했:으며], 하였고 → [했:고], 하였습니다 → [했:습니다.]
- ✓ 되어 → [돼:], 되어서 → [돼:서], 되었으며 → [됐:으며], 되었고 → [됐:고], 되었습니다 → [됐:습니다.]

예외) 그러나 다음과 같은 단어는 음절이 생략됐어도 길게 발음하지 않습니다.
- ✓ 오아 → [와], 지어 → [저], 찌어 → [쩌], 치어 → [처].

(7) 글말과 입말을 구분해야 합니다.

이름이 '이영애입니다'로 쓰여 있더라도, 말로 표현할 때는 [이영앰니다]로 해야 합니다. 마찬가지로 '김현기 박사입니다'는 [김현기 박쌈니다], '자리입니다'는 [자림니다], '저입니다'는 「점니다」로 음운이나 음절을 생략해서 발음합니다.

(8) 쉼(pause)을 잘 살려 표현해야 합니다.

쉼은 강조 기법에서도 다루고 있지만, 쉼(pause)을 잘 활용하면 스피치가 빛나게 됩니다. 쉼은 다음과 같은 세 가지로 활용됩니다.

(도움말 백미숙)

첫째, 강조 전에 활용합니다. (예문) 우리에게 필요한 것은 / **사랑**입니다.
둘째, 동격 전에 활용합니다. (예문) 우리나라 / **대한민국**은 정말 아름답습니다.
셋째, 동사 전에 활용합니다. (예문) 끝까지 함께 하시길 / **바랍니다**.

특히, 동사 전에 활용하는 쉼을 잘 활용하게 되면 말이 더 격식 있게 그리고 품위 있게, 세련되게 느껴집니다.

하나 더 예를 든다면,

'끝까지 경청해 주신 여러분, 대단히 / **감사합니다.**'

위에서 살펴본 쉼(pause) 이외에도 말의 리듬을 살리려면 고저·강약·장단·완급 등이 있습니다. 더 자세한 내용은 『파워 스피치 특강』 154쪽 제3강 스피치의 나침반 '제5장. 스피치의 3대 원칙'을 참고하시길 바랍니다.

(9) 강세(accent)는 표현하고자 하는 자리에 정확히 주어야 합니다.

왜냐하면, 어떤 경우는 똑같은 말인데도 불구하고 어느 부분을 강하게 강조하느냐에 따라 뜻이 달라지기도 합니다. 예를 들어 다음 문장을 살펴볼까요?

"철수는 어제 집에서 자장면을 시켜먹었습니다." (**영희가 아니라 철수였구나.**)
"철수는 어제 집에서 자장면을 시켜먹었습니다." (**오늘이 아니고 어제였구나.**)
"철수는 어제 집에서 자장면을 시켜먹었습니다." (**사무실이 아니라 집에서구나.**)
"철수는 어제 집에서 자장면을 시켜먹었습니다." (**우동이 아니라 자장면이었구나.**)
"철수는 어제 집에서 자장면을 시켜먹었습니다." (**가서 먹은 것이 아니라 시켜먹었구나.**)

위에서 살펴본 높임 강조 이외에도 낮춤 강조, 느림 강조, 멈춤 강조 등이 있습니다. 더 자세한 내용은 『파워 스피치 특강』 115쪽 제2강 스피치 기초 훈련의 '제5장. 강조 기법'을 참고하시길 바랍니다.

(10) 동격 표현과 1·2·3단계 점층 화법 등을 잘 활용해서 음의 단조로움을 탈피해야 합니다.

1. 동격 표현

의미를 강조하려면 비슷한 단어의 나열로 대부분은 뒤의 단어를 크게 발음해서 강조하지만, 부정적인 의미가 있는 단어나 의미상 뒤의 단어가 소극적인 의미일 때는 예외적으로 앞의 단어를 크게 발음해서 강조합니다. (cf. 강조에는 이처럼 크게 발음하는 높임 강조 외에 낮춤 강조, 느림 강조, 혼합 강조 등도 있습니다.)

1) 삼천리/ **금수강산** (뒤의 단어 강조),
2) 나의 조국/ **대한민국** (뒤의 단어 강조),
3) **자유**가 아니면/ 죽음을 달라 (앞의 단어 강조),
4) 아침엔 **소나기**가/ 저녁엔 이슬비가 (앞의 단어 강조)

2. 1·2·3단계 점층 화법

3단계 발성으로 뒤로 갈수록 점점 크게 소리 내어 말하는 법입니다.

여러분 가운데 노예가 좋~아서/ 노예가 될 사:람이 있겠습니까?//
(1단계 : 자신의 음성을 최대 100으로 보았을 때 30의 음성)
로마 사람이 아니기를/ 원:하는 사:람이 있겠습니까?//
(2단계 : 자신의 음성을 최대 100으로 보았을 때 60의 음성)
나라를 사랑하지 않는 사:람이/ 어디 있겠습니까?//
(3단계 : 자신의 음성을 최대 100으로 보았을 때 90의 음성)

(11) '의'의 발음을 정확하게 조음해야 합니다.

'의'의 표준 발음은 [으이]입니다. 그러나 이것은 쓰이는 환경에 따라 [으이], [이],

[에]로 발음하는 것도 허용하고 있습니다.

> 1) 단어의 첫머리에 '의'가 온 경우는 '으이'로 발음합니다.
>   의논 → [으이논], 의미 → [으이미], 의심 → [으이심]
> 2) 단어의 첫머리 이외에 오는 '의'는 [이]로 발음함도 허용합니다.
>   강의 → [강:의/ 강:이], 의의 → [의:의/ 으이이]], 협의 → [혀븨/ 혀비]
> 3) 조사 '의'는 [에]로 발음함도 허용합니다.
>   우리의 → [우리의/ 우리에], 강의의 → [강:의의/ 강:이에]
>   ※민주주의의 의의?
>   → [민주주으이으이 으이으이/ 민주주이에 으이이]
>   ✓ 그러나 '의'가 자음을 첫소리(초성)로 가진 경우는 [이]로 발음합니다.
>   즉 희망 → [히망], 무늬 → [무니], 띄어쓰기 → [띠어쓰기]

(12) 띄어 말하기의 요령을 익혀야 합니다.

띄어 말하기는 띄어쓰기와 달리 정해진 규칙이 있는 것은 아닙니다.

화자의 의도에 따라 어디를 띄어 말하느냐가 달라집니다. 재미있는 예를 들면 무지개는 비가 온 뒤 나타나는 아름다운 기상현상으로 보게 되면 행복해지고 가슴 설레고 일곱 가지 색깔이 신비롭기까지 하죠.

그래서 어느 누군가가 긍정적인 의미로 **"당신은 무지개 같은 사람입니다."**와 같이 표현하려고 한 것이 그만 띄어 말하기가 잘못되어 "당신은 무지 개 같은 사람입니다." 와 같이 말했다고 한다면 처음 내 의도와는 다르게 엉뚱한 의미가 상대에게 부정적으로 전달될 겁니다.

물론 이런 일이 발생해서는 안 되겠지만, 화자가 어디를 띄어 말하느냐에 따라 전하고자 하는 의미와 말의 느낌이 달라질 수 있으므로 다음과 같은 몇 가지 요령이 필요합니다.

띄어 말하기의 요령은 보편적인 관점에서 볼 때 크게 세 가지로 나눌 수 있습니다.

그것은 띄어 말해서는 안 되는 경우와 띄어 말하면 좋은 경우, 그리고 내용과 상황에 따라 띄어 말하는 경우입니다.

먼저 띄어 말해서는 안 되는 경우를 살펴보겠습니다.

첫째, 어절 사이를 띄어 말해서는 안 됩니다. 즉 '아버지가 방에 들어가신다.'와 같은 문장은 세 개의 어절이 있는데, 이때 '아버지'와 '가', '방'과 '에', '들어'와 '가신다.'를 띄어 말해서는 안 됩니다.

둘째, 수식어(즐거운, 행복한)와 수식을 받는 말(사람)은 보통은 붙여 말합니다. (즐거운사람/ 행복한사람)

다음은 띄어 말하면 좋은 경우입니다.

> 첫째, 독립어는 띄어서 말하면 좋습니다.
> 둘째, 접속어는 띄어서 말하면 좋습니다.
> 셋째, 마침표(온점·물음표·느낌표), 그리고 쉼표 등의 부호는 띄어서 말하면 좋습니다.

끝으로 내용과 상황에 따라서 띄어 말하는 경우입니다.

첫째, 강조 전 Pause를 두는 경우
우리에게 지금 필요한 것은/ 사랑입니다.
'사랑'을 강조하기 위해 간격을 둔 경우입니다. 이때 숨을 들여 마시진 않습니다.

둘째, 동격 전 Pause를 두는 경우
우리나라/ 대한민국

우리나라와 대한민국은 격이 같은 동격이므로 간격을 두고 말을 이어갈 때 표현이 강조됩니다. 이때 역시 숨을 들여 마시진 않습니다.

셋째, 서술어 전 Pause를 두는 경우

경청해 주신 여러분, 대단히/ 감사합니다.

서술어 전 띄어 말하기는 말의 품격을 높여 줍니다. 이때도 숨을 들여 마시진 않습니다.

● 띄어 말하기 실습 - 한 발화 구간 단위로 소리를 내고 Pause를 취해 가며 띄어 말합니다.

한 문장에 한 번의 들숨이 원칙이지만, 호흡량에 따라 문장의 길이에 따라 문장 중간에 들숨을 취할 수도 있습니다.

(들숨) 옛날 어느 나라에/(Pause) 학문과 지혜를 숭상하는/(Pause) 어떤 왕이/(Pause) 있었습니다.// (들숨)

실용 Talk

스피치할 때 자신만의 여유를 찾는 방법

스피치를 시작하기 전에 우선 자신에게 스피치할 기회를 주신 분이나 자신을 소개해 주신 분께 감사의 인사를 전하는 겁니다.

예를 든다면 "우선 저에게 스피치할 소중한 기회를 만들어 주신 나실용 사회자님(회장님·총무님 등)께 감사의 마음을 전합니다." 또는 "저를 이렇게 멋지게 소개해 주신 나실용 사회자님께 여러분, 감사의 박수를 부탁합니다." 등의 표현을 합니다.

이 방법은 갑자기 한 말씀 하게 되어 눈앞이 캄캄해지는 즉흥 스피치 상황에서는 더욱 효과적으로 활용될 수 있습니다. 왜냐하면, 무슨 말을 해야 좋을지 모르는 긴장된 순간에 평소 입에 밴 유창한 언어로 자신의 말문을 열 수 있다는 이점이 있기 때문입니다. 또한, 사회자에게 감사의 마음을 전하거나 박수를 유도함으로써 자신에게 집중된 시선을 분산시키는 효과도 있기 때문입니다.

따라서 위의 문장을 언제 어느 때든지 적절한 제스처와 함께 유창하게 입에 밸 수 있도록 평소 훈련한 다음, 자신이 본격적인 스피치를 시작하기 전에 자신만의 스피치 템플릿으로 사용하는 겁니다.

스피치를 끝낼 때도 역시 사회자 혹은 다음 스피치할 사람을 여유 있게 소개하면서 끝맺음하면 좋은 마무리 스피치가 될 수 있습니다. 예를 든다면 "끝까지 경청해 주신 여러분, 감사합니다. (청중에게 인사) 다음은 이 모임의 총무를 맡고 계신 나실용 명 사회자님께 다시 마이크를 넘기겠습니다. 여러분, 나실용 총무님을 큰 박수로 환영해 주시길 바랍니다."

위에서 살펴본 음성 표현 기법에 관한 더 자세한 내용은 『파워 프레젠테이션 특강』 121쪽 3편 프레젠테이션 표현력 업그레이드 '1강. 음성 표현 UP'을 참고하시길 바랍니다.

신체 표현 기법

(1) 표정

연기자의 심정으로 기쁠 때는 기쁘게, 슬플 때는 슬프게 표현해야 합니다. 그리고 내가 감동하였을 때 다른 사람도 감동·감화시킬 수 있다는 것을 유념해야 합니다. 특히 한국어는 주어가 생략된 술어 중심의 언어이기에 표정 연기는 더욱 중요하게 여겨지는 겁니다.

표정 연기가 정말 일품이었던 영국의 희극 배우 찰리 채플린이 인기 절정에 있을 때 기차 고장으로 어느 마을에 묵게 됐는데 마침 그곳에서 축제의 하나로 '채플린 흉내 내기 대회'가 열리고 있었습니다.

호기심이 동한 채플린은 자신의 신분을 감추고 일반 참가자가 돼서 대회에 참석했는데 결과는 3등이었습니다. 두 명의 가짜가 1, 2등을 하고 정작 자신은 3등을 한 겁니다. 물론 실화입니다. 그에 대해 한 화가의 해석이 재미있습니다. 진짜는 진짜이기 때문에 그럴 필요가 없지만, 가짜는 항상 진짜처럼 보이고자 진짜같이 보이는 노력을 해서 나온 결과라는 겁니다.

여러분, 그럴듯하지 않습니까?

우리도 실제 연기자는 아니지만, 연기자인 척해 본다면 실감 나게 표정 연기가 잘 되지 않을까요?

(2) 제스처

우리의 신체는 입보다 더 많은 말을 한다는 말이 있습니다. 영어로는 '바디 랭귀지(body language)', 우리말로는 '신체언어, 몸 말'이라고 부르기도 합니다.

스피치를 할 때는 음성만으로 커뮤니케이션하는 것이 아니라 몸 말로도 다양한 메시지를 전하는 것이며, 오히려 몸 말이 입말보다 훨씬 더 큰 영향을 미친다는 연구 결과도 있습니다. 또한, "입으로는 거짓말을 할 수 있지만, 신체는 거짓말을 하지 못한다."라는 말도 있습니다. 그만큼 스피치에 있어서 몸 말은 큰 중요성을 지니며, 제스처는 표정이나 자세와 더불어 다양한 메시지를 나타내게 됩니다.

제스처 중에서도 손가락은 섬세한 신체 기관이기 때문에 더욱더 다양하면서도 세밀한 표현을 할 수 있습니다. 그래서 스피치나 일상생활의 커뮤니케이션에서도 많이 쓰이게 됩니다.

존 에프 케네디는 스피치를 할 때, 중요하다고 생각되는 대목에서는 검지를 세워 보였습니다. 그러면 그 부분을 청중이 더 주의를 기울여 듣게 되는 강조 효과가 생기겠죠.

손가락은 어떤 모양새를 취하느냐에 따라 여러 의미를 나타내지만 나라에 따라 다르게 표현되기도 합니다.

예를 들면 최고를 나타낼 때 우리는 엄지를 치켜세우지만, 미국 사람들에게는 엄지를 치켜세우는 것이 '좋다, 괜찮다.'라는 의미를 나타냅니다. 그런데 이 모양이 이라크에서는 경멸을 뜻하게 됩니다.

그리고 다른 손가락은 편 채 엄지와 검지로 둥근 모양을 만들어 보이면 우리나라는 주로 돈의 뜻으로 쓰이지만, 미국에서는 'OK'의 의미로 쓰입니다. 그런데 브라질 여성에게는 외설적인 표현으로 받아들여지게 된다고 합니다.

검지로 자신의 이마를 톡톡 두드리면 우리나라에서는 표정에 따라 '골치 아프네.' 혹은 '머리를 써야지.' 등의 의미로 쓰이지만, 미국에서는 '똑똑하다'라는 뜻으로, 네덜란드에서는 제정신이 아니란 의미로 쓰입니다. 따라서 외국인을 상대로 제스처를 쓸 때는 그 나라의 문화적 특성을 미리 알아 둘 필요가 있습니다. 그래야 쓸데없는 오해를 불러오지 않겠지요.

우리나라에서는 '애인 있느냐?'라고 물을 때 소지(새끼손가락)를 세워 보이지만, 미국인들에겐 이것이 '하찮은 것'이란 의미로 받아들여지게 됩니다.

승리를 표현할 때 우리도 검지와 중지를 활용해서 V자를 그립니다. 그런데 외국인들에게 쓸 때는 손바닥이 상대 쪽을 향하면 '승리'의 뜻이 되지만 반대로 손등이 상대 쪽으로 향하면 '경멸'의 의미가 돼 버리므로 유의해서 표현해야 합니다.

손가락을 움직이는 습성도 나라에 따라 달라지는 모습을 보이기도 합니다. 숫자를 카운트할 때 우리나라는 먼저 손을 편 다음 엄지손가락부터 하나씩 굽히며 세는 데 비해 미국인들은 주먹을 움켜쥔 다음 하나씩 펴면서 세는 모습을 보입니다.

인류의 음성 언어 발생 이전부터 존재했던 신체언어는 아직도 큰 영향을 발휘하고 있습니다. 효과가 큰 만큼 적극적으로 활용하되 문화적 특성과 차이를 고려해서 지혜롭게 사용해야 할 겁니다.

실용 Talk

실용 제스처(practical gesture)

언제 어느 때 사용해도 어울리고 실용적인 제스처라고 생각해서 '실용 제스처'라고 이름을 붙였습니다. 이 제스처는 한때 정치인들의 홍보 포스터를 통해 많이 볼 수 있었던 제스처입니다. 즉 얼굴엔 환한 미소를 지으면서 양팔을 자연스럽게 벌린 제스처입니다.

다시 말씀드려서 이 제스처는 우리가 흔히 "이 분은 ~" 하면서 한쪽 손을 내밀며 누구를 소개하거나, "이쪽입니다."와 같이 상대방을 한쪽 손으로 안내할 때 쓰는 제스처를 양쪽으로 모두 표현한 모습입니다. 이제 어떤 제스처인지 연상이 되시나요?

이 제스처를 처음엔 왼손(혹은 오른손), 다음번엔 오른손(혹은 왼손), 그다음엔 양손으로 번갈아 사용한다면 어색하지 않고 언제 어느 때 사용하더라도 좋은 제스처가 될 수 있습니다.

특히 표현하고자 하는 문장이 '선과 악, 구원과 멸망, 사랑과 미움'과 같이 대조를 나타낼 때는 더욱 잘 어울립니다. 그럼, 아래 문장을 밑줄 친 부분만 위에서 말씀드렸던 방법으로 제스처를 활용해 볼까요?

"죽느냐 사느냐 이것이 문제로다."

'죽느냐'를 만일 왼손을 앞으로 내밀며 표현했다면, '사느냐'는 오른손으로 표현하면 되겠죠? 다음 '문제로다'를 양손으로 표현할 때는 '죽느냐'와 '사느냐'를 표현했던 양손을 '이것이'를 말할 때 자기 몸쪽으로 살짝 구부렸다가 폄과 동시에 '문제로다'의 '문'을 말해야 합니다.

왜냐하면, 음성 표현과 제스처는 타이밍이 맞아야 효과적이기 때문입니다. 아울러 제스처의 생명은 자연스러움에 있다는 것을 유념하면서 실용 제스처를 실생활에서 반복 훈련하시길 바랍니다.

(3) 자세

1. 스피치의 등단 자세*(스피치의 소리 없는 시작)

1) 1단계 : 등단 준비

구두·헤어·복장 등을 단정히 점검해 등단을 미리 준비하고 있어야 합니다. 특히 의상은 말 없는 자기소개서라고 할 만큼 첫인상을 좌우하게 되므로 단정하게 신경 써야 합니다. 예를 들어 상의 단추는 채우는 것이 예의이므로 미리 채우고 있어야 합니다. 즉 채우면서 등단하는 일이 없도록 하기 위함입니다.

참고로 단추가 세 개인 경우는 위에서부터 두 개만 채우고, 두 개인 경우는 한 개만 채웁니다.

2) 2단계 : 구분된 동작

호명되면 우선 자리에서 일어나 바로 선 다음, 무대를 향해 나가고자 방향을 바꾸어 주는 것이 순서입니다. 그런 다음, 무대의 중심이나 연단 위에 탁자가 놓인 경우는 탁자까지 적당한 걸음걸이로 침착하게 걸어나갑니다. 즉 자리에서 일어나면서 연단을 향해 나오는 구부정한, 엉거주춤한 상태를 만들지 말라는 겁니다.

한 동작이 끝났을 때 다음 동작을 진행해야 반듯한 인상을 심어 주게 됩니다.

3) 3단계 : 시선 수평 유지

이때 시선은 연단을 향해 수평을 유지해야 하며, 팔은 가볍게 흔들어 줍니다. 고개를 숙이고 나오는 모습과 팔을 붙이고 나오는 모습은 자신 없는 모습으로 비치게 됩니다.

4) 4단계 : 마이크 조정

연설용 탁자에 있는 마이크의 높이를 조정하거나 혹은 빼서 손에 들고 사용합니다. 이때 마이크는 가능하면 왼손에 듭니다. 왜냐하면, 오른손을 사용하는 사람이 많아서 마이크를 왼손에 들어야 오른손으로 판서하거나 제스처를 사용할 수 있기 때문입니다. 마이크는 아랫입술 밑으로 조정해서 얼굴을 가리지 않도록 신경 써야 합니다.

그리고 마이크를 빼서 손에 쥘 경우 마이크의 중간 정도를 잡는 것이 보기가 좋습니다. (마이크에 따라 위치가 다르긴 하겠지만, 흔히 접하는 유선 마이크는 중간에 스위치가 있습니다.) 즉 스위치가 엄지에 닿을 수 있는 위치 정도면 적당합니다.

또한, 마이크를 쥘 때는 손가락을 비스듬하게 만들어 마이크를 쥔 손에 힘을 빼는 것이 좋습니다. 너무 꽉 쥐어 정권이 선명하게 드러나게 되면 힘이 들어가 보여 자연스러움을 잊게 됩니다.

5) 5단계 : 끝인사

마이크 조정이 끝나면 청중을 2~3초간 천천히 쭉 둘러본 후 연설용 탁자에서 뒤로 한 걸음 물러나 혹은 탁자 옆으로 나와 허리를 숙여 인사합니다. 물론 연설용 탁자가 없는 경우에는 무대의 중앙에서 같은 방법으로 허리를 숙여 인사하면 됩니다.

이때 자신의 시선이 발끝에서부터 청중 방향으로 1.5~2m 정도(약 45~60도 정도)가 됐을 때 약 1~2초간 멈춰 줍니다. 그럼으로써 정중한 느낌을 청중에게 줄 수 있습니다. 또한, 연사에게는 청중의 박수를 충분히 받을 수 있는 이점이 있습니다.

인사할 때 또 한 가지 유의할 사항은 미소를 머금은 얼굴로 청중을 대하라는 겁니다. 즉 허리를 숙였을 때는 오만 가지 인상(?)을 다 썼다 하더라도 허리를 펴고 청중을 대할 때는 환한 미소로 밝은 표정을 지어야 좋은 분위기를 이끌어 갈 수 있습니다.

 **실용 Tip**

*스피치의 등단 자세

연설용 탁자가 연사의 키와 비교했을 때 높다고 생각이 든다면, 혹은 연사가 인사를 하고자 뒤로 한걸음 물러날 때 무대 조건상(청중석이 무대보다 낮은 경우) 청중이 연사의 모습을 잘 볼 수가 없다고 판단될 때는 옆으로 나와서 인사를 합니다.

이때 연설용 탁자의 앞쪽(청중이 볼 때 가까운 쪽) 끝 선과 연사의 발끝이 일치하면 더욱 보기 좋습니다.

또 한 가지 유념해야 할 점은 인사가 끝난 후 연설용 탁자로 다시 돌아갈 때 등을 보이지 않도록 합니다. 즉 돌아서 등을 보이며 들어가지 말고 옆으로 걸어서 비스듬히 들어갈 수 있도록 합니다.

요령을 소개하자면 우선 한발을 뒤로 빼고 방향을 연설용 탁자 쪽으로 바꾸면서 비스듬히 걸어 들어가는 겁니다.

변화의 과정에는 어색함이 뒤따릅니다. **스피치의 등단 자세**가 익숙하고 자연스러운 자세가 될 수 있도록 반복 연습·훈련하시길 바랍니다.

2. 스피치의 연단 자세(우리의 몸은 입보다 더 많은 말을 합니다.)

1) **1단계 : 기본자세**

인사가 끝난 후 호흡을 가다듬으며 연단에서의 기본자세를 갖춥니다. 즉 고개는 들고 어깨와 허리는 펴고, 양발은 어깨너비 정도로 벌려 안정된 자세를 취합니다. 이때 초보자일수록 자기도 모르는 사이에 짝 다리를 취하거나 어깨에 쓸데없이 과도한 힘이 들어갈 수 있으므로 주의해야 합니다.

이것에 대한 하나의 **해결 방법을 제시하자면** 그것은 양쪽 엄지발가락에 지그시 힘을 주는 겁니다. 그렇게 함으로써 한쪽 다리에 힘이 쏠리는 짝 다리도 예방할 수 있고,

어깨에 힘이 들어가는 것도 막을 수 있습니다. 어깨와 발가락 두 곳 모두 힘을 줄 수 없기 때문에 우리의 눈에 보이지 않는 발가락 끝에 힘을 주는 것은 어깨에 들어갈 힘을 빼는 하나의 방법이 됩니다. 직접 활용해 보시길 바랍니다.

2) 2단계 : 손 처리

연단 경험이 거의 없는 초보자일수록 스피치를 할 때 손을 어떻게 처리해야 좋을지 난감해 하며 거추장스럽다는 표현을 많이 합니다. 그렇지만 익숙해지면 거추장스럽던 그 손은 스피치의 절대적인 도우미가 됩니다. 연단에서의 손의 위치는 다음과 같은 세 가지로 나눌 수 있습니다.

첫째, 바지 재봉선에 주먹을 가볍게 말아 쥐는 경우입니다.
둘째, 제스처를 쓰는 경우입니다.
셋째, 연설용 탁자 끝머리에 손가락을 살며시 올려놓는 경우입니다.

이상 세 가지 손의 위치를 번갈아 가며 잘 활용해 나간다면 손은 발표를 돕는 스피치의 절대적인 도우미가 될 겁니다.

3) 3단계 : 시선 처리

시선은 청중을 골고루 쳐다보는 것을 원칙으로 하지만, 처음 잠깐은 표정이 밝고 부드러운 청중을 보고 1대 1로 대화하는 기분으로 스피치를 하는 것이 긴장 해소 등 여러모로 도움이 됩니다. 그러나 잠깐임을 유념해야 합니다.

그리고 다른 사람으로의 시선 이동에 대해서는 시간 단위가 아닌 문장 단위로 이동해야 바람직합니다. 즉 2~3초 간격처럼 시간을 정해 놓고 기계적으로 시선을 이동하는 것이 아니라 문장 단위로 한 문장이 끝났을 때 시선 이동을 하라는 겁니다.

4) 4단계 : 표정 관리

밝은 표정을 기본으로 하지만 연사는 연기자처럼 얘기하라는 말이 있듯이 슬픈 얘기를 할 때는 슬픈 표정을, 기쁜 얘기를 할 때는 기쁜 표정을 지어야 합니다. 연사가 먼저 감동하지 않으면 청중에게 감동을 줄 수 없습니다. "연사라는 성냥개비에 불이 붙어야 청중이라는 장작에 불을 붙일 수 있다."라는 말이 있습니다.

5) 5단계 : 제스처

제스처는 보통 시작·완성·복귀의 과정을 거칩니다. 그러나 모든 제스처에 적용되진 않습니다. 왜냐하면, 제스처의 생명은 자연스러움에 있기 때문입니다. 따라서 시작·완성을 거쳐 복귀로 가지 않고 바로 다음 제스처로 갈 수도 있다는 말입니다.

그리고 스피치할 때 청중을 보고 스피치하듯이 제스처를 사용할 때 역시 청중을 보고 제스처하는 것이 자연스럽다고 생각합니다. 단, "그 빨대의 모양이 이렇게 휘어져 있었어." 등과 같이 제스처의 모양을 보지 않고는 짐작하기 어려운 묘사와 같은 표현을 제스처로 사용할 때는 손끝을 바라보는 것이 자연스러울 수 있습니다.

3. 스피치의 하단 자세(소리 없는 마지막 스피치)

1) 1단계 : 청중에게 인사

스피치가 끝난 후 지금까지 자신의 얘기를 잘 경청해 준 청중에게 감사의 뜻을 담아 감사의 눈빛으로 청중을 쭉 둘러보고 정중하게 인사합니다.

2) 2단계 : 정면을 다시 응시

청중에게 인사 후 유념해야 할 사항은 정면을 다시 쳐다보고 자리로 향해야 한다는 겁니다. 인사 후 바로 자리로 향하게 된다면 등단 자세에서 설명했던 "한 동작이 끝났을 때 다음 동작을 진행하라."라는 말에 어긋나는 자연스럽지 못한 엉거주춤한 행동이 나오기 때문입니다.

3) 3단계 : 시선 수평 유지

하단 시 시선은 등단 자세와 마찬가지로 수평을 유지해야 하고, 팔은 가볍게 흔들어 줍니다. 고개를 숙이고 나오는 모습과 팔을 붙이고 퇴장하는 모습은 자신 없는 모습, 소극적인 모습으로 비치게 됩니다. 발표를 만족스럽게 마친 연사로서의 환한 표정을 지어 줘야 합니다. 왜냐하면, 청중은 최신성의 원리에 의해 연사가 맨 마지막에 보여준 그 표정이 기억 속에 가장 선명하게 오래 남아 있기 때문입니다.

4) 4단계 : 착석

자리에 도착 후 방향을 틀고 차분하게 앉습니다.

5) 5단계 : 여운

청중이 연사로부터 감동한 만큼 연사가 자리에 앉고 난 후에도 계속 주시하고 있다는 사실을 잊어서는 안 됩니다. 끝까지 방심하지 않는 태도가 중요합니다.[1]

위에서 살펴본 표정 연기와 제스처 이외에도 시선 처리, 자세 등이 있습니다. 더 자세한 내용은 『파워 스피치 특강』 311쪽 제5강 스피치 트레이닝 '제9장. 신체 표현'과 『파워 프레젠테이션 특강』 137쪽 3편 프레젠테이션 표현력 업그레이드 '2강. 신체 표현 UP'을 참고하시길 바랍니다.

---

1   WOW SPEECH 참고.

부록 3

파워 실용 스피치를 위한
우리말 스피치의 올바른 표현

(1) 충격적인 맞춤법 실수 1위에 '감기 빨리 낳으세요.'

모 사이트에서 2014년 10월 9일 한글날을 앞두고 대학생 617명을 대상으로 맞춤법에 대한 설문조사를 시행한 결과 충격적인 맞춤법 실수 1위에 '감기 빨리 낳으세요.'가 꼽혔습니다. '낳다'와 '낫다'를 제대로 구분하지 못한 결과입니다. '낳다'는 (사람

이나 동물이) 배 속의 아이 또는 새끼나 알을 몸 밖으로 내놓거나 어떤 결과를 가져오는 것을 뜻합니다. 예를 들면 '아들을 낳다.'와 같이 활용됩니다. 그리고 '낫다'는 병이나 상처가 없어지는 것이나 제품의 질 혹은 성능 등의 정도가 견주는 대상보다 좋거

나 앞서 있음을 의미합니다. 예를 들면 '상처가 나았다, 겨울보다 여름이 낫다, 뽀루지가 났다, 병이 다 나았다.' 등으로 활용될 수 있습니다.

계속해서 충격적인 맞춤법 실수 1위에 이어 '어의가 없어요. (12.6%)'와 '얼마 전에 들은 예기가 있는데요. (11.7%)'가 충격적인 맞춤법 실수 2, 3위를 차지했습니다. 또 '저한테 일해라절해라 하지 마세요. (10.0%), 이 정도면 문안하다. (7.3%), 구지 그렇게까지 해야 할까요? (6.0%)'도 4, 5, 6위를 차지하면서 충격적이라 지목 받았습니다. 그밖에 충격적인 맞춤법 실수 공동 7위라고 할 수 있는 소수 의견으로는 '교수님이 오시래요, 설앞장이 안 열려요, 무리를 일으켜서 죄송합니다, 에어컨 시래기가 고장 났어요.' 등으로 나타났습니다.

따라서 잘못된 위 예문을 올바른 표현으로 바꿔 보면 '감기 빨리 나으세요, 어이가 없어요, 얼마 전에 들은 얘기가 있는데요, 저에게 이래라저래라 하지 마세요, 이 정도면 무난하다, 굳이 그렇게까지 해야 할까요?, 교수님이 오래요. 혹은 교수님께서 오라고 하십니다, 서랍장이 안 열려요, 물의를 일으켜서 죄송합니다, 에어컨 실외기가 고장 났어요.'와 같습니다.

이 밖에도 '설레임'이라고 우리가 흔히 접하고 있는 이 단어는 '설렘'이라고 표기하는 것이 옳고, 또 평소 사용하는 '단언컨데'라는 단어도 '단언컨대'라고 써야 바른 표기가 됩니다. 그리고 발음 나는 대로 표기하는 '오랫만이야'는 '오랜만이야'가, '정답을 맞추다.'는 '정답을 맞히다.'가 올바른 표기법입니다.

위 설문조사의 결과를 보게 되면 우리나라 대학생들의 대다수는 호감이 있던 이성이 습관적으로 맞춤법을 틀리게 쓸 경우에는 호감도가 급격히 떨어지는 것으로 나타났습니다. 이 얘기는 설문조사에 참여한 대학생들에게만 국한된 얘기는 아닐 거라고 봅니다. 어쨌든 전체 응답자 중에서 여학생은 92.9%가, 남학생은 79.6%가 맞춤법을 습관적으로 틀리게 쓰는 이성에 대해서 호감도가 급격히 떨어진다고 하니 이제 맞춤법에도 각별한 신경을 써야 할 듯합니다.

(2) 자주 틀리는 맞춤법의 올바른 표현

1) 가능한 빨리(×) → 가능한 한 빨리(○), 되도록 빨리(○)
2) 가벼히(×) → 가벼이(○)
3) 간지르다(×) → 간질이다(○)
4) 값진(×) 동메달 → 값진(○) 동메달
5) 개가 짓다(×) → 개가 짖다(○)
6) 개거품(×) → 게거품(○)
7) 개구장이(×) → 개구쟁이(○)
8) 개나리봇짐(×) → 괴나리봇짐(○)
9) 개발새발(×) → 괴발새발(○)
10) 건들이다(×) → 건드리다(○)
11) 건물이 낫다(×) → 건물이 낮다(○)
12) 건물폐쇠(×) → 건물폐쇄(○)
13) 게슴치레(×) → 게슴츠레(○)
14) 게슴치레(×) → 거슴츠레(○)
15) 고샅(×) → 고샷(○)
16) 골치꺼리(×) → 골칫거리(○)
17) 꼽빼기(×) → 곱빼기(○)
18) 구렛나루(×) → 구레나룻(○)

> **실용 Tip** 나룻은 수염을 뜻하는 토박이말입니다. 그리고 구레나룻은 말이나 소를 부리기 위해 머리와 목에서 고삐에 걸쳐 얽어매는 줄인 굴레와 나룻이 합쳐진 굴레나룻이 변해서 된 말입니다. 즉 구레나룻은 굴레처럼 귀밑에서 턱 쪽으로 길게 난 수염이라는 뜻입니다.

19) 구태어(×) → 구태여(○)
20) 굼뱅이(×) → 굼벵이(○)

21) 궁시렁거리다(×) → 구시렁거리다(○)

22) 귀뜸(×) → 귀띔(○)

23) 그는 천상 가수다(×) → 그는 천생 가수다(○)

24) 그럴려고(×) → 그러려고(○)

> **실용 Tip** 어미 '-려니-, -려다, -려면-, -려고-, -려는' 등을 흔히 'ㄹ' 받침이 없는 동사에 'ㄹ'을 첨가해서 쓰는 경우를 보는데 이는 잘못입니다. '사다'와 '살다'처럼 잘못 표기하면 전혀 다른 뜻이 될 수도 있으므로 주의해야 합니다.

25) 금새 → 금세(○)

> **실용 Tip** 단, '금새'가 '물건의 시세나 값'의 의미로 쓰였다면 옳습니다. '금세'는 '금시에'의 줄임말로 '지금 바로'의 뜻입니다.

26) 기지게(×) → 기지개(○)

27) 김치를 담궜다(×) → 김치를 담갔다(○)

> **실용 Tip** '담구다'는 비표준어입니다. 액체 속에 물건을 넣거나 김치나 술 등의 발효 식품을 만들어 그릇에 넣거나 하는 것 모두 다 '담그다'를 써야 합니다. 기본형은 '담그다'입니다. '담그다, 담가, 담갔다'(○)

> 담그-아 → 담가(모음 어미 앞에서 '으' 탈락)
> 담그-았-다 → 담갔다(모음 어미 앞에서 '으' 탈락)

28) 깎두기(×) → 깍두기(○)

29) 깔대기(×) → 깔때기(○)

30) 깡총깡총(×) → 깡충깡충(○), 껑충껑충(○)

31) 꼴이 과간이다(×) → 꼴이 가관이다(○)

32) 꼼꼼이(×) → 꼼꼼히(○)

> **실용 Tip** '꼼꼼이'와 '꼼꼼히'가 구분 안 되면 뒤에 '하다'를 붙여 봅니다.
> 즉 뒤에 '하다'를 붙여서 말이 되면 '히', 말이 안 되면 '이'를 쓰면 됩니다.
> (ex : 일일이, 꼼꼼히, 곰곰이, 깊숙이
> 단, '깨끗이'는 제외. '깨끗히'가 아니라 '깨끗이'가 맞습니다.)

33) 끝으머리(×) → 끄트머리(○)

34) 나드리(×) → 나들이(○)

35) 나에 사랑(×) → 나의 사랑(○)

> **실용 Tip** '에'는 방향을, '의'는 소유를 나타냅니다.
> (ex : 너에게 간다./ 나의 사랑)

36) 나침판(×) → 나침반(○)

37) 납짝하다(×) → 납작하다(○)

38) 낭떨어지(×) → 낭떠러지(○)

> **실용 Tip** '절벽'을 뜻하는 말은 소리 나는 대로 표기한 '낭떠러지'를 표준어로 인정합니다.

39) 내노라하다(×) → 내로라하다(○)

> **실용 Tip** '내로라'라는 말은 '나이로라'라는 말의 준말 형태로, '바로 나다.' 하고 자신만만하게 말한다는 뜻입니다. 주로 '내로라하는' 형태로 많이 쓰이며 한 단어이기 때문에 붙여서 말하는 사람이 자신을 의식적으로 드러내어 말할 때 사용합니다.

40) 널부러지다(×) → 널브러지다(○)

41) 널직하다(×) → 널찍하다(○)

42) 널판지(×) → 널빤지(○)

43) 높은 취사율(×) → 치사율(○)

44) 누른밥(×) → 눌은밥(○)

45) 눈꼽(×) → 눈곱(○)

46) 눈쌀(×) → 눈살(○)

47) 느즈막하다(×) → 느지막하다(○)

48) 다리가 얇다(×) → 다리가 가늘다(○)

49) 닥달하다(×) → 닦달하다(○)

50) 댓가(×) → 대가(○)

51) 덩쿨(×) → 덩굴(○)

52) 도데체(×) → 도대체(○)

> **실용 Tip** '도대체'와 비슷한 의미로 '대관절'이라는 표현도 사용할 수 있습니다.

53) 도찐개찐(×) → 도긴개긴(○)

> **실용 Tip** 이 표현에서는 '긴'을 쓰는 것이 맞습니다. '긴'은 '윷놀이에서 자기 말로 남의 말을 쫓아 잡을 수 있는 거리'를 가리키는 말입니다. 그러니까 '도긴' 하면 한 칸 앞에 남의 말이 있다는 뜻이 되고, '개긴' 하면 두 칸 앞에 남의 말이 있다는 뜻이 됩니다.
> 따라서 '도긴개긴'은 한 칸 떨어져 있으나 두 칸 떨어져 있으나 거기서 거리라는 말로, 뭐가 더 낫거나 좋다고 할 게 없을 때 쓰는 말입니다.

54) 돈을 깍아주다(×) → 돈을 깎아주다(○)

55) 돈을 맞기다(×) → 돈을 맡기다(○)

56) 돋자리(×) → 돗자리(○)

57) 돌맹이(×) → 돌멩이(○)

58) 돌뿌리(×) → 돌부리(○)

59) 동거동락(×) → 동고동락(○)

60) 되물림(×) → 대물림(○)

61) 됬다(×) → 됐다(○)

62) 두루말이(×) → 두루마리(○)

63) 뒤치닥꺼리(×) → 뒤치다꺼리(○)

64) 뒷꿈치(×) → 뒤꿈치(○)

65) 뒷탈(×) → 뒤탈(○)

66) 뒷태(×) → 뒤태(○)

> **실용 Tip** 한글 맞춤법 제30항에 따르면 뒷말의 첫소리가 본래 된소리나 거센소리이면 사이시옷을 받치어 적지 않습니다.

67) 들어나다(×) → 드러나다(○)

> **실용 Tip** '드러나다'는 '가려 있거나 보이지 않던 것이 보이게 되다, 알려지지 않은 사실이 널리 밝혀지다.'라는 뜻입니다. 한편 '들어나다'는 하나의 낱말로 사전에 올라 있지 않은 말이며, '드러내다'를 잘못 유추해서 쓰는 말입니다.

68) 등살(×) → 등쌀(○)

69) 따 논 당상(×) → 떼어 논 당상(○)

> **실용 Tip** '당상'은 조선시대의 3품 이상의 높은 벼슬입니다. 따라서 당상은 따는 것이 아닙니다. 이와는 달리 사과나 배 등 과일은 '딴다'는 표현이 맞습니다.

70) 떡볶기(×) → 떡볶이(○)

71) 뗄레야 뗄 수 없는(×) → 떼려야 뗄 수 없는(○)

> **실용 Tip** '뗄레야'는 '떼려야'로 표현하는 것이 올바른 표현입니다. 또한, '떼려야'는 '떼려고 하여야'가 줄어든 말입니다.

72) 띄워쓰기(×) → 띄어쓰기(○)

73) 많이 놀래다(×) → 많이 놀라다(○)

74) 멋적다(×) → 멋쩍다(○)

75) 명예회손(×) → 명예훼손(○)

> **실용 Tip** 명예훼손(名譽毁損)의 뜻은 공공연하게 다른 사회적 평가를 떨어뜨리는 사실 또는 허위 사실을 지적하는 일입니다.

76) 몇일(×) → 며칠(○)

> **실용 Tip** '그달의 몇째 되는 날'을 뜻하는 말은 항상 '며칠'로 써야 바릅니다.

77) 문을 잠궜다(×) → 문을 잠갔다(○)

78) 물을 들이키다(×) → 물을 들이켜다(○)

79) 뭉게다(×) → 뭉개다(○)

80) 뭍다(×) → 묻다(○)

> **실용 Tip** '뭍다'라는 말은 없습니다. '옷에 묻다, 선생님께 묻다, 땅에 묻다.'가 올바릅니다.

81) 미담의 장본인(×) → 미담의 주인공(○)

> **실용 Tip** '장본인'은 부정적인 의미로 쓰일 때 사용됩니다.
> (ex : 그 사람이 바로 남대문에 불을 지른 장본인입니다.)

82) 미쳐(×) → 미처(○)

83) 민겨지지(×) → 믿어지지(○)

84) 바꼈다(×) → 바뀌었다(○)

85) 발목이 얇다(×) → 발목이 가늘다(○)

86) 발자욱(×) → 발자국(○)

87) 밥을 짖다(×) → 밥을 짓다(○)

88) 배게(×) → 베개(○)

89) 백분률(×) → 백분율(○)

90) 번번히(×) → 번번이(○)

91) 법적조취(×) → 법적조치(○)

92) 복걸복(×) → 복불복(○)

93) 봉숭화(×) → 봉숭아(○), 봉선화(○)

94) 부착물을 띄다(×) → 부착물을 떼다(○)

95) 불그락 푸르락(×) → 붉으락 푸르락(○)
96) 붓두껑(×) → 붓두껍(○)
97) 비게(×) → 비계(○)
98) 빈털털이(×) → 빈털터리(○)

> **실용 Tip** 털털 : (부사) 아무 것도 남지 아니하게 죄다 털어 내는 모양 ≒ 털터리

99) 사겼다(×) → 사귀었다(○)
100) 사흘날(×) → 사흗날(○)
101) 삯월세(×) → 사글세(○)
102) 산봉오리(×) → 산봉우리(○)
103) 산수갑산(×) → 삼수갑산(○)
104) 삼짓날(×) → 삼짇날(○)
105) 살고기(×) → 살코기(○)
106) 삿바(×) → 샅바(○)
107) 서슴치(×) → 서슴지(○)
108) 설겆이(×) → 설거지(○)
109) 섯달(×) → 섣달(○)
110) 성대묘사(×) → 성대모사(○)
111) 송두리채(×) → 송두리째(○)
112) 술레잡기(×) → 술래잡기(○)
113) 숫개(×) → 수캐(○)

> **실용 Tip** 수컷을 뜻하는 접두사는 '수'로 통일합니다.
> 접두사 다음에서 나는 거센소리를 인정합니다.
> 접두사 '암-'이 결합하는 예에도 이에 준합니다.

114) 숫고양이(×) → 수고양이(○)
115) 숫돼지(×) → 수퇘지(○)
116) 쉽상(×) → 십상(○)

> **실용 Tip** '십상'은 열에 여덟이나 아홉 정도로 거의 예외가 없음을 뜻하는 단어인 십상팔구(十常八九)에서 나온 한자어입니다.

117) 실증(×) → 싫증(○)

118) 심여를 기울이다(×) → 심혈을 기울이다(○)

> **실용 Tip** '노력을 하다, 정성을 들이다.'의 뜻으로 쓸 때는 마음과 몸을 아울러 이르는 '심혈'이 적절합니다.

119) 쌍커풀(×) → 쌍꺼풀(○)

120) 써 있다(×) → 쓰여 있다(○)

> **실용 Tip** '써'는 '쓰여, 써져, 씌어'로 표현하는 것이 바릅니다.

121) 아구찜(×) → 아귀찜(○)

122) 안밖(×) → 안팎(○)

123) 안성마춤(×) → 안성맞춤(○)

124) 안주일절(×) → 안주일체(○)

125) 알멩이(×) → 알맹이(○)

126) 암개(×) → 암캐(○)

127) 암돼지(×) → 암퇘지(○)

128) 암코양이(×) → 암고양이(○)

129) 야밤도주(×) → 야반도주(○)

130) 애띠다(×) → 앳되다(○)

131) 어줍잖다(×) → 어쭙잖다(○)

> **실용 Tip** - 어쭙잖다 : (대상이) 드러내어 내세우기에 보잘것없거나 어설픈 상태에 있다.
> - 어줍다 : 말이나 행동이 익숙지 않아 서투르고 어설프다.

132) 얽히고 섥히다(×) → 얽히고설키다(○)

133) 엄한(×) → 애먼(○)

> **실용 Tip** '애먼'은 일의 결과가 다른 데로 돌아가 억울하게 느껴지는 것으로 '애매하게 딴'의 뜻입니다. (ex : 애먼 사람 욕 먹이지 마십시오.)

134) 역활(×) → 역할(○)

135) 염두해 두고(×) → 염두에 두고(○)

136) 요금을 깍다(×) → 요금을 깎다(○)

137) 요금활인(×) → 요금할인(○)

138) 요세(×) → 요새(○)

> **실용 Tip** '요새'는 '요사이'의 줄임말로 '이제까지의 매우 짧은 동안'의 뜻입니다.

139) 요컨데(×) → 요컨대(○)

140) 우뢰(×) → 우레(○)

> **실용 Tip** '우레'가 표준어입니다. 예전에는 '우뢰(雨雷)'로 쓰기도 했는데 이는 우리말 '우레'를 한자어로 잘못 인식해서 적은 겁니다. '우레'와 같은 의미인 '천둥'도 표준어입니다.

141) 운명을 달리하다(×) → 운명하다(○), 유명을 달리하다(○)
142) 움추리다(×) → 움츠리다(○)
143) 웅큼(×) → 움큼(○)
144) 윗층(×) → 위층(○)
145) 육계장(×) → 육개장(○)
146) 일찌기(×) → 일찍이(○)

> **실용 Tip** 한글 맞춤법 제25항 '더욱이, 일찍이, 오뚝이'는 '더욱, 일찍, 오뚝'과의 관련성을 고려해서 원형을 밝혀 적습니다. 따라서 '더우기, 일찌기, 오뚜기'로 적지 않습니다.

147) 임마(×) → 인마(○)(이놈아의 준말)
148) 장농(×) → 장롱(○)
149) 재대로(×) → 제대로(○)
150) 재털이(×) → 재떨이(○)

> **실용 Tip** '털다'는 흔들거나 치거나 해서 떼어낸다는 뜻이고, '떨다'는 쳐서 떼어낸다는 의미입니다. 따라서 재떨이가 옳은 표현입니다. 먼지떨이도 마찬가지입니다.

151) 저렴한 인권비(×) → 저렴한 인건비(○)
152) 저희나라(×) → 우리나라(○)
153) 절대절명(×) → 절체절명(○)
154) 제껴 놓다(×) → 제쳐 놓다(○)
155) 제작년(×) → 재작년(○)
156) 주야장창(×) → 주야장천(○)

> **실용 Tip** '주야장천(晝夜長川)'은 '밤낮을 가리지 않고 연달아'의 뜻입니다.

157) 줏어(×) → 주워(○)
158) 중퇴에 빠지다(×) → 중태에 빠지다(○)
159) 지원자가 원서를 접수하다(×) → 지원자가 원서를 제출하다(○)

160) 진실이 들어나다(×) → 진실이 드러나다(○)

161) 짜집기(×) → 짜깁기(○)

> **실용 Tip** 짜집기는 짜깁기의 잘못된 표현입니다. 짜깁기는 직물의 찢어진 곳을 그 감의 올을 살려 본디대로 흠집 없이 짜서 깁는 일을 말합니다.

162) 째째하다(×) → 쩨쩨하다(○)

163) 쭈꾸미(×) → 주꾸미(○)

164) 찌게(×) → 찌개(○)

165) 찹찹하다(×) → 착잡하다(○)

166) 찾길 바래(×) → 찾길 바라(○)

> **실용 Tip** 바래다는 '색이 변하다.'의 뜻이고, '바라다'는 '원하다'의 뜻입니다.

167) 초죽음(×) → 초주검(○)

> **실용 Tip** '두들겨 맞거나 병이 깊어서 거의 다 죽게 된 상태' 또는 '피곤함에 지쳐서 꼼짝을 할 수 없게 된 상태'를 뜻하는 말은 '초주검'으로 씁니다.

168) 총뿌리(×) → 총부리(○)
169) 추켜올리다(×) → 추어올리다(○)

> **실용 Tip** '추어올리다'는 '정도 이상으로 칭찬하여 주다.'의 뜻입니다.

170) 치루다(×) → 치르다(○)
171) 칠흙(×) → 칠흑(○)
172) 크리스마스 캐롤(×) → 크리스마스 캐럴(○)
173) 통채로(×) → 통째로(○)
174) 트름(×) → 트림(○)
175) 풍댕이(×) → 풍뎅이(○)
176) 풍지박산(×) → 풍비박산(○)
177) 피로회복(×) → 피로해소(○), 원기회복(○)
178) 하마트면(×) → 하마터면(○)
179) 한약을 다리다(×) → 한약을 달이다(○)
180) 할께요(×) → 할게요(○)

> **실용 Tip** 어미에서 '-ㄲ/ㅆ/ㅉ'은 '-ㄱ/ㅅ/ㅈ'으로 써야 합니다.
> 할쑤록(×) → 할수록(○)

181) 햇님(×) → 해님(○)

> **실용 Tip** 사이시옷은 순우리말로 된 합성어로서 앞 말이 모음으로 끝난 경우에 적습니다. 그런데 '해님'은 명사 어근 '해'와 접미사 '-님'이 결합된 파생어입니다. 따라서 사이시옷을 적지 않습니다.

182) 핼쓱하다(×) → 핼쑥하다(○)
183) 행가래(×) → 헹가래(○)
184) 허드래(×) → 허드레(○)
185) 헬쓱해 보이시네요(×) → 헬쑥해 보이시네요(○)
186) 홀홀단신(×) → 혈혈단신(○)
187) 환골탈퇴(×) → 환골탈태(○)

188) 홧병(×) → 화병(○)

189) 후즐근하다(×) → 후줄근하다(○)

190) 희안하다(×) → 희한하다(○)

> **실용 Tip** '희한하다'의 사전적 의미는 '매우 드물거나 신기하다.'입니다.

(3) 쓰임새에 맞는 표현

① 가리킨다 / 가르친다

"제가 가리켰던 제자 중에 미국 하버드대학교에 입학한 학생이 3명이나 됩니다."

'가리킨다'와 '가르친다'의 표현은 알고 있으면서도 습관적으로 잘못 쓰는 경우가 많습니다. 가리킨다는 말은 어떤 사물이나 방향을 손가락으로 알려줄 때에 쓰는 말이지 지도한다는 뜻은 아닙니다. 위의 경우에는 '가르쳤던 제자'로 바꿔 말해야 합니다.

"제가 가르쳤던 제자 중에 미국 하버드에 입학한 학생이 3명이나 됩니다."

② 다른 것 / 틀린 것

"이번에 출시한 신제품은 기존 제품과 완전히 틀린 것입니다."

'다른 것'과 '틀린 것'의 구별을 제대로 하지 않는 경우를 자주 봅니다.

'틀리다'라는 표현은 '옳지 않다.'라는 뜻입니다. 즉 '계산이나 예측·사실 따위가 맞지 않고 어긋나다.'의 뜻으로 반의어는 '맞다'와 '옳다'입니다.

'다르다'라는 표현은 '어떤 것이 다른 것과 어떤 점이 서로 같지 않다.'의 뜻으로 반의어는 '같다'입니다. 따라서 위의 경우에는 '완전히 다른 것입니다.'로 바꿔 말해야 합니다.

"이번에 출시한 신제품은 기존 제품과 완전히 다른 것입니다."로 바꾸도록 합니다.

③ 두껍다 / 두텁다

　　"우리나라 야구 선수층은 두텁다."

눈에 보이는 것이면 '두껍다', 보이지 않는 것이면 '두텁다'를 씁니다.

즉 '두껍다'는 '두께가 보통의 정도보다 크다.'의 뜻으로 '두꺼운 이불, 두꺼운 책, 두꺼운 입술, 추워서 옷을 두껍게 입었다'처럼 씁니다.

'두텁다'는 '신의·믿음·관계·인정 따위가 굳고 깊다.'는 뜻으로 '두터운 은혜, 신앙이 두텁다, 친분이 두텁다, 정이 두텁다.'처럼 씁니다.

따라서 위의 경우에는 '층을 이루는 사물의 높이나 집단의 규모가 보통의 정도보다 크다.'를 뜻하는 '두껍다'를 쓰는 것이 알맞습니다.

"우리나라 야구 선수층은 두껍다."

④ 받칩니다 / 받힙니다 / 바칩니다

　　"이 책을 부모님께 받칩니다."

'받치다'와 '받히다'는 서로 뜻을 구별해서 써야 하는 말입니다. '받치다'는 '받다'에 강세를 나타내는 접미사 '-치-'가 결합한 말이고, '받히다'는 '받다'에 피동접미사 '-히-'가 결합해서 만들어진 피동사입니다.

즉 '받치다'는 '우산이나 양산 등을 펴 들다. 또는 밑에서 괴다.'라는 뜻으로 '우산을 받치다, 그릇을 받쳐 들다, 두 손으로 머리를 받치고 누워 있다.'처럼 씁니다.

반면에 '받히다'에는 '머리나 뿔 따위로 세차게 부딪히다, 머리나 뿔 따위에 받음을 당하다.'의 의미가 있습니다. 따라서 '자동차에 받히다, 소뿔에 받혀 다쳤다.'처럼 씁니다.

한편, '바치다'는 위의 '받다'와는 아무런 상관이 없는 별개의 단어로 '바치다'는 '윗사람에게 물건을 드리다, 무엇을 위해 모든 것을 아낌없이 내놓거나 쓴다.'라는 의미의 말로 '임금님께 예물을 바치다, 나라와 겨레를 위해 목숨을 바쳤다.'처럼 씁니다.

따라서 위의 경우에는 '윗사람에게 물건을 드리다, 무엇을 위하여 모든 것을 아낌없이 내놓거나 쓴다.'라는 의미의 말로 '바칩니다'를 쓰는 것이 알맞습니다.

"이 책을 부모님께 바칩니다."

⑤ 빌어 / 빌려

"이 자리를 빌어 저를 도와주신 모든 분께 감사드립니다."

이런 표현을 흔히들 쓰고 있습니다. 하지만, 이는 잘못된 표현입니다.
"이 자리를 빌려 도와주신 모든 분께 감사드립니다."라고 해야 맞습니다.
'빌어'는 '빌다'에서 나온 말인데 '빌다'는 '소원을 빌다.'처럼 바라는 것을 이루게 해 달라고 간청할 때 쓰이는 표현입니다.
'빌리다'는 '물건·돈 등을 빌린다.'는 표현처럼 물건이나 장소를 양해하고 잠깐 취하는 것을 의미합니다.

따라서 위의 경우에는 물건이나 장소를 양해하고 잠깐 취하는 것을 의미하는 '빌려'를 쓰는 것이 알맞습니다.

"이 자리를 빌려 저를 도와주신 모든 분께 감사드립니다."

⑥ 연애 / 연예

"영희도 이제 연예도 하고 해야지?"

아주 다른 말이지만, 사람들이 아주 흔하게 헷갈려하는 단어가 있습니다. 그것은 바로 '연애'와 '연예'입니다.
'연애'는 남녀가 서로 애틋하게 그리워하고 사랑한다는 뜻이고, '연예'는 대중 앞에서 음악·무용·만담·마술·쇼 따위의 공연하는 것 또는 그런 재주를 뜻합니다. 그래서 가수나 배우·희극인 등 그런 재주를 가진 사람을 통틀어 연예인이라고 하지요.

따라서 위의 경우에는 남녀가 서로 애틋하게 그리워하고 사랑한다는 뜻의 '연애'를 쓰는 것이 알맞습니다.

"영희도 이제 연애도 하고 해야지?"

⑦ 이따가 / 있다가

'이따가'는 '조금 지난 뒤에'라는 의미를 가진 부사로 꾸밈을 받는 서술어가 뒤에 옵니다. 예를 들면 "이따가 그 카페에서 만나자."와 같이 활용할 수 있습니다.

'있다가'는 용언 '있다'의 어간 '있-'에 '어떤 동작이나 상태 따위가 중단되고 다른 동작이나 상태로 바뀜을 나타내는 연결 어미'인 '-다가'가 결합한 형태입니다. 예를 들면 "조금 있다가 그 카페로 가자, 집에 있다가 그 카페로 가자, 의자에 앉아 있다가 그 카페로 가자."와 같이 활용됩니다.

실용적인 측면에서 또 다른 구별법은 '이따가'는 앞에 수식언이 없을 때만 씁니다. 즉 위의 '5분, 집에, 의자에 앉아' 등의 **수식언이 없을 때는 '이따가'를 쓰고, 수식언이 있을 때는 '있다가'를 쓰면 됩니다.** 따라서 "식사하시고 이따가 봐요, 바쁘니 이따가 봐요."와 같이 '이따가' 앞에 어떤 낱말이 있다고 하더라도 '이따가'를 수식하는 말이 아니라면 '이따가'를 씁니다.

⑧ 지그시 / 지긋이

'지그시'에는 두 가지 의미가 있습니다. 첫째로 '슬며시 힘을 주는 모양'을 의미합니다. "손바닥을 사용해 눈가를 지그시 눌러주면 됩니다."와 같이 쓰입니다. 둘째로는 '아픔이나 어려움을 조용히 참고 견디는 모양'을 의미하기도 합니다. "치통을 지그시 참다." 혹은 "화가 머리 끝까지 치밀었지만 지그시 참았다."와 같이 쓰입니다.

지긋이는 '지긋하다'에서 온 부사로 역시 두 가지 의미를 갖고 있습니다. 첫째로

'나이가 많아 듬직하다.'라는 의미를 갖고 있습니다. "그는 나이가 지긋이 들어 보였습니다."와 같이 쓰입니다. 둘째로는 '참을성 있고 끈지게'라는 의미를 갖고 있기도 합니다. "그렇게 안달하지 말고 지긋이 기다려 봐."와 같이 쓰이기도 합니다.

실용적 차원에서의 구별법은 '지그시'는 몸이든 마음이든 부드럽게 눌러준다는 의미일 때 쓰고, **연륜과 기다림의 무게감을 연결시켜 주는 의미일 때는** '지긋이'를 씁니다.

(4) 실용 스피치를 위한 표준 발음법

1. 꽃이[꼬치], 늪에[느페], 솥에서[소테서], 부엌에서[부어케서], 밭으로[바트로]

   연음 법칙 : 앞의 받침이 뒤 음절의 첫소리로 발음되는 음운 법칙.
   즉 앞의 발음이 뒤의 발음으로 자연스럽게 이어지는 법칙을 말합니다.

2. "이번 일로 나에게 떨어지는 **몫은[목슨]** 얼마야?"

2-1. 통닭을[통달글], 씨암탉을[씨암탈글], 흙을[흘글], 삶에 지친[살메 지친]

   겹받침은 무조건 **앞의 자음을** 발음한다고 생각하십시오.

그리고 겹받침이 **모음과 결합**하는 경우에는
자음 둘을 쪼개어 **뒤엣것만을 뒤 음절 첫소리로 옮겨 발음**합니다.

3. "자장면 한 그릇 **값이면[갑씨면]** 충분해."

3-1. 값을[갑쓸], 넋이[넉씨], 곬이[골씨] , 없어[업:써], 까닭 없이[까달 겁씨]

> **실용 Tip**   겹받침은 무조건 **앞의 자음**을 발음한다고 생각하십시오.
> 겹받침이 **모음과 결합**하는 경우에는 자음 둘을 쪼개어 **뒤엣것만을 뒤 음절 첫소리로 옮겨 발음**합니다. *다만, 'ㅅ'은 된소리(ㅆ)로 발음*합니다.

3-2. 넓대[널때] ⇒ 겹받침은 무조건 앞의 자음을 발음합니다. **(아래 *는 예외)**
3-3. *넓죽하다[넙쭈카다], *넓적하다[넙쩌카다] , *넓둥글다[넙뚱글다]
3-4. *밟다[밥:따], *밟지[밥:찌], *밟게[밥:께]

예외 1) 'ㄼ' 발음의 예외 → 뒤의 자음 'ㅂ'으로 발음하는 경우

> **실용 Tip**   실용적인 차원에서의 **구별법**을 소개하자면?
> *넙쭈카게(넙쩌카게, 넙뚱글게)*
> 생긴 분과 마찰이 있을 때는 **밥**: **찌** 말고 **밥**을 사세요. ^^

3-5. *닭[닥], *흙[흑], ~사러 가자. *맑다[막따], *늙지[늑찌]
*삶 속에[삼: 쏘게], *삶다[삼:따], *젊다[점:따],
*읊고[읍꼬], *읊다[읍따]

예외 2) 'ㄺ', 'ㄼ', 'ㄿ'은 자음 앞에서 뒤의 자음을 'ㄱ', 'ㅁ', 'ㅂ'으로 발음합니다.

여기에서 'ㅍ'을 'ㅂ'으로 발음하는 것은 *음절의 끝소리 규칙*에 의한 겁니다.

ex) 낯 →[낟], 닦다 →[닥따], 덮다 →[덥따]와 같이 자음이 무엇이 오든 발음은 [ㄱ, ㄴ, ㄷ, ㄹ, ㅁ, ㅂ, ㅇ]의 일곱 가지로만 한다는 규칙.

즉 'ㄲ, ㅋ'은 [ㄱ]으로, 'ㅅ, ㅆ, ㅈ, ㅊ, ㅌ'은 [ㄷ]으로 'ㅍ'은 [ㅂ]으로 발음되고, 'ㄴ, ㄹ, ㅁ, ㅇ'은 변화 없이 본음대로 각각 [ㄴ, ㄹ, ㅁ, ㅇ]으로 발음합니다.

4. *굳이[구지], *해돋이[해도지] (옆의 *는 442쪽 1. 연음 법칙의 예외 즉 구개음화)

4-1. *같이[가치], *햇볕이[해뼈치] (옆의 *는 442쪽 1. 연음 법칙의 예외 즉 구개음화)

받침 'ㄷ, ㅌ(ㄾ)'이 조사나 접미사의 모음 'ㅣ'와 결합하는 경우에는 [ㅈ, ㅊ]으로 바꿔서 뒤 음절 첫소리로 옮겨 발음합니다.

5. *홑이불[혼니불], *밭이랑[반니랑], (옆의 *는 구개음화의 예외)

구개음화의 예외) 합성어에서 받침 'ㄷ, ㅌ' 다음에 '이'로 시작되는 단어가 결합해 있을 때에는 구개음화가 일어나지 않습니다. 왜냐하면, 합성어이기에 둘 다 정확히 발음해 주어야 하기 때문입니다. 예컨대 밭이랑(밭+이랑)은 [반니랑], 홑이불(홑+이불)은 [혼니불]로 발음합니다.

합성어 및 파생어에서 앞 단어나 접두사의 끝이 자음이고, 뒤 단어나 접미사의 첫음절이 '이, 야, 여, 요, 유'인 경우에는 'ㄴ' 소리를 첨가해서 발음합니다. 밭이랑(밭+이랑)은 [반+니랑 → 반+니랑] '니랑'의 'ㄴ'에 의해서 'ㅌ'의 대표음 'ㄷ'이 [ㄴ]으로 발음되는 겁니다. (아래 5-1번에서 설명)

실용 Talk

홀몸[혼몸]

홀몸(홑+몸 → 혼+몸)은 [혼몸]으로 발음됩니다. 'ㅁ'에 의해서 'ㅌ'의 대표음 'ㄷ'이 [ㄴ]으로 발음되는 겁니다. (아래 5-1번에서 설명)

'홀몸'은 배우자나 형제 등 가족이 없는 사람을 칭합니다. 반면 '홑몸'은 아이를 배지 않은 상태의 몸입니다. 드라마에서 임신부에게 흔히들 '홑몸도 아니니 쉬어라.'라고 하죠? 사실 '홑몸도 아니니 쉬어라.'라고 하는 것이 옳습니다.

5-1. 먹는[멍는], 닫는[단는], 밟는[밥:는 → 밤:는]

받침 'ㄱ, ㄷ, ㅂ'은 'ㄴ, ㅁ' 앞에서 [ㅇ, ㄴ, ㅁ]으로 발음합니다.

> **실용 Tip** 실용적인 차원에서의 기억법을 소개하자면?
> 그 두부, 나 만나면 [오~나~맛]나! ^^

6. 2002 **월드컵**은 사상 초유의 **공동**[공동(空洞), **공:동**(共同)] **개최**라는 것이 특기할 만합니다.

공 : 동(共同), 즉 함께 공(共), 같을 동(同)자로 그 뜻은 둘 이상의 사람이 힘을 합해서 일을 같이하는 겁니다. 이때의 함께 공(共)자는 장음(長音)으로 단음보다 1.5배 정도 길게 읽습니다.

만일 공동을 단음(短音)으로 발음하면 공동(空洞), 즉 빌 공(空), 골 동(洞)자로 '텅 빈 동굴'이라는 뜻이 됩니다. 즉 '2002년 한국과 일본의 동굴에서 열리는 월드컵'이란 뜻이 됩니다. ^^

따라서 발음할 때 장음과 단음의 구분은 매우 중요합니다. 참고로 우리말에는 이와 같은 동형이의어(同形異意語)가 7,500쌍 즉 15,000단어가 있다는 것도 알아 둡시다.

6-1. 지하철 2[이:]호선, 4[사:]호선, 5[오:]호선

이외에도 **열:, 쉰:, 만:, 두:, 세:, 네:, 석(서):, 넉(너):**이(가) 있습니다.

6-2. 1,000원[천 원], 10,000원[만: 원]

단, 일억 원이나 일조 원에는 '일'자를 붙일 수 있습니다.

예외) 은행에서는 정확성을 위해 **일십과 일백, 일천, 일만도 허용**합니다.

6-3. 장관[장:관], 대한민국[대:한민국]

장:관, 대:통령, 대:한민국 등등 모두 장음입니다. 장음과 단음의 구분은 국어사전에서 첫음절 다음에 콜론(:) 표시가 돼 있으면 장음이고, 없으면 단음입니다. 그리고 장음은 단음보다 1.5배 정도 길게 읽습니다.

7. **눈[눈]**에 **눈[눈:]**이 들어가 **눈[눈]**을 뜰 수가 없었습니다.
말[말]을 타고 **말[말:]**을 하면서 가야지!
밤[밤]에 **밤[밤:]**을 구워 먹었습니다.
사과[사과]를 먹으며 길게 **사과[사:과]**를 해야지!
부자(父子)[부자] 지간에 **부자(富者)[부:자]** 되세요.
사기[사기]당하면 **사기[사:기]**가 저하됩니다.

7-1. 첫눈[천눈], 참말[참말], 쌍동밤[쌍동밤], 떠벌리다[떠벌리다]

예외) 단어의 첫음절에서만 긴소리가 나는 것을 **원칙**으로 합니다.

단, **반:신반:의(半信半疑), 대:표이:사(代表理事), 대:중소:설(大衆小說)**과 같은 *합성어의 경우는 예외로* 합니다.

8. 선릉역[설릉역], 광한루역[광할루역]

'표준 발음법' 제20항을 따르면 'ㄴ'은 'ㄹ'의 앞이나 뒤에서 [ㄹ]로 발음합니다.

태릉입구역은 '태'에 받침이 없으므로 그대로 [**태릉입구역**]으로 읽는 것이 옳습니다.

참고) 왕릉을 부르거나 단독으로 쓰일 때는 '릉'이라고 써야 맞습니다.

단, 앞에 음절이 있을 때는, 헌릉[헐릉], 태릉[태릉], 인릉[일릉], 건원릉[거뉠릉] 등으로 '릉'으로 써야 합니다.

하지만 앞으로 나오면 **두음법칙**에 의해 '능'으로 써야 합니다.

9. 학여울역[항녀울력]

'학여울'의 표준 발음은 [항녀울]입니다. '학여울'은 '학'과 '여울'로 구성된 고유 명사입니다. **표준 발음법 제29항에 따르면** '학+여울'과 같은 합성어 및 파생어에서 앞 단어나 접두사의 끝이 자음이고 뒤 단어나 접미사의 첫음절이 '이, 야, 여, 요, 유'인 경우에는 'ㄴ' 소리를 첨가해서 발음합니다.

이에 따라 '학여울'은 [학녀울]이 되고, 다시 **표준 발음법 제18항** 받침 'ㄱ, ㄷ, ㅂ'은 'ㄴ, ㅁ' 앞에서 각각 [ㅇ, ㄴ, ㅁ]으로 발음한다는 규정에 따라 [항녀울]이 되는 것입니다.

따라서 '학여울'은 [항녀울]로 발음하는 것이 옳습니다.

10. 공릉역[공능역], 왕릉역[왕능역], 홍릉[홍능], 강릉[강능], 경릉[경능], 창릉[창능], 정릉[정능], 항로[항ː노], 대통령[대ː통녕]

'표준발음법' 제19항을 따르면 받침 'ㅁ, ㅇ' 뒤에 연결되는 'ㄹ'은 [ㄴ]으로 발음합니다. ⇒ (ㅁ, ㅇ 뒤 'ㄹ'은 'ㄴ'으로 ex) 공릉 ⇒공능)

11. 원룸[원눔], 온라인[온나인]

　원룸은 우리말이 아닌 외래어 화한 **외국어이므로 동화현상에 얽매일 필요가 없습니다.** 즉 one room이란 단어를 '원룸'으로 한글로 만든 글자이므로 인류[일류], 신래[실래], 삼천리[삼철리]처럼 다시 그것을 원룸[월룸]으로 바꿀 필요가 없습니다. 온라인도 마찬가지입니다.

12. **병점역((餠店驛)[병점역], 백화점(百貨店)[배콰점], 상점(商店)[상점], 매점(賣店)[매:점], 쌍화점(雙花店)[쌍화점]**

　병점역((餠店驛) 餠 → 떡 병, 店 → 가게 점, 驛 → 역참 역

　가게 점(店)일 경우엔 '점'으로 발음합니다. 병점(病占)[병쩜]은 병의 경과가 어찌 될지 점을 친다는 뜻입니다.

　　예외) 양복점(洋服店)[양복**쩜**] ⇒ 국밥을 [국빱]으로 발음하듯 **경음화 법칙** 때문입니다.

13. **백 점(百 點)[백 쩜], 만점(滿點)[만쩜]**

　만점(滿點)[만쩜] - 규정된 점수를 다 채운[滿-찰 만] 점수[點數]
　장점(長點)[장쩜], 단점(短點)[단쩜], 결점(缺點)[결쩜],
　www.[더블유더블유더블유**쩜**]
　점 점(點)일 경우엔 '쩜'으로 발음합니다.

　　예외) 몽고반점(蒙古斑點)[몽고반**점**]

　※ 표준 발음은 **표준 발음 변환기**를 **활용**하시면 편리합니다. 표준 발음 변환기의 사용법은 다음 (5) 한국어 맞춤법 검사기 사용법과 같습니다.

(5) 한국어 맞춤법 문법 검사기 사용법

맞춤법을 습관적으로 틀린다는 것은 자기가 잘못 알고 있는 내용이 옳다고 확신하고 있는 경우이거나 혹은 맞춤법을 소홀히 생각해서 간단하게만 사용한 결과라고 볼 수 있습니다.

따라서 평소 컴퓨터나 스마트 폰, 카카오톡 등으로 이메일이나 문자를 주고받을 때 또는 중요한 이력서나 공문서 작성 시에 '내가 보내는 문장의 맞춤법과 띄어쓰기가 맞는지 안 맞는지 누가 한 번 검토해 주면 좋겠다.'라고 생각했던 분들은 특별히 아래 내용을 주목해 주시길 바랍니다.

이 내용은 맞춤법과 띄어쓰기에 대해 고민했던 분들께는 매우 유용한 정보입니다. 우선 인터넷 검색창에 '한국어 맞춤법 문법 검사기'라고 적은 후 엔터를 칩니다. 그러면 해당 사이트가 나오겠죠? 다음은 한국어 맞춤법 문법 검사기를 클릭합니다. 잠시

후 한국어 맞춤법 문법 검사기 화면이 뜨면 그 화면에 검사할 문장을 적거나 '복사하기'를 통해 붙여 넣습니다. 내용 입력이 완료되었다면 다음은 맞춤법 문법 검사기 상단의 '검사하기'를 클릭합니다. 그러면 검사가 빛의 속도로 완성되고, 우측 화면에는 무엇이 틀렸는지 그리고 왜 틀렸는지 바른 표현은 무엇인지까지 상세하게 설명해 줍니다.

맞춤법 검사기뿐 아니라 발음을 검사해 주는 '표준 발음 변환기'를 비롯한 '외래어·한글표기 상호 변환기, 한국어·로마자 변환기'까지 위와 같은 방법으로 무료로 활용하실 수 있습니다.

프롤로그에서도 밝힌 바 있지만 아무리 유용한 정보도 실생활에서 활용하지 못한다면 아무 소용이 없습니다. 공자님께서는 "아는 것은 행하는 것만 못하고 행하는 것은 즐기는 것만 못하다."라고 말씀하셨습니다. 아무쪼록 위 정보를 잘 활용하셔서 독자 여러분께 많은 도움이 되면 좋겠습니다.